Alpine Guide

ヤマケイ アルペンガイド

北アルプス

剱・立山連峰

立山・大日岳・剱岳・下ノ廊下・薬師岳

雲ノ平・黒部五郎岳・北方稜線

Alpine Guide
ヤマケイ アルペンガイド

北アルプス

剱・立山連峰

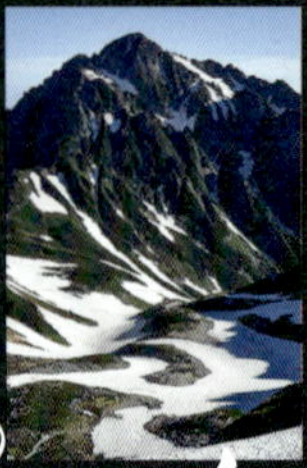

Contents

黒部源流の山

北方稜線と馬場島周辺の山

コラム

インフォメーション

本書の利用法

本書は、剱・立山連峰の一般的な登山コースを対象とした登山ガイドブックです。収録したコースの解説は、剱・立山連峰に精通した著者による綿密な実踏取材に基づいています。本書のコースガイドページは、左記のように構成しています。

コースガイド

❶山名・行程

コースは目的地となる山名・自然地名を標題とし、行程と1日ごとの合計コースタイムを併記しています。日程（泊数）はコース中の山小屋を宿泊地とした標準的なプランです。

❷コース概念図

行程と主な経由地、目的地を表したコース概念図です。丸囲みの数字とアルファベットは、登山地図帳の地図面とグリッド（升目）を示しています。

❸コースガイド本文

コースの特徴をはじめ、出発地から到着地まで、コースの経路を説明しています。主な経由地は、強調文字で表しています。本文中の山名・地名とその読みは、国土地理院発行の地形図に準拠しています。ただし一部の山名・地名は、登山での名称・呼称を用いています。

❹コース断面図・日程グラフ

縦軸を標高、横軸を地図上の水平距離としたコース断面図です。断面図の傾斜角度は、実際の登山道の勾配とは異なります。日程グラフは、ガイド本文で紹介している標準日程と、コースによって下段に宿泊地の異なる応用日程を示し、日程ごとの休憩を含まないコースタイムの合計を併記しています。

❺コースタイム

30〜50歳の登山者が山小屋利用1泊2日程度の装備を携行して歩く場合を想定した標準的な所要時間です。休憩や食事に要する時間は含みません。なおコースタイムは、もとより個人差があり、登山道の状況や天候などに左右されます。本書に記載のコースタイムはあくまで目安とし、各自の経験や体力に応じた余裕のある計画と行動を心がけてください。

サブコース

❻コースグレード

剱・立山連峰の無雪期におけるコースの難易度を初級・中級・上級に区分し、さらに技術度、体力度をそれぞれ5段階で表示しています。また、一般コースの範疇を超えるものは、「バリエーションルート」として紹介しています。

初級 標高2000ｍ前後の登山コースおよび宿泊の伴う登山の経験がある人に向くコースです。

中級 注意を要する岩場や急登の続くコース、2泊以上の宿泊を伴う登山の経験がある人に向きます。

上級 急峻な岩場や迷いやすい地形に対処でき、読図や的確な天候判断が求められるコースで、剱・立山連峰か同等の山域の中級以上のコースを充分に経験した人向きです。

上級＋ 標識やペンキ印、クサリなどのコース整備がされていない、きわめて困難なコースです。

技術度

1＝よく整備された散策路・遊歩道
2＝とくに難所がなく道標が整っている
3＝ガレ場や雪渓、小規模な岩場がある
4＝注意を要する岩場、迷いやすい箇所がある
5＝きわめて注意を要する険路

これらを基準に、天候急変時などに退避路となるエスケープルートや、コース中の山小屋・避難小屋の有無などを加味して判定しています。

体力度

1＝休憩を含まない1日のコースタイムが3時間未満
2＝同3〜6時間程度　3＝同6〜8時間程度
4＝同8〜10時間程度　5＝同10時間以上

これらを基準に、コースの起伏や標高差、日程などを加味して判定しています。なおコースグレードは、登山時期と天候、および荒天後の登山道の状況によって大きく変わる場合があり、あくまで目安となるものです。

登山地図帳

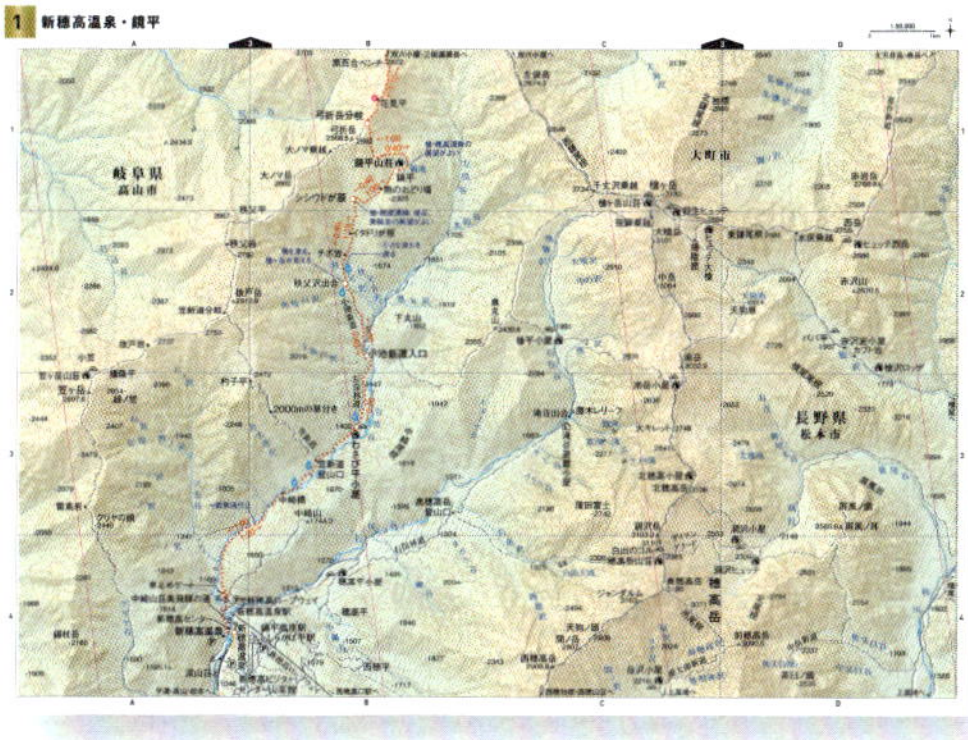

❼コースマップ

登山地図帳に収録しています。コースマップの仕様や記号については、登山地図帳に記載しています。

剱・立山連峰に登る

北アルプス、すなわち飛騨《ひだ》山脈は、全長150kmにもおよぶ大山脈。そのうち本書では、黒部《くろべ》川源流域から黒部川左岸に連なる剱《つるぎ》・立山《たてやま》連峰を中心に紹介する。鷲羽岳《わしばだけ》西面を源流とする黒部川はわずか90km足らずで日本海へ注ぐ。それだけ日本海に近いエリアなので冬の季節風の影響を受けやすく、豪雪に見舞われる山域である。多量の降雪は豊富な残雪となり、豊かな自然環境を育むとともに、バックカントリースキーのエリアとしても人気が高い。

また、立山や薬師岳《やくしだけ》東面にはカール（圏《けん》谷《こく》）地形が多数見られ、さらに立山の御前《ごぜん》沢《ざわ》雪渓、内蔵助《くらのすけ》雪渓、剱岳の三ノ窓《さんのまど》雪渓、小窓《こまど》雪渓などが氷河として認定されている。そのような高山の趣がある一方、黒部渓谷や剱岳北方稜線に見られるような、「日本的情緒」のあるやぶ山要素が楽しめるのもこのエリアの大きな魅力である。

本書では「立山連峰」「剱岳」「黒部源流の山」「北方稜線・馬場島《ばんばじま》周辺の山」の4章に分けて紹介している。

立山連峰

8世紀初頭に佐伯有頼《さえきありより》によって開山されたとつたえられる霊山・立山。室堂平《むろどうだいら》の東に屏風のような山並みが続く。連峰最高峰は大汝山《おおなんじやま》3015mで、盟主的存在の雄山《おやま》山頂には雄山神社峰本社が祀られている。また、立山三山の一角、浄土山《じょうどさん》から稜線を南にたどると、龍王岳《りゅうおうだけ》、鬼岳《おにだけ》、獅子岳《ししだけ》と岩山を連ね、立山カルデラの縁をたどるように五色ヶ原《ごしきがはら》の広大な草原地帯へ続く。

一方、室堂平から西へ目を移すと、称名《しょうみょう》川と湯川《ゆかわ》谷のあいだに、天狗平《てんぐだいら》、弥陀ヶ原《みだがはら》、美女平《びじょだいら》と、立山火山の噴火によって生まれた溶岩台地である広大な高原が続く。点在する高層湿原と深い原始林には自然探勝路が設けられ、興味深い自然観察が楽しめる。

沢にやぶ、岩、雪に登路を求める（池ノ谷）

五色ヶ原のみごとなお花畑

4つのカールをもつ薬師岳東面
カール群（国特別天然記念物）

日本三霊山のひとつ・立山（雄山）の山頂

残雪の別山尾根・前
劔付近から望む劔岳

国内屈指のV字谷をもつ黒部川の源流帯

近年氷河に認定された剱岳・三ノ窓雪渓

■剱岳

急峻な岩場と豊富な残雪が魅力の剱岳。それゆえ、岩場や雪渓を安全に登下降できる技術が必須だ。室堂平からの別山《べっさん》尾根と馬場島から登る早月《はやつき》尾根が一般ルートだが、どちらも険しい岩稜が続く上級ルート。剱《つるぎ》沢から仙人《せんにん》池、欅平《けやきだいら》方面へたどるコースは、稜線歩きとはひと味違う魅力がある。

さらに剱岳の存在を引き立てるものに、深く険しい黒部峡谷がある。ここは原始の大自然と電源開発という、相反する力がせめぎ合う世界でもある。本書では、秋の限られた時期にのみ通行が可能になる下ノ廊《しものろう》下《か》を紹介しているが、雪崩に磨かれた岩壁に繁茂する木々の美しい紅葉と、白く、青く流れる黒部の激流を眺めながら行くのは、このコースならではの魅力である。

■黒部源流の山

祖父岳《じいだけ》の噴出で生まれた雲ノ平《くものだいら》を中心に、黒部川の源流部を形成する山々が周囲を取り囲む。薬師岳、北ノ俣岳《きたのまただけ》、黒部五郎岳《くろべごろうだけ》、三俣蓮華岳《みつまたれんげだけ》、鷲羽岳、水晶岳《すいしょうだけ》、赤牛岳《あかうしだけ》など、北アルプスでももっとも奥深い山域である。ロングトレイルとでもよぶべき縦走路が魅力のエリアなので、ゆとりのあるプランニングがおすすめだ。たおやかな山稜に点在するお花畑や池塘群に誘われるように、果てしない山並みに漂う秘境感を味わいたい。

■北方稜線・馬場島周辺の山

剱岳から北へ池ノ平山《いけのたいらやま》、赤谷山《あかたんやま》、猫又山《ねこまたやま》、釜谷山《かまたんやま》、毛勝山《けかちやま》、僧ヶ岳《そうがだけ》といった山々が並ぶ。この連なりを剱岳北方稜線とよんでいる。本書では剱岳から池ノ平山付近までを「剱岳」の章で紹介し、それ以北の山々を「北方稜線の山」として扱っている。

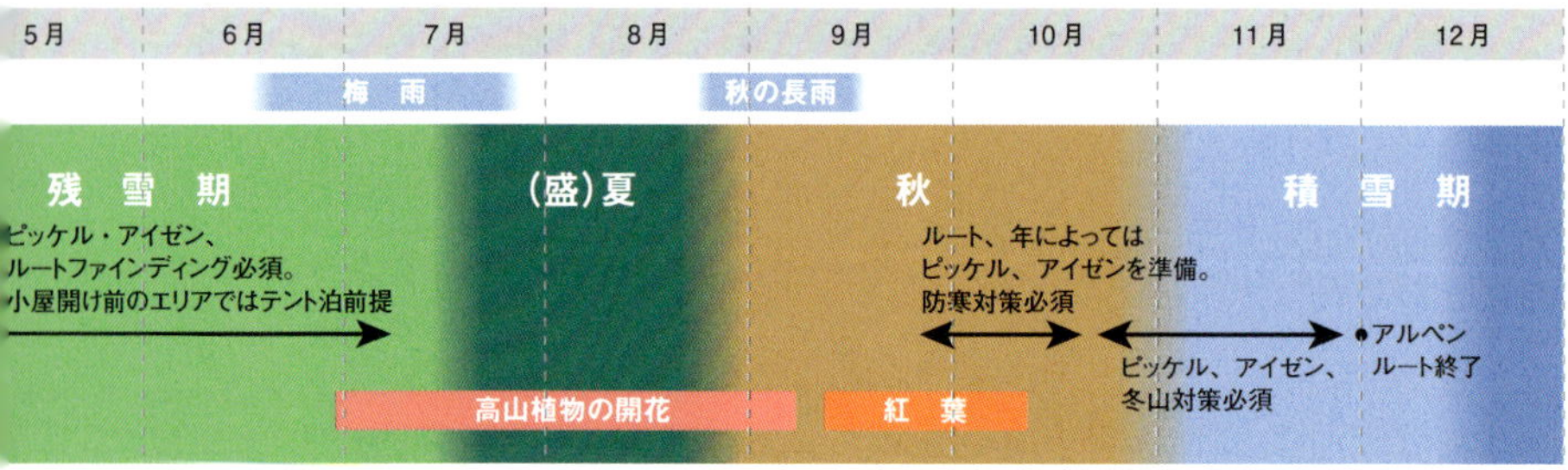

かつては一部を除いて北方稜線の山には登山道がなく、残雪期を中心に登られてきた。近年地元有志の手により、主要ピークへの登山道が整備され、無雪期でも登山が可能になった。ただし、長時間行動と厳しい高度差を覚悟しなければならないルートが多く、体力、技術、経験を兼ね備えた上級者向けの山域といえよう。

また、馬場島は早月尾根の登山拠点として知られるが、北方稜線の赤谷山や猫又山のほか、展望台的存在の中山《なかやま》やクズバ山《やま》といった山々の登山口としての顔をもつ。

■シーズン

4月中旬にアルペンルートの運行がはじまるとともに、立山エリアのシーズンがはじまる。豊富な残雪に恵まれた本山域は、格好のスキーエリアとしても人気が高い。

夏は他の北アルプス同様に、この山域がもっともにぎわうシーズンだ。室堂平や五色ヶ原、そして雲ノ平などでは、数多くの高山植物が登山者の目を楽しませてくれる。

秋は室堂平や、仙人池、高天原《たかまがはら》などの紅葉が美しい。しかし、3000mの立山稜線上では9月下旬ともなれば降雪を見ることも珍しくなく、防寒・防風対策のほか、事前の気象情報にも気を配りたい。1989年10月初旬には、立山連峰の真砂岳《まさごだけ》付近で8名が亡くなる遭難事故も起きている。

アルペンルートが運行終了する11月下旬以降は厳しい冬に閉ざされ、ひたすら春の訪れを待ち続ける。なお、剱岳周辺では富山県登山届出条例により、12月1日から5月15日までの間は登山規制を受けることになる（詳細はP61を参照）。

■山小屋

営業期間は4月下旬〜10月中旬が中心。なかにはGW期間が終わると一度小屋を閉め6月に営業再開する小屋や、9月中に小屋閉めをするところもある。利用の際は、事前に問合せておくこと。北方稜線エリアには営業小屋が一軒もないため、登山口周辺で宿泊か、日帰りが前提となる。

立山のシンボル・ライチョウ。富山と長野、岐阜の県鳥でもある

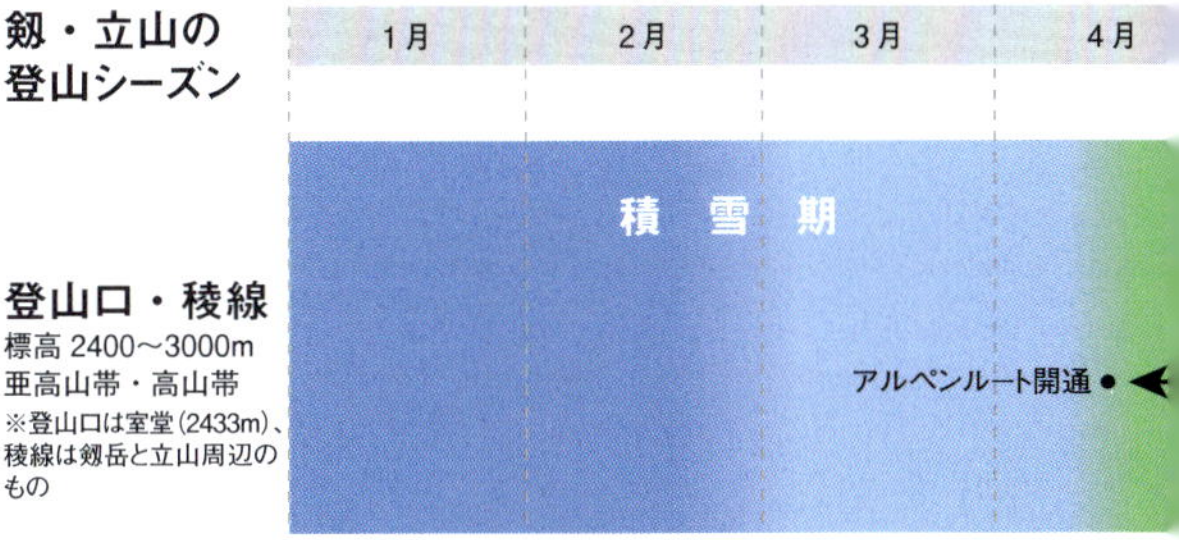

別山付近からの立山（中央）と浄土山（右）

立山連峰

高原散策から
縦走登山まで楽しめる
入門エリア

雄山神社峰本社が置かれた雄山山頂を北側から望む

1泊2日

立山・雄山

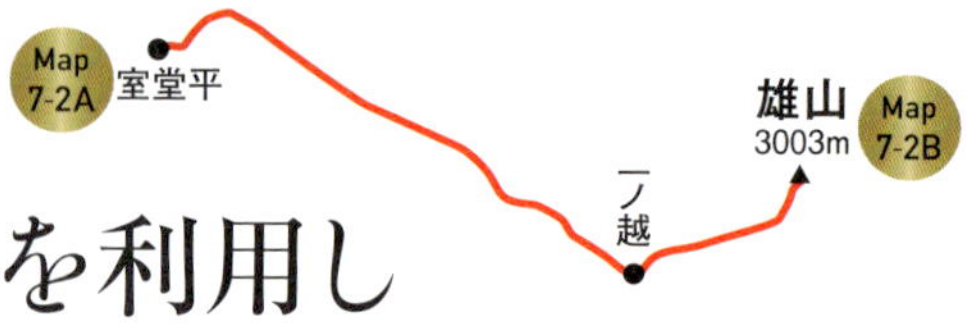

アルペンルートを利用し立山連峰の盟主に立つ

コースグレード | 初級

技術度 | ★★★☆☆ 3

体力度 | ★★☆☆☆ 2

1日目	室堂平入山
2日目	室堂平→一ノ越→雄山往復 計3時間30分

立《たて》山《やま》連峰の盟主・雄山《おやま》。最高峰こそ大《おお》汝山《なんじやま》にゆずるものの、アルペンルートを利用することで比較的容易に登れる3000m峰として人気が高い。剱岳《つるぎだけ》や大日《だいにち》岳《だけ》方面、または五色《ごしき》ヶ原《がはら》や薬師岳《やくしだけ》方面への縦走の出発点としてはもちろん、初心者や家族連れにもおすすめだ。北アルプスを一望する山頂からの大展望は圧巻の迫力である。

立山とは一般に雄山と大汝山、富士ノ折《ふじのおり》立《たて》の3山の総称で、立山に登るというのは雄山に登ることをさす。かつては山麓の芦《あし》峅寺《くらじ》から室堂《むろどう》まで1日かけて登っていた30kmあまりの道のりを、アルペンルートの利用により、短時間でこの高山世界に入ることが可能になった。しかし、そのぶん気をつけたいのは高山病への配慮。出発点となる室堂ターミナルはすでに2433mもの標高があり、さらにめざす雄山は3000mを越える峰である。頭痛や吐き気、倦怠感などを感じるようなら無理な行動はやめて様子を見るか、場合によっては早めの下山が必要だ。

下界と神域の境界とされた祓堂

室堂をあとに石畳の遊歩道を行く

1日目

アルペンルートを利用して室堂へ

アルペンルートを利用して**室堂ターミナル**へ入る（P156・アルペンルートを参照）。時間にゆとりをもって室堂に入り、周辺を散策して体を高所に慣らしておきたい。ゆっくり歩き回ることが高所順応のコツだ。なお、室堂周辺は遊歩道と指導標の整備が充分されているが、周遊路と現在地、宿泊地の位置関係はしっかりと頭に入れておくようにしておきたい。

2日目

一ノ越を経由して雄山をめざす

宿泊地をあとに一ノ越《いちのこし》をめざす。ターミナル前には環境省の名水百選のひとつ玉殿《たまどの》湧水があり、登山の前に立ち寄りたい。ターミナルからは「一ノ越・雄山」の標識にしたがい、石畳の遊歩道を行く。**立山室堂**山荘の前で浄土山方面へのルート（P16参照）と別れ、チングルマの咲くお花畑に延びる遊歩道をたどる。右に浄土山《じょうどさん》、左には大きな屏風のようにそびえる立山、それらにはさまれた最低鞍部がめざす一ノ越だ。ほどなくして、浄土山北斜面に残る雪渓を横断する。夏山シーズン中はよく踏まれていて危険は少ないが、早朝や雨天時にはとくに滑りやすいので気をつけたい。傾斜が増しはじめたころ、祓堂《はらいどう》を通過する。祓堂は雄山神社の神域の入口となるもので、かつての登拝者はここでお祓いを受けてから雄山をめざしたという。やがて石畳の登りはつづら折りのきつい登りとなり、ここをひとがんばりで**一ノ越**に着く。

一ノ越は立山・浄土山方面と、室堂・黒部《くろべ》ダム方面との交差点。一の越山荘の建つ広場は登山者でにぎわっている。東側は後立山《うしろたてやま》南部と遠く槍《やり》・

雄山の肩にある三角点と展望盤

一ノ越からはガレ場の急登（背景は浄土山と龍王岳）

穂高《ほたか》の山々、西側は室堂平と大日連峰の眺めがよい。また、ここには公衆トイレもあるので、雄山をめざす前に利用したい。

室堂から続いた遊歩道もここでおしまい。一ノ越からはいよいよ登山道となる。もろいガレ場の急登が続き、登下降する登山者も多いので、すれ違いや落石には充分気をつけたい。踏み跡もいく筋にも分かれ、どれをたどるべきか迷うところだ。登下降路が分かれている箇所もあるので、ペンキ印などの指示にしたがうように。登山シーズン中には登山者の行列となることもあるが、無理な追い越しなどせず、譲り合いの気持ちを忘れないこと。

門のような大岩があるあたりが二ノ越《にのこし》。続く三ノ越《さんのこし》をすぎ、傾斜が一段落した小広場が四ノ越《よんのこし》。ここまで来れば、いよいよ山頂社務所が近い。

ふたたびガレた急斜面を登りきると、五《ご》ノ越《のこし》である雄山の肩に出る。ここには標高2991・6mの一等三角点があるが、雄山最高点（3003m）は鳥居をくぐった先の雄山神社峰本社だ。ここへ登るには参拝料が必要となる。**雄山**の山頂からは、薬師岳や黒部源流の山々、槍・穂高、後立山連峰、剱岳、大日連峰など、北アルプスを一望する360度の大パノラマが広がる。

下山は往路をたどるが、登り以上にスリップや落石に注意したい。とくに下りはじめと、三ノ越から下部は傾斜が強いので慎重に行動する。**一ノ越**まで下ればひと安心。ここからは、ふたたび遊歩道をたどって**室堂ターミナル**へ向かう。

プランニング&アドバイス

雄山への往復なら日帰りも可能だが、とくに初心者の場合は高山病への配慮から室堂で1泊し、高度に順応してから登りたい。アルペンルートの混雑状況によっては室堂到着時間が遅くなるので、余裕をもった計画を心がける。急な天候の変化に備えて、しっかりとしたレインウエア、防風・防寒対策も忘れずに。一ノ越～山頂間は不安定な急斜面が続くので登山靴やトレッキングシューズの用意も必要。登山適期は7月中旬～9月下旬。時期が早いと残雪が多く、秋の遅い時期だと積雪の恐れがある。

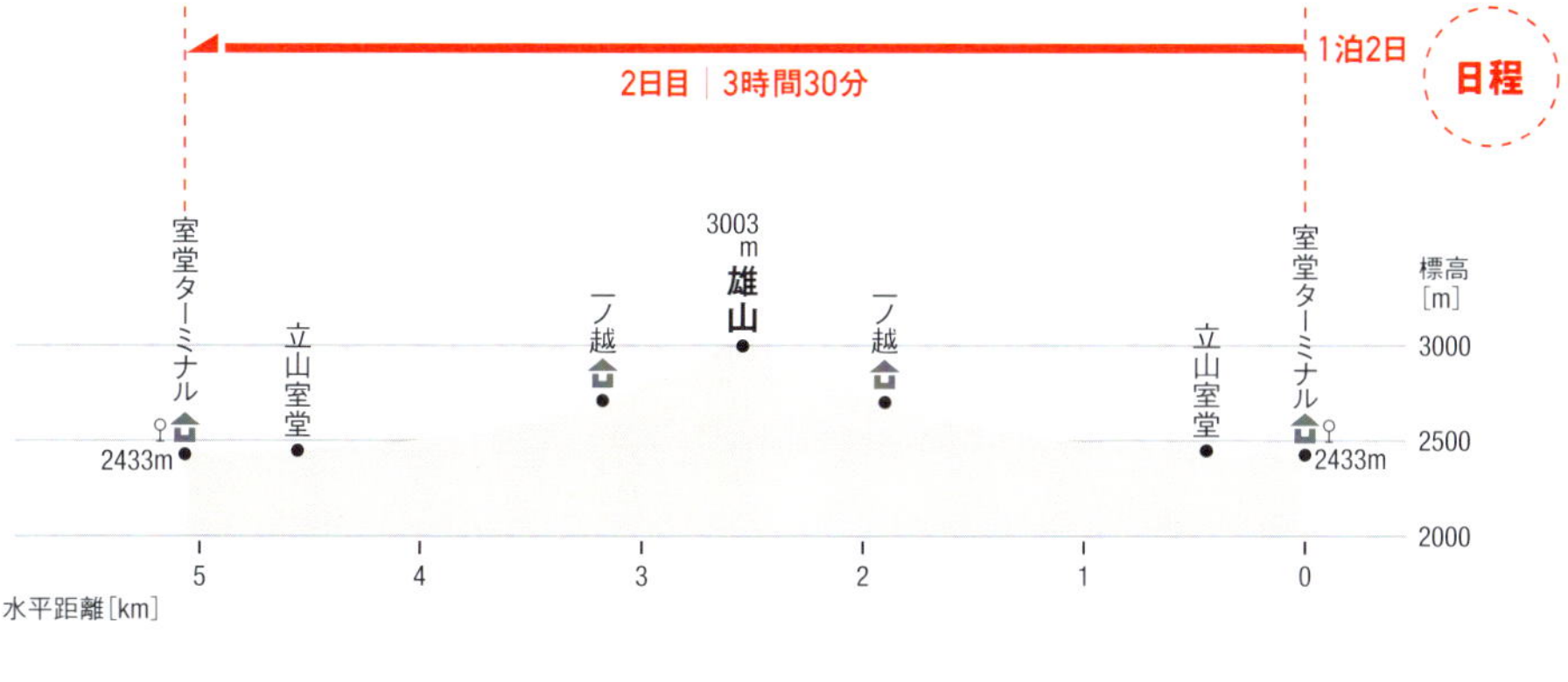

サブコース

浄土山から雄山へ

室堂平↓浄土山↓雄山↓室堂平　4時間20分

立山《たてやま》連峰の南縁に位置する浄土山《じょうどさん》は、室《むろ》堂《どう》ターミナルから眺めると、きれいな三角形の山容を見せている。浄土山西斜面には豊かな高山植物のお花畑が広がり、稜線に立てば、立山カルデラや五色《ごしき》ヶ原《がはら》、薬師岳《やくしだけ》と黒部《くろべ》源流部の山々の展望を楽しむことができる。この浄土山から一ノ越《いちのこし》を経由して立山の盟主・雄山《おやま》へ登るプランは、単に立山登山を雄山詣《もう》でに終わらせたくない人におすすめだ。

室堂ターミナルをあとにして、「室堂山方面」の標識にしたがい石畳の遊歩道を行く。**立山室堂**山荘の手前で一ノ越へ向かうルートと分かれ、「室堂山・浄土山・五色ヶ原方面」の標識を右に入り、これをゆるやかに登っていく。道の両脇には高山植物のお花畑が広がり、イワイチョウ、チングルマ、ミヤマキンバイなどの花々が見られる。

幅の広い登山道は階段をまじえながら徐々に傾斜を増し、みるみるうちに高度を上げていく。ベンチのある小広場まで来ると一段落。振り返れば箱庭のような室堂平を中心に、左に大日《だいにち》連峰、右には別山《べっさん》が眺められる。別山から左へ下がる稜線の向こうには劔岳《つるぎだけ》が小さく顔を出し、さらにその左奥には毛勝《けかち》三山が姿を見せている。

ここからしばらく岩まじりの登山道をたどると、浄土山と室堂山との分岐に出る。このあたりは時期によっては残雪におおわれているので、分岐を見落とさないように気をつけたい。とくに視界不良時はわかりにくいので要注意。

Map 7-2A　室堂平

Map 7-2A　室堂平

コースグレード	初級
技術度	★★★☆☆ 3
体力度	★★☆☆☆ 2

途中のベンチから振り返る室堂と大日連峰

室堂山展望台からの立山カルデラと薬師岳

浄土山へはここを左に入るが、**室堂山展望台**を往復しても15分ほどなので、ぜひ立ち寄りたい。室堂山展望台からは現在も砂防工事が行なわれている立山カルデラの様子や、五色ヶ原や薬師岳、遠く槍《やり》・穂高《ほたか》、笠ヶ岳《かさがたけ》などの展望が楽しめる。

分岐から浄土山へは、踏み跡を見失わないように雪渓を横断したあと、大きな岩が点在する急な登りを行く。ゴツゴツとした岩場の登りは、一定の歩幅の間隔がとりづらく、ペース配分がむずかしい。不安定な岩も多いので、転倒や落石には要注意。岩にはペンキ印がつけられているので、ルートからはずれないよう注意する。

やがてクルマユリ、オヤマソバ、ハクサンフウロ、シーズン後半にはトリカブトなどが咲く草原状のお花畑となり、そこを登りきれば浄土山山頂部の一角に出る。ここから登山ルートは**浄土山北峰**を巻いて南東へ続く。北峰山頂には軍人霊碑がある。

起伏のゆるい稜線を、大きな薬師岳の山容を眺めながら進むと、富山大学立山研究所の建つ**浄土山南峰**に着く。山頂部は開けた広場になっており、五色ヶ原方面（P94コース11）との分岐になっている。すぐ目の前には三角形の龍王岳《りゅうおうだけ》がそびえている。

一ノ越へはここを左（北東）方向へ向かい、ハイマツ帯の広い尾根を下っていく。正面に堂々とした大きな雄山を眺めながら行くと、やがて**一ノ越**に着く。一ノ越から**雄山**へはP12コース1を参照。

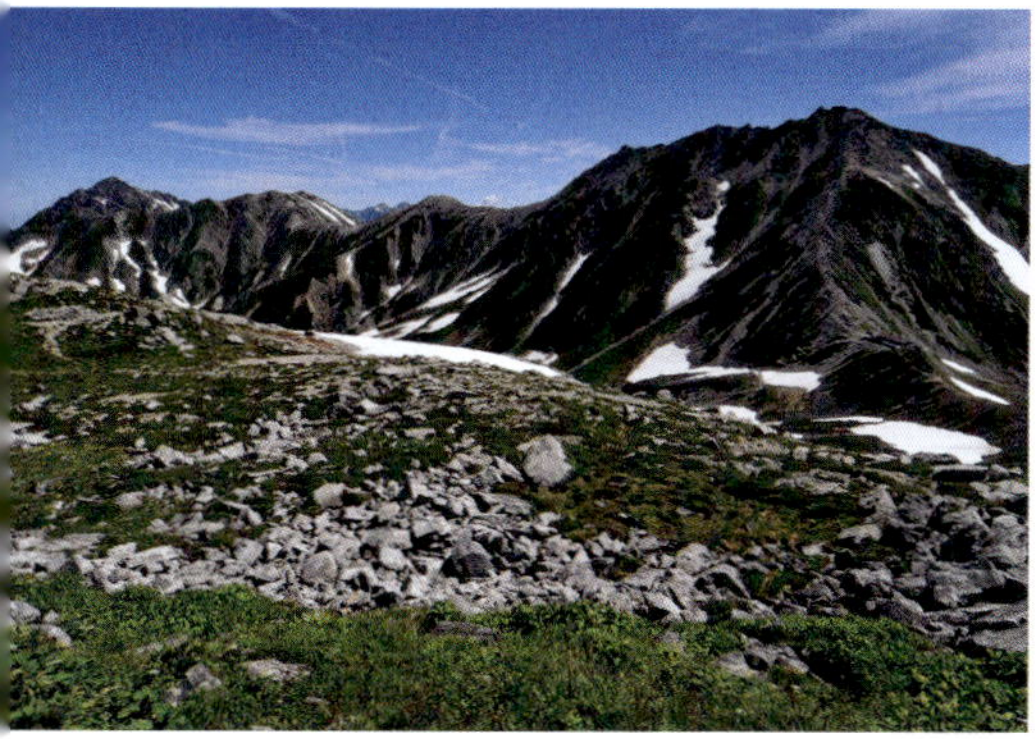

浄土山山頂稜線からの立山縦走路と剱岳(左)

プランニング&アドバイス

立山三山縦走（P18）はまだ自信がないが、雄山往復（P12）では物足りない人におすすめ。室堂周辺をベースに弥陀ヶ原方面へのルート（P34）と合わせて計画すれば、初心者にも充実した内容のプランになる。逆コースの場合は、浄土山から大岩まじりの急斜面を下ることになり、転倒に要注意。下りに自信のない人は、浄土山から一ノ越へ向かうことをおすすめする。

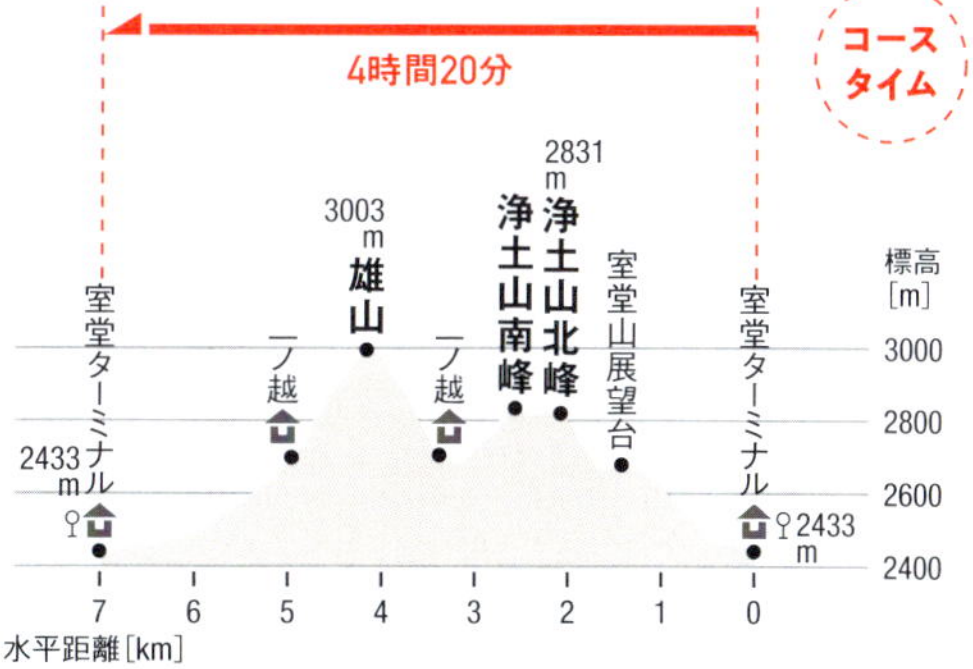

別山付近から望む立山（右から雄山、大汝山、富士ノ折立）

1泊2日

立山三山

別山
立山
浄土山

室堂平を見下ろす稜線漫歩

コースグレード｜中級

技術度 ★★★☆☆ 3

体力度 ★★★☆☆ 3

1日目	室堂平→ミクリガ池→雷鳥平→剱御前小舎	計2時間50分
2日目	剱御前小舎→別山→真砂岳→雄山→浄土山→室堂平	計5時間10分

立《たて》山《やま》連峰の盟主・雄山《おやま》、最高峰の大汝《おおなんじ》山《やま》、屹立する岩峰の富士ノ折立《ふじのおりたて》。これら3つのピークを合わせた山塊の総称を立山（もしくは立山主峰）とよび、これに浄土山《じょうどさん》と別山《べっさん》を合わせて立山三山とよぶ。

室堂平から眺めるこの山稜は、屏風のようにそびえる立山を中心に、左に別山、右に浄土山が連なる。高山植物のお花畑と残雪、深い青みを帯びた水をたたえるミクリガ池などとともに、室堂平《むろどうだいら》を形成する風景の重要な一要素である。

三山南端の浄土山からは、五色ヶ原《ごしきがはら》を経て薬師岳《やくしだけ》、さらに槍《やり》・穂高《ほたか》へと続く北アルプスの連なりが、３０００ｍの立山稜線上からは奥深い黒部《くろべ》川の流れをはさんで連なる後立山《うしろたてやま》の山並みを、そして三山北端である別山に立てば、さえぎるもののない迫力でそびえる剱岳《つるぎだけ》と対峙する。それら山中にあって山を眺める楽しみと、つねに箱庭のように美しい室堂平を見下ろしつつ歩を進める喜びが、本コースの魅力といえよう。比較的危険箇所が少なく、随所に山小屋もあり、また、途中エスケープルートもとりやすいことから、初心者でも余裕をもって３０００ｍの稜線漫歩が楽しめる。なお、テント利用の場合は、稜線上にはキャンプ場がないので、雷鳥沢《らいちょうざわ》キャンプ場を利用する。

1日目 アルペンルートで室堂に入り、雷鳥平から別山乗越へ

室堂をベースに1日で三山の縦走も可能だが、せっかくなので稜線の山小屋に泊まりたい。コース上には山小屋が多く、さまざまなプランニングが可能だ。

アルペンルートで下り立った**室堂**は２４００ｍを超える高山世界。歩きはじめは高度順応を意識して、ゆっくりめのペースで歩きたい。**雷鳥沢キャンプ場**のある雷鳥平までは観光客にまじって石畳の遊歩道をたどる（P30コース4を参照）。

雷鳥平から浄土沢を渡り、別山乗越《べっさんのっこし》をめ

祠がある別山南峰山頂。左は立山

剱御前小舎が建つ別山乗越と立山

ざす。標高差は500m近いので、ペース配分を考えてあせらず登りたい。浄土沢から灌木の尾根を一段登り、涸れ沢状のガレ場を行く。そこから尾根に上がると、本格的な登りがはじまる。よく踏まれた登山道だが、ときに浮石があるので注意。2500m付近から、大きく蛇行しながら高度を上げる。コバイケイソウやハクサンイチゲの群落が美しい登山道からは、立山や奥《おく》大日岳《だいにちだけ》の眺めがすばらしい。

小休止によいガレ場の広場をすぎると、別山乗越まで足もとが不安定な急登が続く。

立山最高点・大汝山山頂

大汝山から南側のパノラマ

登山者も多いので落石に要注意。登りきると、剱御前小舎《つるぎごぜんこや》の建つ**別山乗越**に着く。剱御前小舎からは、朝に夕に、山稜をさす光の変化を楽しめる。展望は、別山乗越からひと登りした剱御前山頂（2792m峰）や、さらに稜線をたどった剱御前三角点からもおすすめだ。なお、三角点から先は崩壊のため通行止めとなっているので、立ち入らないように。

2日目 別山乗越から立山三山を縦走、室堂に下山する

剱沢を足もとに、堂々とした剱岳を眺めながら別山をめざす。途中、剱沢へ下るルートと別山の巻き道との**分岐**を通過する。この巻き道は時期が早いと残雪があり、小規模ながらも傾斜の強い岩場があるので、利用の際は要注意。

やがて別山山頂の一角に出る。祠のあるピークは2874mの**南峰**で、そのすぐ脇には小さな硯《すずり》ヶ池がある。時期が早いと池はまだ残雪の下に埋まっている。ここから幅が広い平坦な尾根を、北東方向へ少し進んだ先にあるピークが**北峰**2880m。正面にはさえぎるもののない迫力で剱岳がそびえている。この先尾根は別山岩場の上部となり、登山道ではないので安易に立ち入らないように。

別山からはガレ場の急斜面。浮石に注意して、つづら折りの下りを行く。岩稜をまじえながら鞍部まで下り、真砂岳《まさごだけ》へは岩ザレのたおやかな稜線をたどる。登山道の脇

真砂岳からめざす立山を望む

浄土山から立山にかけての稜線（新室堂乗越付近から）

には、イワギキョウやタカネツメクサなどが美しい。箱庭のような室堂平と、ピラミダルなピークを連ねる大日三山を眺めながら登っていくと、ほどなく**真砂岳**に着く。山頂手前には内蔵助《くらのすけ》山荘へ向かう分岐がある。山頂から北東へ延びる尾根上にある山荘は縦走路から見えないが、天候悪化時や体調不良時などの緊急時に備えて位置を把握しておきたい。

山頂からたおやかなピークを越えて少し下ると、**大走《おおばし》りコース**を右に分ける。さらに下りきったところが内蔵助カールの源頭部だ。このカールは、古い氷の層から最大１７００年前の炭化したハイマツが見つかるなど、雪氷現象研究の場として注目されてきたが、２０１８年に氷河と認定された。

ここから富士ノ折立の肩まで標高差約２００ｍの登り。足もとが不安定なガレ場の急登で、落石やスリップには要注意だ。他の登山者とのすれ違いの際にも浮石に乗らないように気をつけたい。背後には豊富な雪渓を抱く内蔵助カールの源頭部と、稜線の向こうに顔を見せる剱岳の、立山縦走路らしいパノラマが広がっている。

稜線に出たところが**富士ノ折立**の肩で、休憩によい広場になっている。背後にそびえる険しい岩峰が富士ノ折立の山頂部だ。ここから縦走路は立山主稜線をたどる。傾斜のゆるいガレ場の岩尾根の室堂側を行く。

浄土山から室堂をめざして急斜面を下る

縦走路からのミクリガ池とミドリガ池（右）

富士ノ折立への登りから見る剱岳と別山。
手前の雪渓は内蔵助カール

黄色いペンキ印にしたがって進むが、尾根の黒部側は急峻に切れ落ちているので、ルートからはずれないこと。

ほどなく大汝休憩所に着く。この先縦走路は大汝山の室堂側を巻いて通過するが、立山連峰最高峰（3015m）の山頂へはぜひ立ち寄りたい。休憩所の先から標識を左へたどれば、北アルプスを一望できる大展望が広がっている**大汝山**山頂だ。ただし山頂部は岩峰になっているので、滑落に注意して慎重に登ること。

険しい岩峰の上に雄山神社峰本社を祀る雄山をめざし、室堂側のガレ場を行く。この付近は行き交う登山者も多いので、落石やすれ違いに要注意。とくに山頂直下の登りはもろい急斜面なので慎重に。ここを登りきると、社務所が立つ**雄山**の肩に着く。

雄山からは**一ノ越**《いちのこし》へ下り、**浄土山南峰**・**北峰**を経由して**室堂**へ下る（P12コース1とP16 1サブコースを参照）。

プランニング&アドバイス

本コースの稜線上には剱御前小舎のほかに、内蔵助山荘、大汝休憩所（宿泊は緊急時のみ）、一の越山荘などがあり、さまざまなプランニングが可能だ。各山小屋では朝夕に変化する山の光を楽しめる。もちろん天候不良時や体調悪化時のエスケープとしても利用できるので、小屋の位置はしっかり覚えておきたい。真砂岳付近から派生する大走り（P24参照）も縦走のショートカットルートとして利用価値が高い。また、剱岳や大日岳方面と合わせて計画すれば、より充実した縦走プランになる。

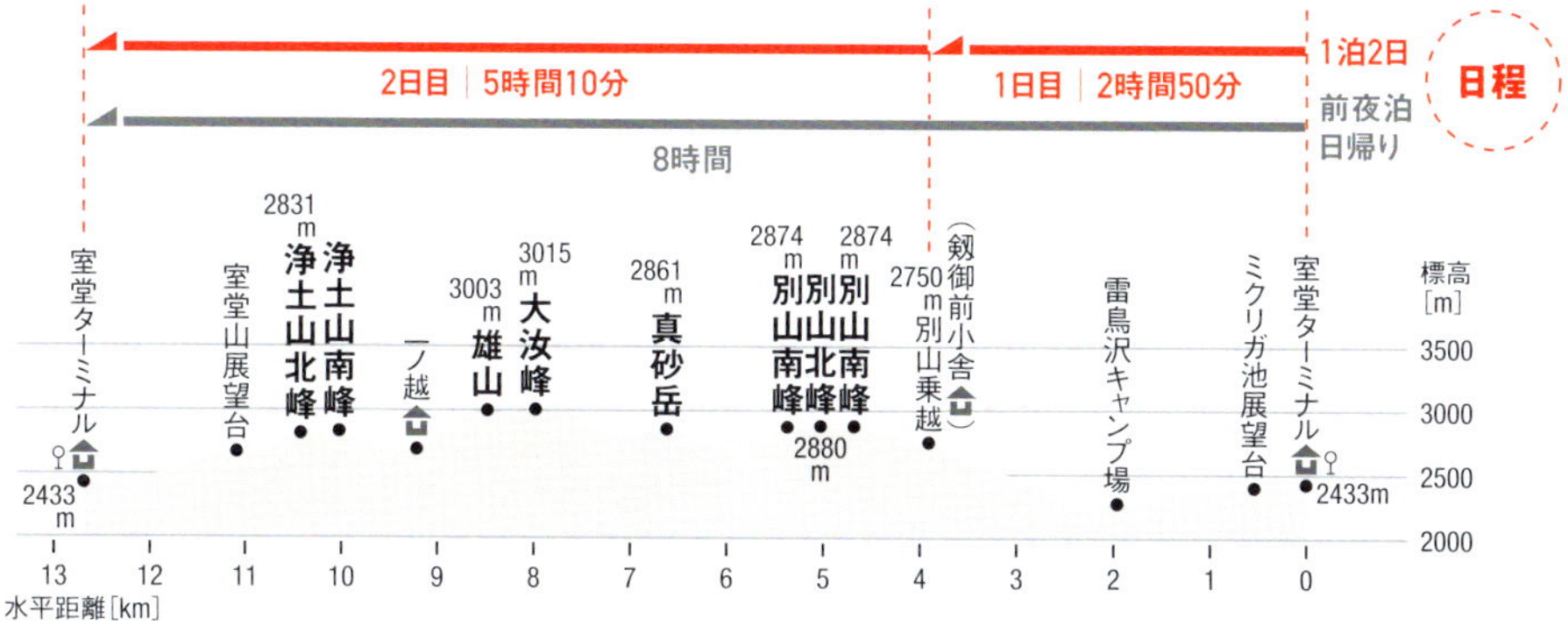

サブコース

大走りコースを下る

大走りコース↓雷鳥平↓室堂平　2時間35分

Map 7-2B　大走りコース分岐

Map 7-2A　室堂平

コースグレード	初級
技術度 ★★★☆☆	3
体力度 ★★☆☆☆	2

真砂岳《まさごだけ》の山頂直下から雷鳥平《らいちょうだいら》まで、標高差約570m、距離にして2・5kmを一気に下るのがこの大走《おおばし》りコース。かつては立《たて》山詣《やまもう》での修験者が、雄山《おやま》、大汝山《おおなんじやま》、富士ノ《ふじの》折立《おりたて》をめぐる三山駆《が》けの下山路として、このコースを利用していたという。真砂岳から派生する尾根の一本をたどるこのルートは、短時間で雷鳥平まで下山できることから、緊急時のエスケープルートとして利用価値が高い。ただし、滑りやすいガレた急傾斜や、ルート終盤で現れる雪渓など、疲労時や悪天候時には注意が必要な箇所もあるので、その点も充分心がけておきたい。もちろん、浄土山《じょうどさん》や別山《べっさん》方面からのルート（P18コース[2]）と合わせて、立山連峰縦走のショートコースとしてプランニングするのもよい。とくに体力や時間不足の人におすすめだ。なお、エスケープという意味では、真砂岳山頂から北東へ尾根を下った先にある内蔵助《くらのすけ》山荘（P26コース[3]）の存在も覚えておきたい。

標高2830m、真砂岳山頂手前の標識が**大走りルートの分岐**。縦走路から西へ入り、イワツメクサの咲く登山道を行く。ガレ場の斜面をトラバース（斜面を横方向に移動すること）して真砂岳山頂を巻き、山頂から雷鳥平へ向かって西に延びる尾根上に出る。コースは、急峻なこの尾根上を、ジグザクに高度を下げていく。岩ザレの道はとても滑りやすく、ストックがあると安定して歩きやすい。

やがて尾根が右に曲がり、北西へ向きを変える。滑りやすいガレ場の下りが続くの

立山縦走路上の大走りコース入口

ガレ場の下りではスリップに注意

大日連峰や地獄谷を見ながら下降する

で、足もとに充分注意。右手の沢筋には残雪が見られ、左手のハイマツに沿って高度を下げる。正面には大きくピラミダルな奥《おく》大日岳《だいにちだけ》が望まれる。

長い下りに疲れを感じだすころだが、チングルマやコバイケイソウの群落にいやされる。2500m付近には小さな平坦地があり、ひと息ついて休憩するのによい。

細かいつづら折りを繰り返して下っていくと、やがて雪渓に下り立つ。傾斜はゆるいので心配はないが、視界不良時には方向を見失いやすいので注意したい。雪渓の出入口にはマーキングがあるので、それを見失わないように気をつけよう。残雪の消え方によっては登山道をはずれ、思わぬところからお花畑に出てしまうので要注意。

雪渓を渡り終えたら、広いお花畑の登山道をゆるやかに下る。チングルマ、ハクサンイチゲ、イワイチョウなどの群落が美しい。浄土沢の流れの手前で一ノ越《いちのこし》へ向かうルートと分岐し、「浄土橋へ」の標識にしたがう。すぐに沢に出て、木橋で渡り、登り返せば**雷鳥沢キャンプ場**のある雷鳥平《らいちょうだいら》だ。ここから雷鳥荘へと登り返し、**室堂《むろどう》ターミナル**へ向かう（P18コース2参照）。

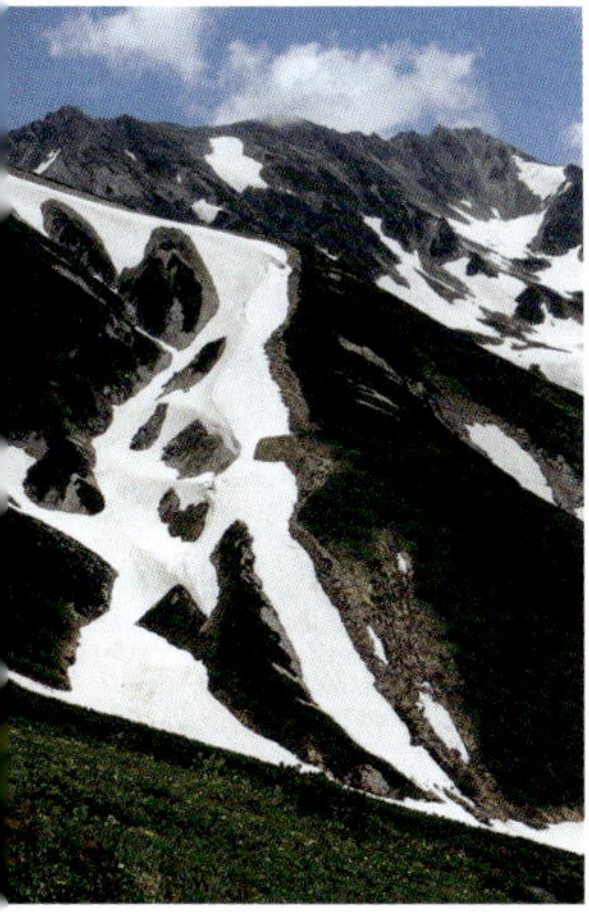
大走りコースは真砂岳から派生する尾根をたどる

プランニング&アドバイス

立山三山縦走のショートカットとして紹介しているが、ガレ場の急斜面が続くので転倒には要注意。コースへの分岐点は真砂岳山頂をはさんで前後2カ所あるが、登山道脇の標識を見落とさないように気をつける。付近には内蔵助山荘へのルートを含めて分岐点がいくつもあるので、ルート確認は必須。初日に内蔵助山荘まで入りたい人にもおすすめのルートだ。

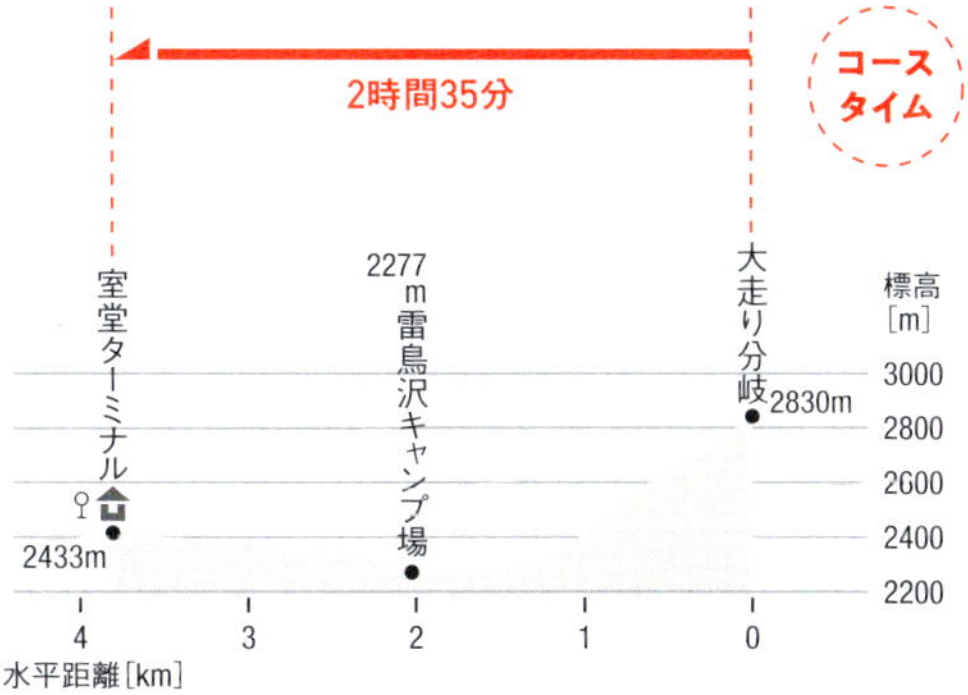

前夜泊1泊2日

立山
内蔵助平・タンボ平

氷河と確認された内蔵助カールをめざす

コースグレード｜上級

技術度｜★★★★☆ 4

体力度｜★★★★☆ 4

静寂の黒部峡谷から
立山主稜線をめざす

1日目	黒部ダム→内蔵助谷出合→内蔵助平→内蔵助山荘　計8時間10分
2日目	内蔵助山荘→真砂岳→雄山→一ノ越→ロッジくろよん→黒部ダム　計7時間5分

立《たて》山《やま》登山といえばアルペンルートで手軽に2400mまで上がれる室堂《むろどう》起点が一般的だが、ここで紹介するのは、黒《くろ》部《べ》ダムから内蔵助平《くらのすけだいら》とタンボ平を経由して、立山主稜線を周遊して黒部ダムに戻るプラン。喧噪の室堂とは違い、すれ違う登山者もまれな静寂のルートだ。標高差があり、やぶが濃いルートは、一般の北アルプスの登山道とはひと味違う魅力に満ちている。体力、技術ともにワンランク上の立山登山を楽しみたい人におすすめだ。

1日目　黒部ダムから内蔵助平を経由し内蔵助山荘へ

観光客でにぎわうアルペンルート**黒部ダム駅**の、登山者出口から外へ出る。荒々しい雄山《おやま》東面に見送られて、黒部川へ向かって大きく下る。標高差約200mの下りだ。下りきったところから木橋で**黒部川**を渡る。見上げる黒部ダムが大きい。

ここから黒部川左岸（下流から見て右側の岸）の登山道を行く。広葉樹の森を抜け

内蔵助平～内蔵助山荘間の雪渓の通過

内蔵助平の先で目印になる岩舎を通る

て河原沿いの草地から、丸山《まるやま》基部の岩壁をへつるように進んでいく。やがて左手の壁から流れ落ちる沢を通過し、続いて滝のしぶきを受けながら木橋を渡る。ほどなくして**内蔵助谷出合**に着く。

ここで阿曽原《あぞはら》方面へ向かう下ノ廊下《しものろうか》ルートを右に分け（下ノ廊下は通行期間外閉鎖）、やぶの急登を行く。一度河原へ出て滑りやすい崩壊地を横切り、ロープのある急登を行く。ケルンやテープ、踏み跡を見落とさないように要注意。やがて樹林帯の涸れ沢からペンキ印にしたがい、右の斜面へと移る。ここも沢をつめすぎないように注意する。このあたりは丸山東壁へ向かう踏み跡もあるので迷いこまないこと。さらにロープやハシゴのあるやぶの急登が続く。

傾斜が落ちはじめ、ダケカンバの梢の向こうに真砂《まさご》尾根が見えてくる。小沢を飛び石づたいに渡り、内蔵助谷本流を鉄橋で渡ると、内蔵助谷の河原に出る（**内蔵助平**）。

この先でハシゴ谷乗越《たんのっこし》（P69参照）へのルートと別れ、左へやぶ道をたどっていく。「岩舎」と書かれた大岩の左を通過して、開けた沢沿いのやぶをいく。ガレ場の急登から尾根に上がると、鹿島《かしま》槍ヶ岳《やりがたけ》の眺めがよい。この先で尾根の南斜面を巻いて雪渓を渡る。登山道への取付を見落とさないように注意。雪渓の状態もよく見極めること。

ふたたびやぶの急な登りとなり、小沢を何度も渡る。この付近が最終水場となる。足もとには内蔵助平、背後には針ノ木岳《はりのきだけ》から唐松岳《からまつだけ》にいたる展望がすばらしい。さらにロープのある岩場を慎重に通過し、やせ尾根を行く。

やがて傾斜が落ち、広大な**内蔵助カールの下部**に到達する。右手はるかに内蔵助山荘が望まれる。ここから尾根を離れ、カールのなかのガレ場を登っていくと小屋跡の

内蔵助カール手前のロープのある急な岩場を通過する

東一ノ越から望むタンボ平と後立山連峰

石垣に出る。さらに雪渓を渡り、ガレ場の斜面を登れば**内蔵助山荘**に着く。

2日目 立山を縦走して一ノ越からタンボ平経由で黒部ダムへ

内蔵助山荘から**真砂岳**へ登る。ここから立山稜線を縦走して**一ノ越**《いちのこし》へ下る（この間はP18コース2を参照）。

一ノ越から東一ノ越へ、雄山谷上部をゆるやかに下る。龍王岳《りゅうおうだけ》方面の展望がよく、高山植物も豊富な登山道だ。

東一ノ越からはタンボ平をめざし、ガレ場の急斜面を下る。とくに上部は傾斜が強く、落石やスリップに要注意。タンボ沢上部の涸れ沢を二度渡るが、登山道の入口を見落とさないよう、ペンキ印にしたがうこと。さらにハシゴで急なやぶの斜面を乗越すと小沢に出る。ここも沢に誤って入らないように、ペンキ印がつけられている。

この先ルートはタンボ平へと入るが、ササやぶが背丈を超えるほど深くなる。踏み跡そのものはしっかりしているので、これをはずれないこと。展望はないが、時おり頭上を通過するロープウェイを眺められる。

ほどなく小さく開けた涸れ沢をすぎ、やぶ道をたどると**黒部平駅との分岐**に出る。

さらにここから針葉樹林帯の尾根道を下る。途中、樹間から針ノ木岳を望む箇所があるものの、樹林にさえぎられ、ほとんど展望はない。やがて美しいブナ林の尾根道となり、**ロッジくろよん**に出る。

ロッジくろよんからは湖畔の遊歩道をたどり、**黒部ダム駅**へ向かう。

プランニング&アドバイス

初日は標高差があり行動時間も長いので、ロッジくろよんに前泊して早立ちしたい。内蔵助平からはエスケープルートがなく、登山者も少ないので、天候や体調などを含めてよく判断して計画する。事前にルート状況を内蔵助山荘に問合せてから入山すること。テント泊は立山稜線上には指定地がなく、雷鳥沢キャンプ場まで一度下ることになる。一ノ越からの下山も登山者が少ないルートをたどるので、状況によっては室堂へ下ること。黒部平からアルペンルートを利用して下山することも可能だ。

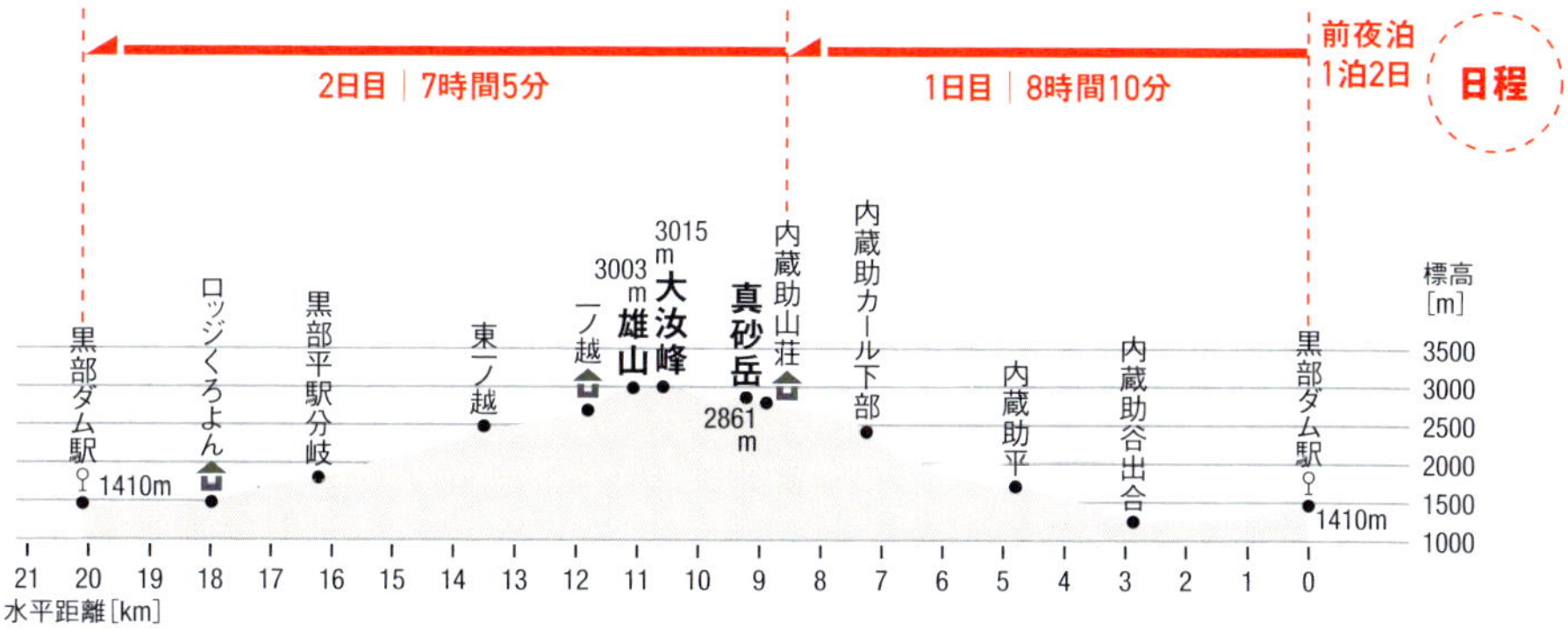

日帰り

室堂散策
ミクリガ池 雷鳥平

残雪のミクリガ池畔からの立山と浄土山（右）

コースグレード	初級
技術度	★☆☆☆☆ 1
体力度	★☆☆☆☆ 1

深い自然と歴史が生みだした雲上の高原を散策

日帰り 室堂平→ 立山室堂→ エンマ台→ 雷鳥平→ ミクリガ池→ 室堂平 計2時間20分

室《むろ》堂平《どうだいら》は、立山《たてやま》火山の噴火による溶岩の押し出しによって形成された草原状の台地。火山湖であるミクリガ池や今日も噴煙を上げる地獄《じごく》谷などは、そのころの名残を今につたえている。

その一方で、立山開山の伝説をとどめる玉殿《たまどの》岩屋や、日本最古の山小屋とされる立山室堂など、平安時代にまで遡る信仰登山の場でもある。このような、自然と歴史にまつわる景観が室堂平の魅力といえよう。

豊富な残雪が魅力的な春、夏の草原に咲き乱れる豊かな高山植物、草紅葉の美しい秋など、アルペンルートを利用することで、季節ごとの魅力を堪能することができる。

日帰り 花と展望、温泉の室堂平を周遊する

室堂ターミナルを出ると、春は広大な雪原、夏は可憐なお花畑、そして秋には草紅葉が美しい草原となる室堂平が広がっている。周囲を取り囲む山は、右（南）から浄《じょう》

別山と雷鳥沢キャンプ場を見ながら石畳の道を下る

日本最古の山小屋、立山室堂

土山《どさん》、立山、真砂岳《まさごだけ》、別山《べっさん》、その稜線に隠れるように剱岳《つるぎだけ》、遠く毛勝《けかち》三山、そして大《だい》日《にち》連峰へと続く。

「一ノ越・雄山」の標識にしたがって立山室堂をめざす。室堂平内は整備された遊歩道となっているが、降雨などでぬれていると滑りやすいので注意が必要だ。

浄土山方面との分岐を左に入り、広い休憩広場をすぎたところが**立山室堂**で、国の重要文化財に指定されている、日本最古の山小屋だ。現在の建物は1726（享保11）年に再建されたものされ、古くからの立山信仰を今につたえる建造物だ。

この立山室堂から10分ほど東へ下ると**玉殿岩屋**に出る。白鷹と熊に導かれた佐伯有《さえきあり》頼《より》が、この地で阿弥陀如来《あみだにょらい》と不動明王《ふどうみょうおう》から立山開山のご神託を受けたとされる。

立山室堂に戻り、立山室堂山荘の横を通ってエンマ台をめざす。途中、右手にはミドリガ池、左手にはミクリガ池が現れる。みくりが池温泉との分岐を左に分けてすぐ先がエンマ台。みくりが池温泉からミクリガ池の西側の周遊路をたどれば、室堂ターミナルまで戻ることもできる。

ベンチのある**エンマ台**の広場からは、立山連峰と地獄谷の景観を楽しめる。また、ここには火山ガス情報ステーションがあり、水蒸気噴火や火山ガスなどへの注意を促している。とくにこのエンマ台から雷鳥《らいちょう》荘の先にある大日展望台付近にかけては、風向きにより火山ガス濃度が上昇することもあり要注意。

エンマ台からルートは右へ向きを変え、大きく下っていく。右手に小さな湿地帯が現れるが、これが血《ち》ノ池で、酸化鉄を含んだ池の水は地獄の様相さながらに赤く見える。また、左側に見えるのがリンドウ池で、この池の縁に沿って下っていく。ハイマツ帯のやせ尾根に続く遊歩道は池を回りこんでから向きを変え、今度は登り返しとなる。

チングルマが咲く室堂平

いたるところから噴煙が上がる地獄谷

登りきったところが雷鳥荘で、奥大日岳《おくだいにちだけ》が大きくそびえている。ここから雷鳥沢までは標高差約90mもの大下り。足もとの雷鳥沢キャンプ場をはさんだ正面に別山を眺めながら遊歩道をたどる。途中、地獄谷を見下ろす大日展望台を経て、長いつづら折りの急坂を下っていく。

下り着いた**雷鳥沢キャンプ場**のある雷鳥平から先は登山者の世界で、室堂平の散策が目的ならこのあたりまでが限界だろう。また、ここからは見上げる雄山の下に、国の特別天然記念物にも指定されている氷河地形・山崎《やまさき》カールを眺めることができる。

雷鳥平から**エンマ台**まで往路を戻る。地獄谷を通るルートは火山ガスの濃度が高くなったため、2012年から通行止めとなっている。その代替歩道として、浄土沢右岸から立山山腹を巻いて室堂に戻るルートがつくられた。ただし一ノ越への登山道から分岐するので、遊歩道散策が目的の人にはおすすめできない。

エンマ台で往路にたどった立山室堂山荘への道を左に分け、室堂ターミナルへ向かう。わずかに下るとみくりが池温泉。さらに下ると**ミクリガ池展望台**に着く。浄土山と立山が、四季折々の美しい姿を池に映して楽しませてくれる。

ここからミクリガ池の西側の縁をたどるようにして、ハイマツに沿って遊歩道を行く。しばらくは登りがきついが、ゆるやかになるとミクリガ池南側の展望台に出る。ここで立山室堂山荘方面へのルートを分け、広大な草原に延びる遊歩道を**室堂ターミナル**へ向かう。

プランニング&アドバイス

室堂ターミナルに隣接する立山自然保護センターでは、夏と秋の最盛期に富山県認定のナチュラリストによる自然観察ツアー（無料）が開催される。ツアーは1日数回、定刻に行なわれている。申しこみは当日にセンター3階の窓口へ。問合せは立山自然保護センター℡076-463-5401へ。室堂周辺で1泊すれば、日中の喧騒から開放された静かな室堂平を楽しめる。壮大な夕景や、山々の目覚めゆく姿を満喫できる。高山植物は7月中旬～8月上旬、草紅葉は9月下旬～10月上旬が見ごろ。

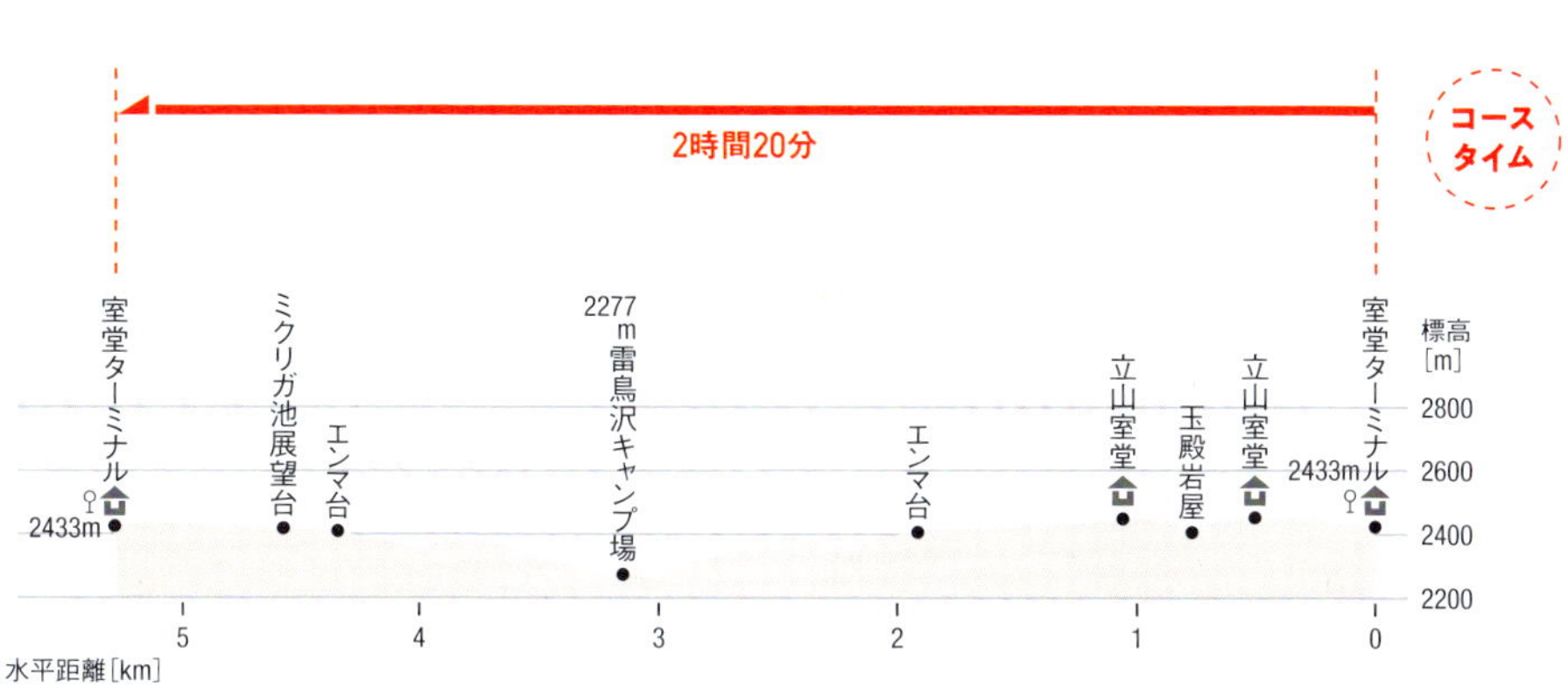

サブコース

室堂平から弥陀ヶ原へ

室堂平↓天狗平↓獅子ヶ鼻岩↓弥陀ヶ原

3時間20分

Map 7-2A 室堂平

Map 6-4C 弥陀ヶ原バス停

コースグレード	初級
技術度	★★★☆☆ 3
体力度	★★☆☆☆ 2

天狗平《てんぐだいら》と弥陀ヶ原《みだがはら》は、室堂平《むろどうだいら》の南西に続くたおやかな高原である。立山の火山活動による火砕流の堆積によって生まれた溶岩台地上には、ワタスゲやモウセンゴケなどが見られる高層湿原が点在し、自然探勝路として興味深い。室堂平、天狗平、弥陀ヶ原とめぐり歩けば、豊かな四季の味わいを感じさせてくれる高原歩きを堪能できる。なお、本コースは初級者向けのルートではあるが、獅子ヶ鼻岩《ししがはな》付近の下りは急で滑りやすく大変危険なので、注意が必要だ。

スタート地点は**室堂ターミナル**。ここから少しミクリガ池方面への遊歩道をたどり、「大谷・天狗平方面」の標識にしたがって左の遊歩道に入る。ちょうど正面には奥大《おくだい》日岳《にちだけ》と中大日岳《なかだいにちだけ》が望まれる。ルートを取り囲む草原は、夏にはチングルマの白いお花畑、秋にはその紅葉がパッチワークのように点在し、とても美しい。

よく整備された遊歩道をゆるやかに下ると木道の階段となり、大きく高度を下げる。通行止めとなっている地獄谷《じごくだに》からのルートと合流し、天狗平へは左へ進む。

大谷《おおたに》の左岸を行く道は、アップダウンが少なく歩きやすい。チングルマ、イワイチョウ、ヨツバシオガマ、ツガザクラなどが咲く花のトレイルだ。広大な草原の向こうには、別山《べっさん》から奥大日岳へ続く稜線越しに、剱岳《つるぎだけ》の勇姿を望む。一度車道を渡り、しばらく行くと**天狗平**に着く。

天狗平山荘の右手から「弥陀ヶ原方面」の標識に導かれて木道を行く。なお、山荘

広大な弥陀ヶ原（美松坂コースから）

天狗平付近からの剱岳。手前は奥大日岳への稜線

の手前左には美松坂《みまつ》コースの入口があり、こちらをたどっても弥陀ヶ原へ行くことができる（P37参照）。

すぐに車道を横切り、展望のよい大きく開けた草原に続く木道をゆるやかに下っていく。振り向けば立山《たてやま》三山、右手には大日連峰、左手奥には薬師岳《やくしだけ》が望まれる。

やがて小さな池塘が点在する湿原に出る。この池塘は火山灰や泥炭などの地層に取りこまれた水分が、表土にできた窪地に染みだしてきて生まれたもの。そこにミヤマホタルイなどの水生植物が、あたかも稲のように生え、餓鬼《がき》道に落ちた亡者の田んぼのように見えることから「ガキの田」とよばれる。あたりにはチングルマやイワイチョウ、ワタスゲなどが見られる。

池塘が点在する弥陀ヶ原（背景は大日三山）

チシマザサのあいだにガキの田が点在する心地よい木道は、やがて灌木帯へと入り、一《いち》ノ谷へ向けて急下降がはじまる。急な階段状の岩場には長いクサリが整備されているものの、たいへん滑りやすいので要注意。

ほどなく樹林が切れて大きな露岩が現れる。これは

トイレがある弥陀ヶ原バス停

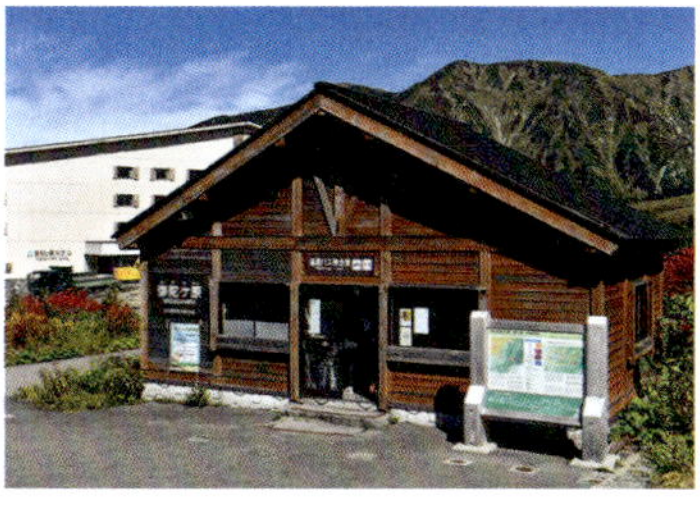

天狗平に向かう遊歩道からの剱・立山連峰

弘法大師が修業したとつたえられる**獅子ヶ鼻岩**だ。岬のように張りだした岩場付近からは、広大な弥陀ヶ原とどっしりとした鍬《くわ》崎山《さきやま》を眺めることができる。

ここからの下りも泥壁のような急な岩場が続き、気が抜けない。連続するクサリに導かれて獅子ヶ鼻岩の下部を回りこむよう下り、一ノ谷の支流を渡る。ふたたびクサリのある草付きの泥壁を巻くように越えると、木橋のある一ノ谷に出る。

沢から登り返すと広大な弥陀ヶ原へと出て、正面に鍬崎山を眺めながら木道を行く。ガキの田が点在するこの高層湿原では、夏には、ニッコウキスゲ、チングルマ、ワタスゲ、イワイチョウ、タテヤマリンドウなど多くの花を観察できる。秋には草紅葉の草原に、ウラジロナナカマドやダケカンバの秋色が映え、そこにチシマザサやオオシラビソの緑色がアクセントを加え、美しく彩っている。

やがてトレイルは二分する。まっすぐ行くと追分《おいわけ》へ、左へ入るとめざす弥陀ヶ原バス停だ。左に折れ、木道からガキの広場を通り、弥陀ヶ原ホテルの脇に出る。**弥陀ヶ原バス停**はすぐその先にある。

獅子ヶ鼻岩の前後はクサリ場が連続する

プランニング&アドバイス

コースタイム的には逆コースも問題ないが、やはり登り中心になるため体力的にはきつい。ただし、獅子ヶ鼻岩付近の急なクサリ場の下降が不安な人は、弥陀ヶ原から室堂へ向かったほうが無難。また、弥陀ヶ原からのバスは室堂平に戻るにせよ、美女平駅に向かうにせよ、完全予約制となっている。乗車時間を決めたら弥陀ヶ原バス停で予約をする。なお、室堂行きは出発の50分前まで、美女平行きは30分前までに予約すること。弥陀ヶ原周辺のサブコース(P38～)と合わせて楽しみたい。

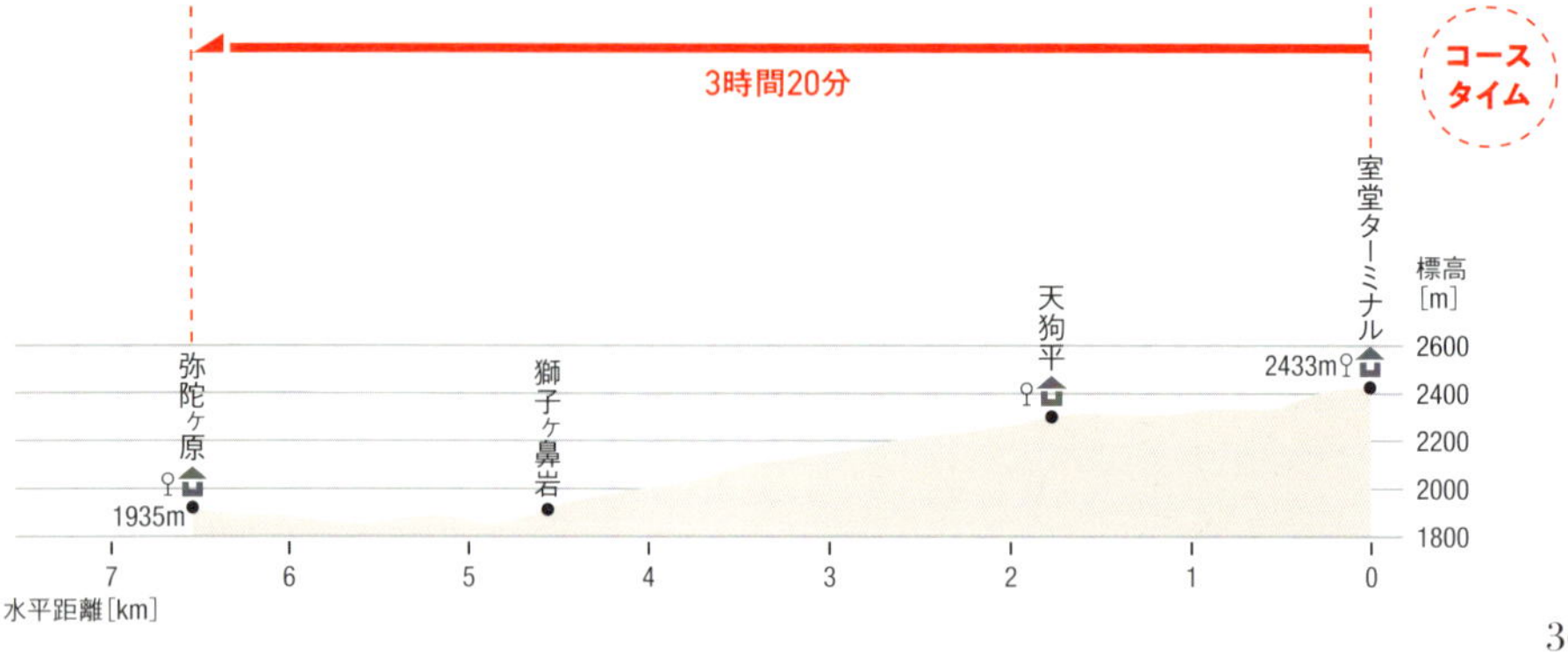

サブコース

美松坂コース

天狗平↓弥陀ヶ原↓追分↓松尾峠展望台↓追分↓弥陀ヶ原　3時間30分

Map 7-2A 天狗平

Map 6-4C 弥陀ヶ原バス停

コースグレード | **初級**

技術度 | ★★☆☆☆ 2

体力度 | ★★☆☆☆ 2

美松坂《みまつざか》コースは、天狗平《てんぐだいら》から天狗山《てんぐやま》（2521m）の北側山腹を巻いて弥陀ヶ《みだが》原《はら》にいたるルートだ。かつては天狗平と弥陀ヶ原をつなぐ近道として利用されていたが、1970年代の高原バスの開通とともに、廃道状態になってしまった。しかし近年、天狗平山荘のスタッフが中心になって再整備が行われ、ふたたび利用できるようになった。大日岳《だいにちだけ》や弥陀ヶ原の展望のよいルートである。

天狗平山荘の左手から登山道に入る。旧道の趣のある石畳の道を行く。大きく山稜を延ばす大日三山《だいにちさんざん》の眺めがよい。ときどき高原バスの走る車道を見下ろしつつ、山腹を巻きながら下っていく。

途中小沢を渡るが、その付近から大小の池塘を輝かせる弥陀ヶ原を大きく望む。さらに下っていくと、車道に出て、**弥陀ヶ原バス停**へ向かう。

弥陀ヶ原で時間があるようなら、さらに松尾《まつお》峠展望台まで足を延ばしたい。弥陀ヶ原遊歩道をたどり、**追分**《おいわけ》へ向かう。車道を渡った先で弘法《こうぼう》への道を右に分け、松尾峠に向けて木道を行く。峠へは周回ルートがついている。

大きく薬師岳や鍬崎山を望みながら登っていくと、立山カルデラの眺めがよい**松尾峠展望台**に着く。笹原に続く木道を下るとふたたび**追分**に出るが、木道は滑りやすいので注意すること。

弥陀ヶ原バス停へは往路をたどる。

高原バスを眼下にする弥陀ヶ原への道

松尾峠展望台からの浄土山〜鳶山（左から）

サブコース

弥陀ヶ原から称名滝へ

弥陀ヶ原↓追分↓弘法↓八郎坂↓八郎坂登山口↓称名滝バス停

3時間25分

Map 6-4C 弥陀ヶ原バス停

Map 6-2C 称名滝バス停

コースグレード	中級
技術度	★★★☆☆ 3
体力度	★★☆☆☆ 2

弥陀《みだ》ヶ原《がはら》を起点に、急坂が続く八郎《はちろう》坂を下って落差日本一（約３５０ｍ）を誇る称《しょう》名《みょう》滝へと下る。

弥陀ヶ原バス停から木道をたどって**追分**《おいわけ》に出る。ここで車道を渡り、すぐ先の松尾《まつお》峠展望台との分岐を右に進み、あたかも鍬《くわ》崎山《さきやま》へ続くかのように延びる木道を行く。池塘が点在する草原に沿ってしばらく進むと、**弘法**《こうぼう》バス停に出る。ここで車道をふたたび渡るが、コース入口は車道を少し弥陀ヶ原方面（上）へ戻ったところにある。なお、少し先の車道左側（南）には小さな公衆トイレがある。

大日岳《だいにちだけ》の眺めがよいトレイルをしばらく行くと、「**八郎坂下山口**」と書かれた標識のある階段に出る。この先で美女平《びじょだいら》へ下るルート（P39参照）を左に分け、樹林のなかを下っていく。

いよいよ八郎坂の急な下りがはじまる。立山《たてやま》の名ガイド・佐伯八郎《さえきはちろう》にちなんで名づけられたこの道は、標高差約５４０ｍもの滑りやすい急坂が続く。

つづら折りを繰り返して下るうちに、称名滝が見えてくる。途中にはベンチが置かれた2つの展望台がある。第一展望台の下のあたりにはヒカリゴケの生育地があり、富山県の天然記念物に指定されている。

やがて飛竜《ひりゅう》橋たもとの**八郎坂登山口**に出る。あとは車道を**称名滝バス停**へ向かうが、登山口から10分ほどの**称名滝展望台**にもぜひ立ち寄りたい。

立山駅行きのバスが発着する称名滝バス停

落差日本一の称名滝（八郎坂から）

サブコース

弥陀ヶ原から立山駅へ

弥陀ヶ原↓弘法↓大観台↓滝見台↓美女平駅↓立山駅

5時間45分

Map 6-4C　弥陀ヶ原バス停

Map 6-2A　立山駅

コースグレード　中級

技術度 ★★★☆☆ 3

体力度 ★★☆☆☆ 2

高原バスや立山《たてやま》ケーブルを利用せずに、弥陀《みだ》ヶ《が》原《はら》から山麓まで下るロングコース。**弥陀ヶ原バス停**から**弘法**《こうぼう》を経由して**八郎**《はちろう》**坂下山口**へ下る（P38参照）。八郎坂との分岐を右に分け、針葉樹の森のなかをゆるやかに下っていく。展望はないが、称名滝《しょうみょうだき》の瀬音が響く。

太い立山杉が目立つ木道をたどると、ほどなくベンチのある**大観台**《だいかんだい》に着く。台地を割って落ちる称名滝を望遠できる。

ゆるやかに下ってブナが目立つ上ノ小平《かみのこだいら》を通過し、急な下りで桑谷《くわ》に出る。芦峅寺《あしくらじ》と室堂《むろどう》のほぼ中間にある桑谷には、かつて立山登拝者のための茶店があったという。

ふたたび尾根へ登り返し、立山杉の巨木に見下ろされながら下っていく。車道に出たところが**滝見台**《たきみだい》。高原バスからも眺められる、称名滝の展望スポットだ。

ここから少し車道をたどり、ふたたび登山道へ入るが、道の入口には標識がないので注意したい。この付近は高原台地の側壁である「悪城《あくしろ》の壁《かべ》」の最上部。立ち並ぶ立山杉を縫うように木道をたどる。

ブナ坂で車道を横切り、うっそうとした深い森の自然探勝路を行く。小さなアップダウンを繰り返し、やがて**美女平駅**《びじょだいら》に出る。

美女平駅の正面右脇からふたたび登山道に入るが、入口がわかりにくいので要注意。途中「材木石《ざいもく》」を通過して、深い森のなかを急下降すると、**立山駅**に到着する。

コース後半は美しいブナ林が続く（美女平付近）

立山杉の巨木のなかを下っていく

前夜泊1泊2日

大日三山

奥大日岳 中大日岳 大日岳

どっしり構える大日三山。右から奥大日岳、大日岳、中大日岳

コースグレード｜**中級**

技術度｜★★★☆☆ 3

体力度｜★★★☆☆ 3

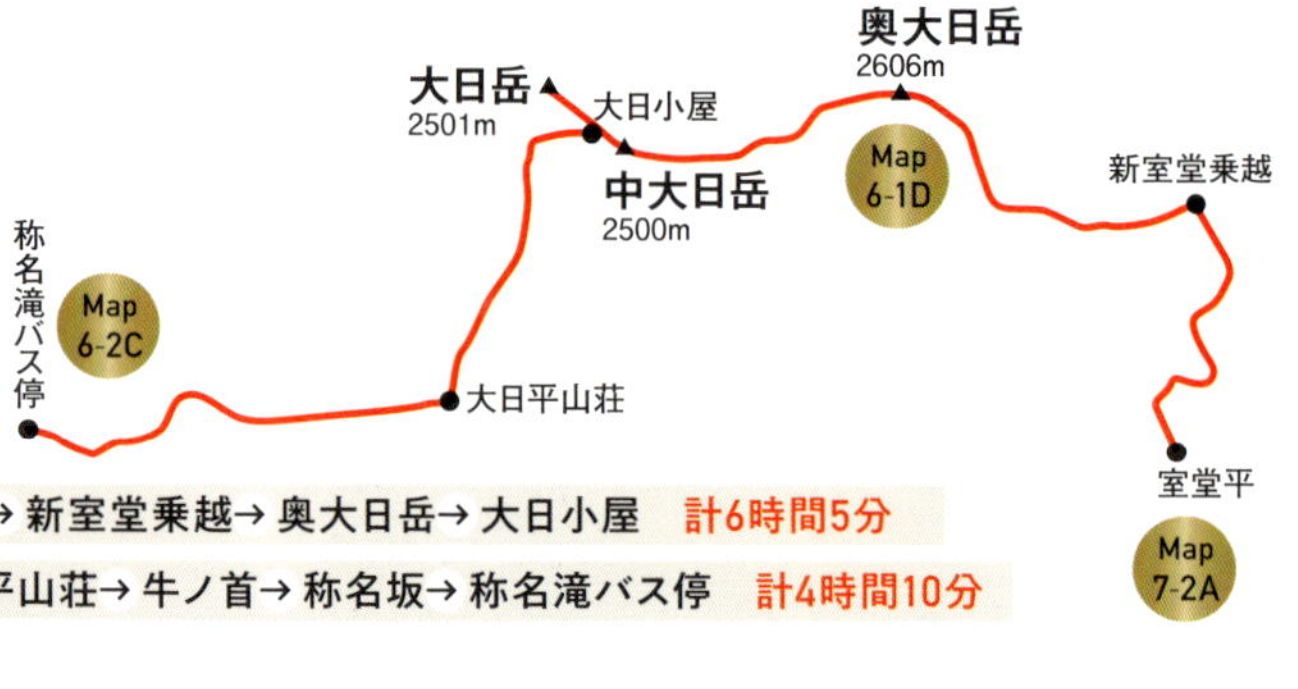

1日目	室堂平→ 雷鳥平→ 新室堂乗越→ 奥大日岳→ 大日小屋 計6時間5分
2日目	大日小屋→ 大日平山荘→ 牛ノ首→ 称名坂→ 称名滝バス停 計4時間10分

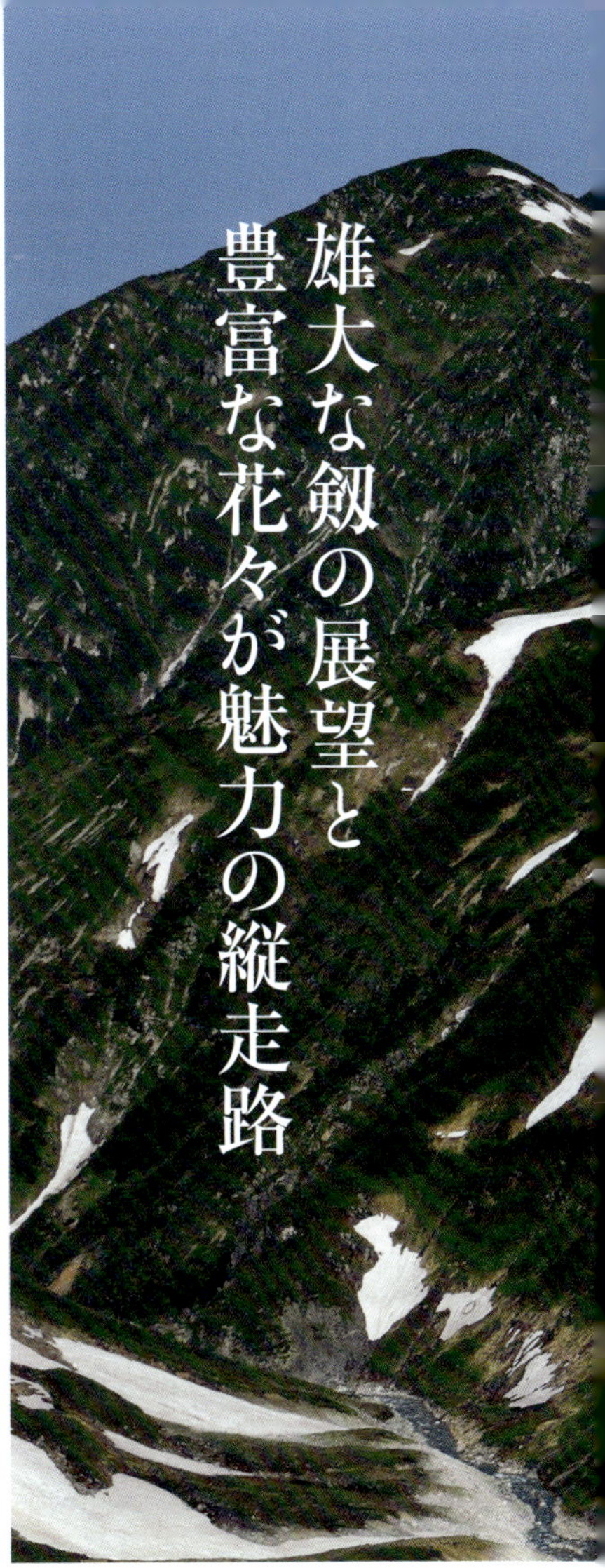

雄大な剱の展望と豊富な花々が魅力の縦走路

大《だい》日岳《にちだけ》、中《なか》大日岳、奥《おく》大日岳の三山を合わせて大日三山とよぶ。立山《たてやま》から西へ、称名《しょうみょう》川に沿って連なる山稜は、見栄えのいい堂々とした山塊を形成し、室堂《むろどう》ターミナルからは、大きな奥大日岳と中大日岳を望むことができる。

立山や剱岳《つるぎだけ》と同様に、大日岳も古くから続く山岳修験の場として知られ、その山名は大日如来《にょらい》の聖地に由来するという。山頂からは、平安時代のものとされる錫丈《しゃくじょう》の頭も見つかっている。また、七福園《しちふくえん》にある岩屋は、修験者たちの行場であったとつたえられている。

稜線をたどるにつれ、刻々と姿を変える剱岳の展望と、登山道をにぎわす豊富な高山植物が本コースの魅力。朝日と夕日を堪能できる山小屋での時間も貴重なひとときだ。ルート上には2軒の山小屋があり、プランニングも立てやすい。ただし、適当なエスケープルートがなく、奥大日岳や大日平からの下りでは滑りやすい急下降が続くので、滑落には要注意。

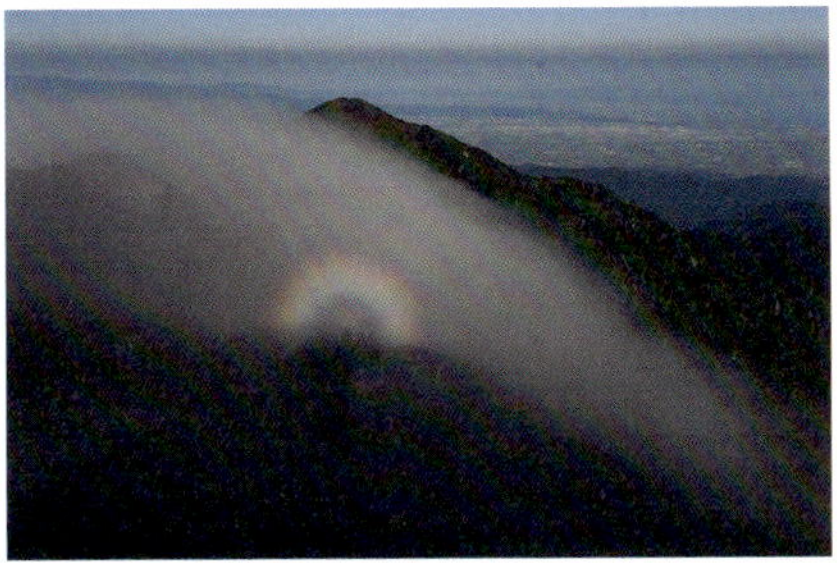

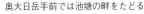

大日岳とブロッケン現象（奥大日岳から）

奥大日岳手前では池塘の畔をたどる

1日目
室堂平から新室堂乗越、奥大日岳を経て大日小屋へ

室堂ターミナルから**エンマ台**を経由して雷鳥平《らいちょうだいら》をめざす。アップダウンを繰り返しながら、ミクリガ池や屏風のようにそびえる立山を眺めながら遊歩道をたどる。

雷鳥沢キャンプ場からは浄土《じょうど》沢を渡り、すぐに「剱御前《つるぎごぜん》・大日岳方面」の標識にしたがって左へ行く。その後、別山乗越《べっさんのっこし》への分岐を右に分けるが、誤ってそちらへ入らないように気をつけたい。めざす新室堂乗越へはそのまま河原を進み、チングルマ、ハクサンイチゲ、コバイケイソウなどが咲く登山道を、木道をまじえながら登っていく。

新室堂乗越で別山乗越からの縦走路と合流し、左へ進む。ゆるやかな尾根道を行くと、やがて室堂乗越に出る。ここから立山川をはさんでそびえる剱岳が望まれる。左手のスカイラインが早月《はやつき》尾根で、険しく競り上がる岩稜は、とても一般ルートが通っているとは思えないほど荒々しい。

登山道は尾根の称名川側を巻いて稜線へ出て、短いながらも岩まじりの急登で２５１１ｍのピークを越える。険しい剱岳を眺めながら、稜線をゆるやかに下った先がカガミ谷《たん》乗越。このあたりはシナノキンバイやハクサンフウロが美しい。

ここから道は大きく称名川側を巻いて、ガレ場を左上していく。称名川をはさんで広がる広大な弥陀《みだ》ヶ原《がはら》は、まるで巨大な立体模型のよう。薬師岳《やくしだけ》や鍬崎山《くわさきやま》の眺めもすばらしい。ふたたび稜線に出たところが奥

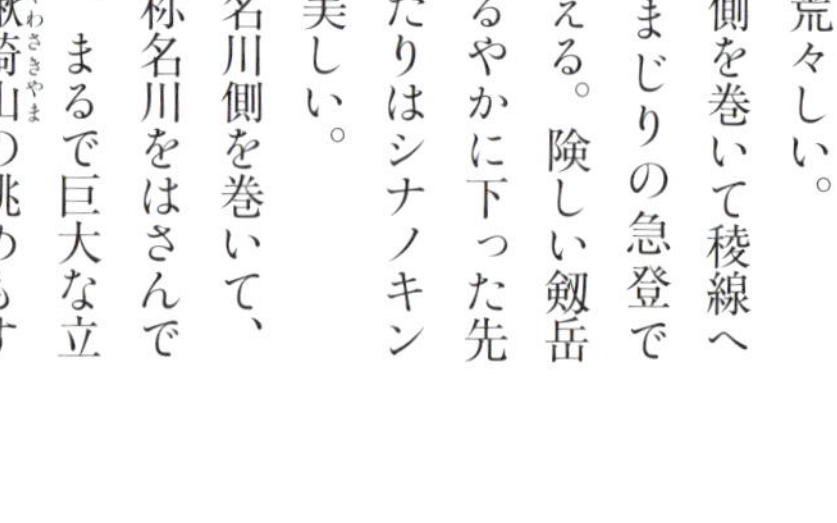
奥大日岳からは急峻なガレ場を下る

大日岳最高点との分岐だが、最高点は崩壊のおそれがあり危険なため、そのまま左へ、三角点のある山頂へと向かう。小さな池塘がある二重山稜をゆるやかにたどると、**奥大日岳**山頂に着く。登り着いた狭い頂からは、立山川をはさんで、巨大な岩塊となって天を突くようにそびえる剱岳を望む。

山頂をあとにもと来た道を少し戻り、標識にしたがい中大日岳へ向けて下りにかかる。足もとが不安定な急なガレ場を、クサリ沿いに下るが、落石や滑落に要注意。

稜線から離れて大きく称名川側を巻いて下っていき、灌木帯のなかの二重山稜に出る。そのあいだの池塘のある窪地を抜けて大岩沿いに少し下ると、急な崩壊地に出る。ここをクサリとハシゴに頼って通過し、さらに尾根を下ると中大日岳との**鞍部**に出る。

中大日岳へは正面右側の岩場を登る。クサリに沿って右へトラバースする。短いが、傾斜のきつい岩場なので、慎重に登りたい。登りきると、巨岩の点在するハイマツ帯に

立山や奥大日岳、剱岳を背景にする中大日岳への木道

展望台からの称名滝（落差350m）

入り、岩のあいだをゆるやかに延びる登山道をたどる。このあたりは**七福園**とよばれ、山岳修験者の行場だったところだ。振り返れば、はるか剱岳や立山が、南に目を移せば、どっしりとした薬師岳が望まれる。

木道に導かれるように中大日岳の山頂を越えるが、山頂は目立たないので、気をつけていなければいつの間にか通過してしまう。やがてハイマツ帯の下りとなり、**大日小屋**に着く。大日小屋は剱岳の絶好のパノラマポイント。朝に夕に変化する光が楽しめる。小屋から**大日岳**へは往復30分ほどだ。

2日目

大日小屋から大日平を経て称名滝へ

小屋と大日岳の鞍部から、大日平をめざしてひたすら下る。つづら折りの急斜面は、岩がゴロゴロしていて歩きにくい。何度も小沢を渡りながら下っていくと、やがて広大なチシマザサの高原に延びる木道に出る。この広大な高原が大日平で、池塘が点在する湿原では、ワタスゲやイワショウブ、ニッコウキスゲなどが見られる。

傾斜の落ちた高原を木道でたどると、ほどなく**大日平山荘**に着く。山荘裏手には、一《いち》ノ谷から流れ落ちる豪快な不動《ふどう》滝を見渡す展望台がある。

大日平山荘からは木道をたどる。木道脇にはところどころにベンチが置かれ、ワタスゲを揺らす風に吹かれながら、大日岳を振り返り見つつひと休みするのもいい。

大日平の縁で木道が終わると、牛《うし》ノ《の》首《くび》尾根の急下降がはじまる。滑りやすい急斜面

奥大日岳付近からの天狗平や薬師岳方面の眺め

ハシゴがかかる牛ノ首への下り

赤い屋根の大日小屋と大日岳。左奥は富山平野

が続くので滑落に注意。階段状の急な岩場をハシゴとクサリで通過して、続くやせ尾根の急斜面をハシゴで下る。足もとはたいへん滑りやすく、両側が切れ落ちた細い尾根の下りが続く。ハシゴやロープが整備されてはいるが、スリップや滑落には充分気をつけて、慎重に下りたい。木の根も張り出しているので、つまずいて転倒しないように足もとに気を配ること。

尾根の鞍部である**牛ノ首**からは、尾根を離れて称名川側の急傾斜の岩場をロープで下る。続く階段状の岩場には長いクサリが整備されているが、ここも滑りやすく、気が抜けない。さらに、ハシゴやロープが連続する急な下りが続く。

やがて猿《さる》ヶ《が》馬場《ばんば》に出て、ほっとひと息つく。木立に囲まれた小平坦地にはベンチが置かれ、休憩によい。さらに樹林帯の下降を続けると「**大日岳登山口**」の標識がある車道に出る。ここを左へ行けば称名滝、右へ向かえば**称名滝バス停**だ。

プランニング&アドバイス

1泊2日のプランとして紹介したが、余裕があれば立山主稜縦走と組み合わせ、2泊3日の計画にしてもいい。この場合、1日目は剱御前小舎、2日目は大日小屋か大日平山荘となる。室堂平を屏風のように囲む峰々をめぐり歩くと同時に、豪快な剱岳の姿を遠く近くに眺め歩く贅沢なプランだ。とくに別山乗越と大日岳周辺は剱岳の絶好のパノラマポイントとなるので写真好きにはおすすめだ。逆コースは登山口から大日平、さらに大日小屋へ向けて登り中心のルートとなり、体力的にハードであることを覚悟しなければならない。

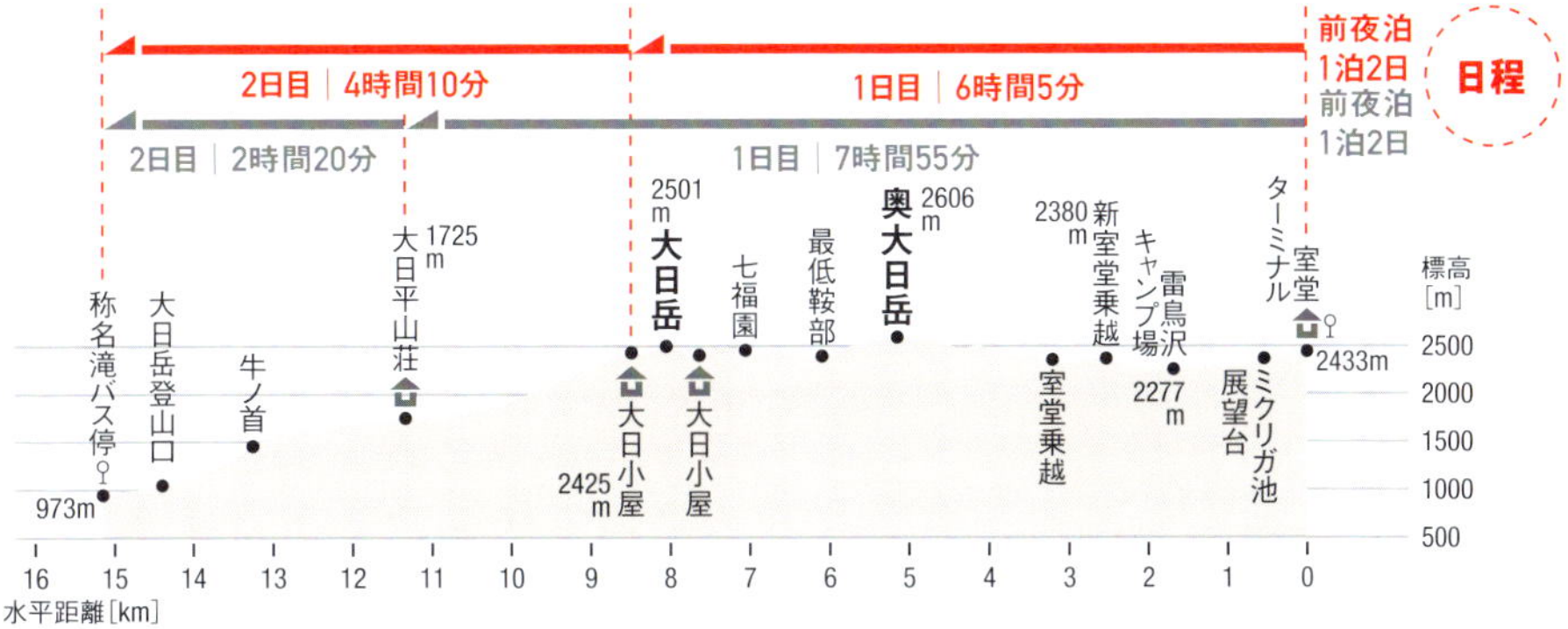

剱岳

「岩と雪の殿堂」と称される登山者あこがれの山

別山乗越付近からの剱岳（左奥は毛勝三山）

2泊3日

剱岳 別山尾根

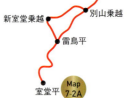

平蔵谷源頭部の岩峰群を平蔵のコルから望む

コースグレード	上級
技術度	★★★★★ 5
体力度	★★★★☆ 4

1日目	室堂平→雷鳥平→剱澤小屋	計3時間35分
2日目	剱澤小屋→剱岳→剱澤小屋	計7時間10分
3日目	剱澤小屋→新室堂乗越→雷鳥平→室堂平	計3時間50分

峻険な岩尾根の果てに
そびえ立つあこがれの峰

岩と雪の殿堂として知られる剱岳《つるぎだけ》。文字通り、この山に登るためには岩場と雪渓に登路を求めるしかない。

この別山《べっさん》尾根ルートは剱岳への一般ルートとして人気が高いが、1907（明治40）年に陸地測量部が剱岳に登頂した際には、尾根のあまりの険しさのために登路を見いだせなかったルートである。前剱《まえつるぎ》の門《もん》や平蔵《へいぞう》の頭《ずこ》、カニのたてばい・よこばいなど、気の抜けない岩場の通過が最大のポイント。登下降路合わせて13カ所ものクサリ場が連続し、つねに転落や滑落、落石などの危険が伴う。

実際に別山付近から剱岳を眺めても、そこに登山ルートがあるとはとても思えない。山が急峻に競り上がり、ピークや尾根が重なり合って巨大な山塊を形成しているからだ。各ポイントにはクサリやハシゴなどが整備されているが、岩登りの基本となる三点支持の技術は覚えておきたい。途中にエスケープルートもなく、取り付く前の天候判断や体調管理も重要だ。

テントで大にぎわいの剱沢キャンプ場と剱岳

剱澤小屋（左）と剣山荘（右）を俯瞰する

1日目
室堂から別山乗越を経て剱澤小屋へ

室堂《むろどう》から**雷鳥沢**《らいちょうざわ》**キャンプ場**を経て、**別山**《べっさん》**乗越**《のっこし》へ登る（P18コース2を参照）。

剱岳登頂のベースとなるのは、展望のよい剱御前小舎《つるぎごぜんごや》、剱岳を正面に仰ぎ見る剱澤《つるぎさわ》小屋、剱岳にもっとも近い剣山《けんざん》荘の3軒。本項では剱澤小屋をベースとして紹介する。また、別山乗越からは直接剣山荘へ下るルートもある。これは剱御前の東側斜面を巻くようにたどるもので、高山植物が豊富なルートだが、途中現れる雪渓の通過には充分注意が必要。とくに下りはじめの雪渓は傾斜も強く、慎重に踏み跡をたどること。雪渓の状態を剱御前小舎でたずねてから進むとよい。なお、三角点のある剱御前から先は崩壊のため通行止めとなっており、剣山荘へ下ることはできない。

別山乗越から剱沢上部を別山側へ巻くようにして下る。途中小さな岩場を通過して下っていくと、やがて傾斜が落ちて別山からのルートが右手から**合流**する。この先時期が早いと雪渓をたどる。さらにガレ場を下ると正面に剱岳を望む剱沢キャンプ場だ。**野営場管理所**の前からガレ場の小尾根を下ると、ほどなく**剱澤小屋**に着く。

2日目
剱澤小屋から別山尾根をたどり剱岳を往復する

剱澤小屋からガレた登山道を剱沢へ下る。下ったところから雪渓をトラバースするが、早朝は雪が硬く凍りつき、滑りやすいのでスリップに気をつけたい。

雪渓を渡りきったあとは、広いお花畑のなかに続く傾斜のゆるい道をたどる。チングルマの群落が美しいが、岩が点在し、登山道との見分けがつきにくい。とくに暗い時間帯や視界不良時には迷いやすい。ヘッドランプを照らしているときも足もとばかりを照らさず、ときには広く周囲を照らし

平蔵のコルから見上げるカニのたてばい

前剱の門からは大日岳方面の展望がよい

平蔵の頭から望む剱岳と尾根上部の核心部

てルートの方向を確認することが大切だ。登山道上の石にはペンキ印があるので、それを見失わないようにたどること。やがて剱御前小舎から下ってくるルートが左から合流し、**剣山荘**に着く。

この先剱岳山頂にかけて、プレートがつけられたクサリ場が、登下降路合わせて13カ所ある（以下、カッコ内はプレート番号）。

コバイケイソウやハクサンフウロが咲くお花畑を右上して、急なガレ場をクサリでたどる（①）。時期が早いと雪渓が残る。さらに階段状の岩場をトラバースして（②）**一**《いっ》**服剱**《ぷくつるぎ》へ登る。ピークに立つと前剱が立ちはだかる。

一服剱から前剱との鞍部に下りたところが武蔵《たけぞう》のコル。ここから前剱に取り付く。登るほどに足もとの不安定なガレ場の急登となり、スリップや落石に要注意。この付近はいく筋も踏み跡が錯綜し、ルートファインディングを慎重に。

やがてルンゼ（岩溝）状となったガレ場へ入ると、上部に今にも落ちそうな大岩が見えてくる。これが前剱大岩で、岩の左側をクサリに導かれて越えていく（③）。ルンゼを抜けたところから、滑りやすい岩場をクサリに沿って登りつめると

崩れ落ちそうな前剱大岩の脇を登る

高度感抜群のカニのよこばいを下る

稜線へと出て、そこからクサリのある岩場をたどる④と**前剱**だ。前剱の東大谷《ひがしおおたん》（左側）を巻いていく道があるが、下山時には自然とこの巻き道を通ることになり、前剱山頂は通過してしまう。前剱の先で登下降路が分かれるので、行きは前剱経由、帰りは巻き道を通ったほうがルートがわかりやすい。

前剱からは頂稜の剱沢側（右側）をたどり、すぐに東大谷側へ稜線を乗り越えて、足場の不安定な急な岩場をクサリで下る。次に現れる岩峰の手前で鉄橋を渡り、この岩峰に取り付き、クサリに沿って右上して行く⑤。岩峰の右肩からこれを巻き、平《へい》蔵谷《ぞうたん》側をクサリで下る⑥。ここを下りきると前剱の門とよばれる鞍部に出る。

前剱の門からは足もとの安定したザレ場の登り。平蔵谷側から稜線へと出て、東大谷側へ回りこむが、残雪があると不明瞭でわかりにくい。平蔵谷側をトラバースしすぎないように注意したい。

稜線から東大谷側へ出て、岩峰にぶつかったところで登下降路が分かれる。登りは右側からゴツゴツとした岩場をクサリで越え⑦、傾斜こそゆるいが高度感抜群の平蔵の頭をクサリに沿って下る。下りきったところで登下降路が合流する。

この先は平蔵谷源頭部の岩峰帯を巻いていく。登下降路が分かれた短いクサリ場⑧を通過すると**平蔵のコル**に出る。

平蔵のコルから、平蔵谷上部を少し本峰南壁寄りにトラバースしたところからはじまる急な岩場の登りが、カニのたてばいだ⑨。

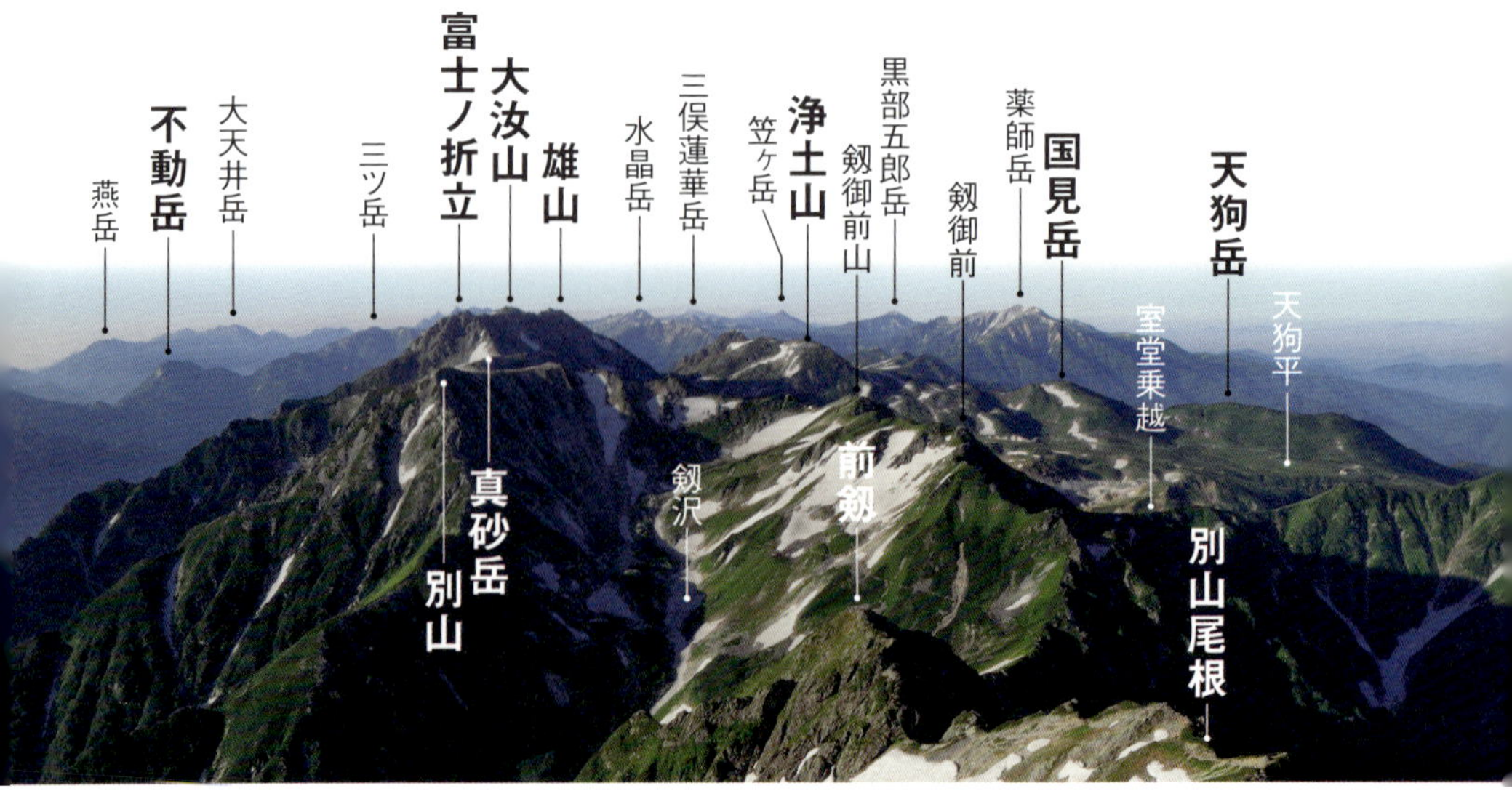

山頂直下からの南面の眺め

急峻な岩場をクサリをつたってバンド（岩壁を横断するように続く棚）に立ち、岩場を乗り越えてルンゼに入る。滑りやすいガレたルンゼをクサリに沿って登ると、下降路との分岐に出る。

ここから山頂まで登下降同ルートになるので、譲り合いを心がけて登りたい。短い急な岩稜を越えて、傾斜の落ちたガレ場を行く。早月《はやつき》尾根との分岐を左上に見送って頂稜をたどると、ほどなく**剱岳**山頂に着く。

祠が祀られた剱岳の山頂

岩稜状になった山頂からは、後立山《うしろたてやま》連峰や立山連峰、槍《やり》・穂高《ほたか》、薬師岳《やくしだけ》、北方稜線の山々などの大パノラマが展開する。源次郎《げんじろう》尾根や八ツ峰《やつみね》などの岩稜を上から見下ろす迫力ある眺めは、剱岳ならではのものだろう。なお、頂稜の北東方向に向かう踏み跡があるが、これはバリエーションルートとなる北方稜線への縦走路（P72参照）なので、立ち入らないこと。

下りは下降路のカニのよこばいへ⑩。クサリのつけられた高度感ある岩場を、バンドに沿って下っていくが、足もとをよく確かめて慎重に通過したい。

続けて長いハシゴの下りだ。ハシゴに乗り移る際にバランスを崩さないように注意。さらにクサリのあるルンゼを下る。出だしは傾斜が強いので慎重に。ガレ場を下れば**平蔵のコル**に着く。

平蔵のコルからは平蔵谷側の岩場をバンド沿いにたどり、短いクサリ場を下る⑪。次に登下降路の分かれた平蔵の頭をクサリ

急なハシゴを下って平蔵のコルへ（復路）

剱御前山から望む剱岳（右奥は白馬連山）

に沿って登る⑫。さらに傾斜のある岩場をクサリで下り、そのまま岩稜の東大谷側を巻いて通過していく。

一度稜線に出てから平蔵谷側の道をたどり、前剱の門に出る。ここからクサリのある急な岩場を登り⑬、東大谷側へ下る。下りきったところから東大谷側のトラバースとなるが、出だしは狭く、滑りやすいので要注意だ。このままルートは**前剱**の山頂を巻いて通過していく。

前剱大岩付近の下りは、登り以上に滑りやすい。落石にも充分気をつけて慎重に下りたい。**一服剱**までくればひと安心。登頂後の疲れと気のゆるみに気をつけながら、**剱澤小屋**へ向かう。

3日目

剱澤小屋から別山乗越を越え、新室堂乗越経由で室堂へ下る

剱沢を登り返して**別山乗越**をめざす。乗越からは奥大日岳《おくだいにちだけ》へ延びる稜線をたどる。ハイマツ帯を行く尾根道は大きく高度を下げながら、やがて**新室堂乗越**《しんむろどうのっこし》に着く。ここで大日岳方面への縦走路と別れ、雷鳥平への下りに入るが、室堂乗越まで足を延ばせば剱岳を望むことができる（P40コース5参照）。コース上には高山植物も豊富で、往路とは違った見え方をする山々の姿とともに楽しみたい。

雷鳥沢キャンプ場からは遊歩道を**室堂ターミナル**へ向かう。

プランニング&アドバイス

体力や技術に自信があれば、剱岳往復後、その日のうちに室堂経由で下山することも可能だが、余裕をもった2泊3日のプランニングが望ましい。悪天候下での行動は非常に危険なコースなので、予備日の意味でもゆとりをもった計画を立てたい。3日目の下山は往路をたどってもよいが、立山三山縦走（P18参照）などすれば、より充実した山行になろう。1泊2日で計画する場合は、アルペンルートの最終時間を確認しておくこと。遅い時間に室堂に帰り着くと、ターミナル周辺でもう1泊ということになりかねない。いずれにしても、難所の続く別山尾根で、時間に追われるような行動は避けること。

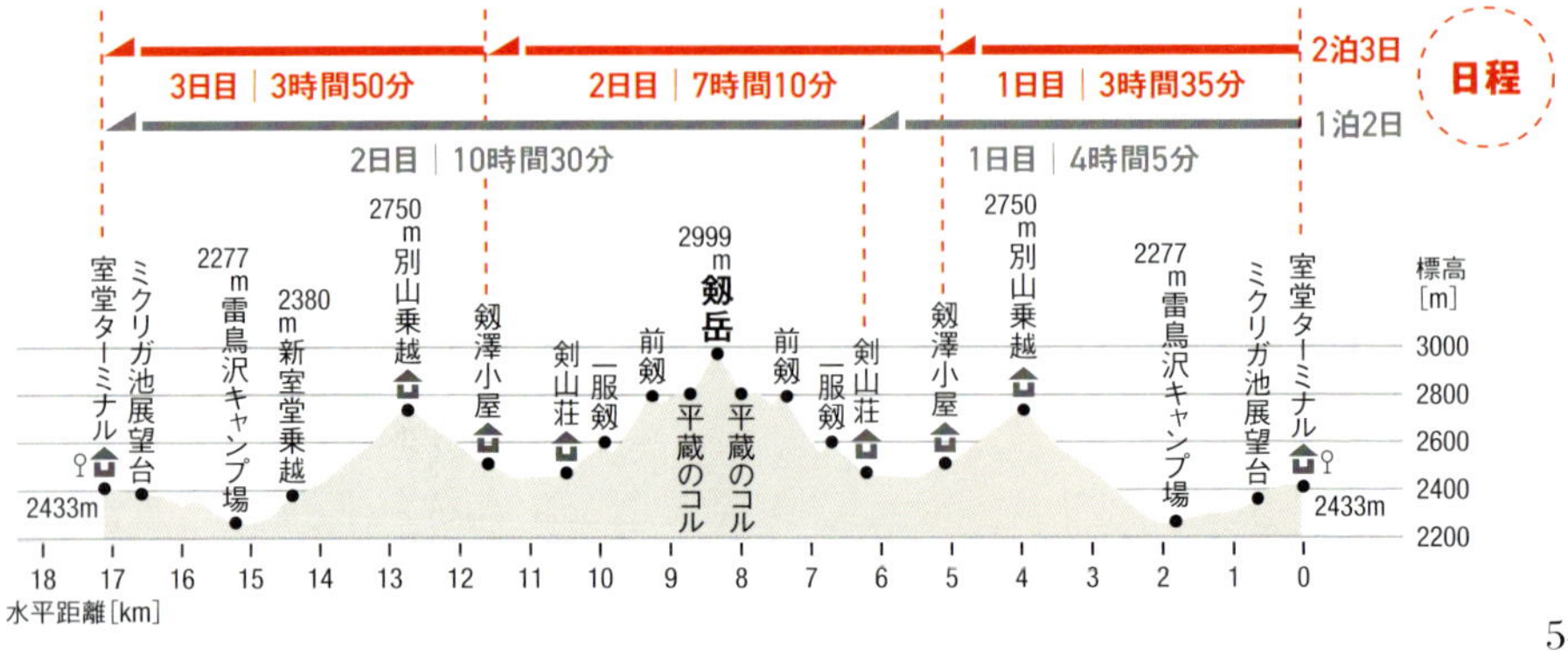

コラム1

別山尾根核心部

カニのよこばい

高度感ある岩場のトラバース。しっかりしたバンドとクサリがあるので、恐怖感に負けず、思いきりよく下るのがコツ

別山尾根詳細図

カニのたてばい

傾斜の強い岩場を鉄の杭とクサリに頼って登る。上部で小岩稜を乗越して、滑りやすい急なルンゼを登る

平蔵の頭

見た目ほど急傾斜ではないものの、高度感抜群の岩峰を登下降する。東大谷側の方が傾斜が強いので、滑落要注意

前剱

前剱の先の小岩峰に鉄橋で取り付き、クサリに沿ってトラバースする。高度感のある登下降が続き気が抜けない

前剱大岩

今にも崩れそうな大岩の左側をクサリに沿って登る。ルートは急なルンゼをたどるので落石に要注意

※丸数字はクサリ場につけられている番号

コースグレード 上級

技術度 ★★★★★ 5

体力度 ★★★★☆ 4

前夜泊2泊3日

劔岳
早月尾根

劔岳らしい
荒々しい西面から
長大な尾根を
登り山頂へ

山頂付近から見る獅子頭。池ノ谷側を巻く

1日目	馬場島→松尾平→早月小屋	計5時間10分
2日目	早月小屋→劔岳→劔澤小屋	計6時間50分
3日目	劔澤小屋→雷鳥平→室堂平	計3時間30分

登山口の馬場島《ばんばじま》から剱岳《つるぎだけ》山頂まで、2240mもの標高差で突き上げる、早月尾根《はやつきおね》。黒部《くろべ》の主、冠松次郎によって初登・命名された、北アルプスでも屈指の長大な尾根である。日本海を間近に、急峻に競り上がる地勢は、季節を通じて気象変化が激しく、夏はガスと雲海、冬はドカ雪が尾根をおおう。2450m付近を境に、前半はうっそうとした樹林帯の急登、後半は剱岳山頂まで続く険しいやせ尾根と、峻険な岩場で構成されているのが特徴だ。

剱沢《つるぎ》側からの別山《べっさん》尾根（P48コース6）とともに剱岳への一般ルートとして知られるが、長い登行距離や大きな標高差をクリアする体力、急峻な岩場を登下降する技術などが必要だ。それ故に「一般」のなかでも厳しいものが要求されるルートといえよう。池ノ谷《いけのたん》や小窓《こまど》尾根、剱尾根など、荒々しい剱岳西面の様相を眺めつつたどる険路は、別山尾根から眺める風景とはまた違う、いかにも剱らしい表情を見せてくれる。

1日目　馬場島から早月尾根に取り付き早月小屋をめざす

登山口となる**馬場島**へは公共交通機関がなく、富山地方鉄道上市《かみいち》駅からタクシーを利用、もしくはマイカーで入る。宿泊施設として馬場島荘やキャンプ場があり、入山初日にここに泊まることも可能だ。なお、早月尾根には水場がないので、充分な水を用意してから出発すること。とくに夏のシーズン中は標高の低さと、風の通りにくい樹林帯を登るため、相当な水分消費が考えられるので要注意だ。

馬場島荘前の駐車場からキャンプ場をすぎて、尾根末端へ向かう。「試練と憧れ」と書かれた碑のある剱岳鎮魂の杜の先、標高760mが早月尾根の取付点で、「剱岳登山道入口」の看板がある。

ここから急登ではじまる登山道は、標高1000m付近で一度傾斜が落ちる。しばらくは**松尾平**《まつおだいら》とよばれる平坦地が続き、ブ

松尾奥ノ平の先にある立山杉の巨木

「試練と憧れ」早月尾根の登山口

ナなどの広葉樹の森をゆるやかに登っていく。松尾奥ノ平《おくのだいら》をすぎるとこの平坦地が終わり、いよいよ本格的な急登、早月尾根の試練がはじまる。

巨大な立山杉の脇を抜けてひたすら急登の尾根をたどると、標高1200mの標識が現れる。早月尾根上には標高1000mから山頂までの間、標高差200mおきに標識が置かれており、現在地を知ることができる。ペース配分の参考にしたい。

木々の合間からは、ときおり白萩川《しらはぎ》をはさんで大きくそびえる赤谷山《あかたんやま》と猫又山《ねこまたやま》が眺められる。**1920・9mの三角点**をすぎるとニッコウキスゲやコバイケイソウが咲くお花畑が現れ、きつく単調な尾根登りにも変化が出てくる。

2000m付近からしばらくは池ノ谷側の斜面を行く。傾斜の落ちた小さな草原には池塘が現れ、尾根のはるか上部には剱岳山頂が望まれる。この先はロープのある急登となり、ふたたび尾根上に出る。さらに急な尾根をたどると、早月小屋手前の2224mピークへと出る。このピークからは、右から大日《だいにち》三山、剱御前《つるぎごぜん》、別山、剱岳、小窓尾根、赤谷山、毛勝《けかち》三山などが望まれる。ピークをわずかに下れば**早月小屋**に着く。小屋のすぐ先に約25張分のテント場がある。水場はないので早月小屋で購入する。

2日目 早月小屋から剱岳へ登頂して剱沢へ下山する

テント場を抜けて、灌木帯の急斜面を登り、尾根上へ出る。2450m付近でハイマツ帯となり、幅の狭まった尾根をたどる。行く手には、大きな岩塊となった剱岳の山頂が現れる。

この先は、足場が不安定なやせ尾根が続く。随所にロープが張られているが、立山《たてやま》川側が切れ落ちた崩壊地を通過するので、滑落や落石に要注意だ。登りきったところが**2600mピーク**で、広場になっている。

標高2000mをすぎると小さな池塘がある。先に剱の頭が見える

早月小屋とはるか下方に馬場島を見下ろす

正面には剱岳が大きくそびえる。ゆるやかな池ノ谷側の斜面には、チングルマやシナノキンバイなどが咲き広がっている。時期が早いと雪渓がある斜面を下り、2614mピークへ登り返す。

徐々に尾根幅が狭まり、滑りやすいガレ場の急登が続く。もろく、高度感ある岩場

早月尾根上部はもろく急峻な岩場が続く

大日連峰からの剱岳（右）と早月尾根の雄姿

が続くのでスリップや落石に注意すること。ルートは主に池ノ谷側につけられており、ペンキ印を見落とさないように気をつけたい。

やがて標高2800mの標識のある、池ノ谷側の岩稜上のわずかなスペースに出る。荒々しい池ノ谷源頭部の様相が凄まじい。

ここからガレ場をたどり、尾根のわずかに東大谷《ひがしおおたん》側のハイマツ帯を登っていく。やがて行く手を獅子頭《ししがしら》の岩峰にさえぎられ、池ノ谷側の岩壁帯をトラバースして通過する。しっかりとしたバンドがあり、クサリも整備されているが、足もとが切れ落ち高度感があるので、慎重に行動すること。

続いて現れる岩峰がカニのハサミ。かつては別山尾根側から見るとカニのハサミのような形状をした岩峰だったというが、一方が崩れ落ち、現在は名前にその姿を残すだけだ。池ノ谷側につけられたクサリをたどり、ここを通過する。岩がもろく、浮石も多いので、ホールド（手がかり）、スタンス（足場）は慎重に選ぶこと。夏のシーズンはじめには残雪でクサリが埋まっていることもあり、より慎重な行動が要求される。

カニのハサミを通過すると、一度稜線上へと出て、すぐにもろい池ノ谷側のガレ場の斜面に取り付く。長いクサリのある不安定な急斜面が続くので、落石、滑落に要注意。すれ違いも慎重にすること。「く」の字状にクサリをつたい、ここを越えると狭い岩稜に出る。鋭い岩稜の側部をクサリで通過して、さらに岩稜をたどると別山尾根との分岐に出る。傾斜の落ちた岩稜を**剱岳**山頂へ向かうが、最後まで気を抜かずに登りたい。

下りは別山尾根を経て**剱澤《つるぎさわ》小屋**へ（P48コース6参照）なお、早月尾根を下る場合は、必ず別山尾根との分岐標識を確認してから下ること。視界不良時には別山尾根へ入りこみやすいので注意が必要だ。

獅子頭の岩峰を池ノ谷側から巻いて通過する

別山尾根との分岐標識。下る方向に注意

お花畑が美しい2600m付近から望む剱岳

3日目

室堂へ下山する

剱澤小屋をあとに、**別山乗越《のっこし》**、**雷鳥沢《らいちょうざわ》キャンプ場**を経て**室堂《むろどう》**へと向かう（P48コース6、P18コース2参照）。

富山県登山条例

12月1日から翌年5月15日までのあいだ、剱岳周辺の「危険地区」に登山するものは、登山の20日前までに届出が必要になる。「危険地区」とは剱岳、早月尾根を中心とした、立山川流域部、ブナクラ峠以南の白萩川流域部、および剱岳東面の各谷など。登山届には登山者名簿、登山歴、計画の概要、緊急連絡先、救助体制、山岳保険の有無などの記載が必要。届出内容が不適当と判断された場合、中止、変更などの勧告がなされる。

■提出先・問合せ・届出用紙請求
富山県庁生活環境文化部自然保護課
〒930-8501　富山県新総曲輪1-7　TEL076-444-3398
※届出用紙は富山県警ホームページからダウンロード可。用紙の送付も富山県庁のホームページへメールにて行える

プランニング&アドバイス

馬場島から早月小屋までは高度差もあり、入山初日の行動時間としては長めの行程なので、馬場島で前泊するプランがおすすめ。まだ涼しい早朝から尾根に取り付けば、ゆとりをもって早月小屋に到着できる。下山路となる別山尾根コースは早月尾根以上に急峻な岩場が続くので、慎重な行動を心がけたい。また、体力と技術に自信があり、天候など条件がよければ、2日目に剱沢から室堂へ下り、アルペンルートでその日のうちに下山することも可能だが、無理せず剱沢周辺での宿泊が望ましい。

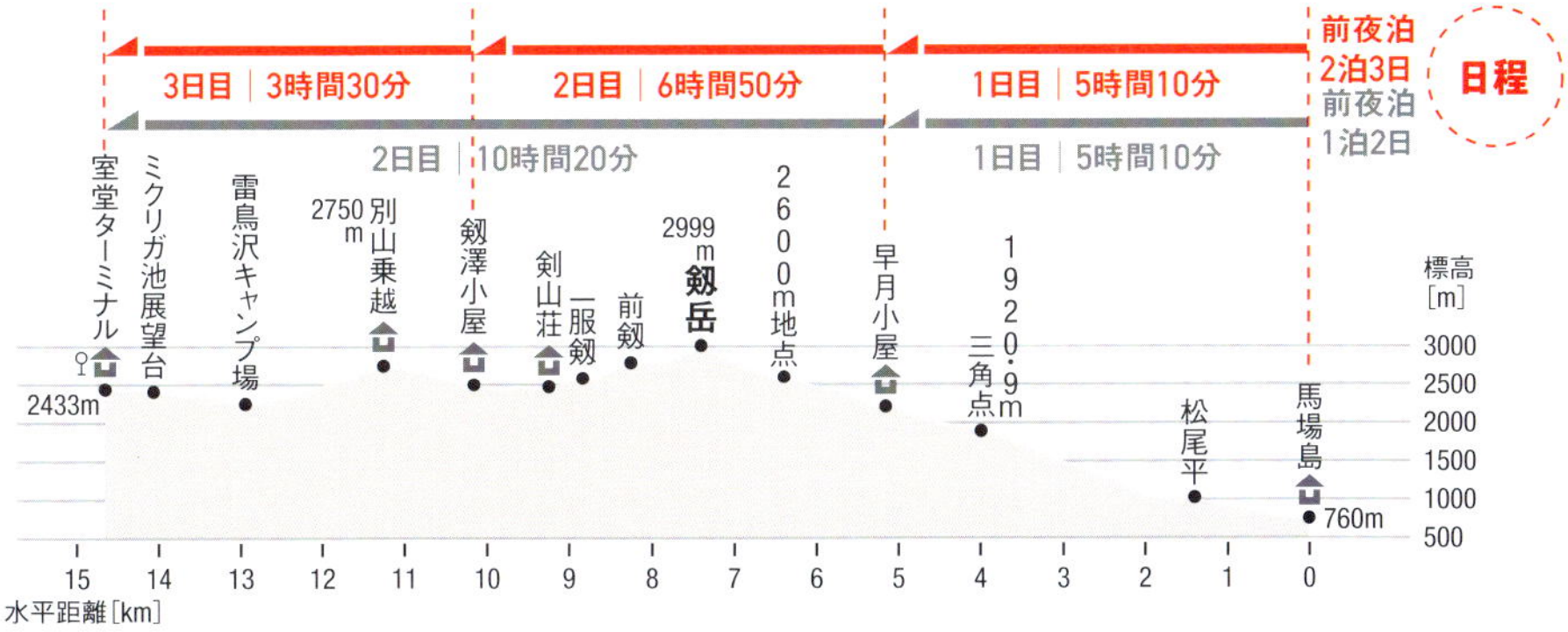

八ツ峰を投影する秋の仙人池

仙人池 剱沢 阿曽原温泉

3泊4日

コースグレード｜上級

技術度	★★★★☆	4
体力度	★★★★☆	4

1日目	室堂平→剱澤小屋	計3時間35分
2日目	剱澤小屋→真砂沢→仙人池ヒュッテ	計5時間40分
3日目	仙人池ヒュッテ→阿曽原温泉小屋	計5時間50分
4日目	阿曽原温泉小屋→欅平駅	計5時間30分

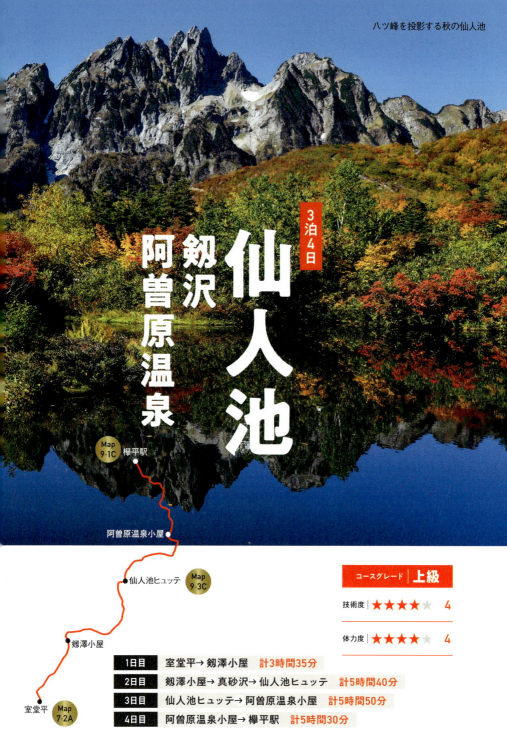

谷と峠をつないでめぐる剱・黒部のトレッキングコース

長大な雪渓と峡谷を、ひとつのピークに立つこともなく、いくつもの峠を越えながらたどっていく。いわば、剱岳《つるぎだけ》と黒部《くろべ》の懐を深くめぐり歩くトレッキングコース。別山乗越《べっさんのっこし》や剱沢から眺める堂々とした剱岳、日本三大雪渓のひとつ剱沢雪渓、仙人池《せんにん》から眺める八ツ峰《やつみね》の鋭鋒群、人間の業と大自然の驚異が同居する黒部峡谷など、このコースならではの魅力はつきない。普通の縦走登山とはいっぷう変わった山旅を堪能したい。

1日目 室堂から別山乗越経由で剱沢へ

室堂《むろどう》から**別山乗越**（標高2750m、本コース中の最高点）を経由して、**剱澤小屋**《つるぎさわ》へ向かう（別山乗越まではP18コース2、以降はP48コース6を参照）。

2日目 剱沢から真砂沢を経て仙人池へ

剱沢の沢筋に沿うようにガレ場を下ると、やがて雪渓に出る。雪が固く締まっている

剱沢雪渓の状態が悪いと通過に時間がかかる

二股に架かる吊橋を渡って仙人新道へ

朝早い時間帯や雪渓歩きに自信のない人は、アイゼンを用意しよう。雪渓上部や尾根末端部からは落石もあるので注意。また、秋は残雪の状態が悪く、雪渓上を下れないこともある。その際は剱沢右岸のルートを下る。フィックスロープなどが整備されているが、雪渓上のルートよりも1時間前後余計にかかり、ルートファインディング（正しいコースを見つける技術）にも気を使う。剱澤小屋で事前に雪渓の状態を聞いてから下ること。

平蔵谷《へいぞうたん》、続いて**長次郎谷**《ちょうじろうたん》**の出合**をすぎる。その先で雪渓は幅が狭まり、クレバスや滝が現れて通行不能となるので、左岸の高巻き道に入る。登山道へ移る地点のマーキングを見失わないように注意。ガレ場の下りから傾斜の落ちた雪渓へと出て、やがて**真**《ま》**砂沢**《さごさわ》**ロッジ**に着く。

真砂沢ロッジからは、剱沢左岸の登山道を行く。草やぶの道を少し下ると、**三ノ沢雪渓**に出る。時期が遅ければ雪が消え、ガレ場沿いに沢を渡る。ほどなく**黒部ダム方面との分岐**を右に分け、やがて四ノ沢で河原に出る。この先で、水流沿いの滑りやすい岩場をクサリに沿ってへつるが、足もとの桟橋が不安定なので慎重に通過する。さらにクサリやハシゴのある岩場を高巻いて、ふたたび河原に下る。

北股からの流れと剱沢本流（南股）が合流する**二股**で吊橋を渡り、仙人新道に入る。樹林帯の急登が続くが、１８４４ｍ付近で展望のよい**ベンチ**に出る。鋭い八ツ峰、小《こ》窓《まど》雪渓や御前沢《ごぜんざわ》雪渓などとともに氷河と認定された、三ノ窓《さんのまど》雪渓が望まれる。

展望のよい急な尾根をひたすらたどると、やがて仙人池ヒュッテや後立山《うしろたてやま》連峰を望むようになり、**仙人峠**に着く。池ノ平《いけのたいら》方面（P70参照）とはここで分岐する。仙人池ヒュッテへは右へ進むが、余裕があればぜひ池ノ平へも立ち寄りたい。もちろん、**池の平小屋**へ泊まっても翌日の行動に支障はない。仙人山《せんにんやま》の南西斜面を横切るように下

仙人谷ダムへ3段の長い鉄ハシゴで下る

二股の手前で滑りやすい岩場を通過する

源次郎尾根Ⅰ峰を眺めながら劔沢雪渓を下る

る登山道で、往復1時間ほど。湿地帯に点在する池塘群と、チンネの岩壁を際立たせた八ツ峰の連なりがすばらしい。

仙人池ヒュッテへは、仙人峠から木道の敷かれた登山道をゆるやかに下っていくと、ほどなく到着する。ヒュッテ横の仙人池からは、日本離れした奥劔の絶景が迎えてくれる。

3日目

仙人池から雲切新道を阿曽原温泉小屋へ

ハシゴのある急なガレ場を、仙人谷の沢底へ大きく下る。ペンキ印にしたがって右岸へ渡り、ザレた斜面を横切っていく。足もとが不安定で、急な岩場の下りもあり、滑落や落石に要注意。

ふたたび左岸へと渡るが、ペンキ印などを見落とさないように慎重に。左岸に渡ったあとも高度感のある滑りやすい道が続き、気が抜けない。さらにガレた急斜面をロープに頼って支沢へ向けて大きく下るが、高度感があり足もとが非常にわるく不安定なだけに、より慎重な行動を心がけること。やがてやぶ道を行くようになり、ほどなく**仙人温泉**に着く。

ここからふたたび仙人谷の沢底へ大きく下

氷河と認定された三ノ窓雪渓（仙人新道から）

崩壊激しい仙人谷の通過には充分注意が必要

り、右岸へ渡る。仙人湯の源泉の下を通過して、尾根の北西斜面を巻いて登っていく。広場のある１６２９ｍ地点で**尾根上**に出て、そのまま尾根を下っていく。

しだいに急な下りとなり、１５００ｍ付近で3段に分かれた鉄バシゴを下る。さらに１００ｍほど高度を下げると、両側が切れ落ちた細いリッジ（やせた岩稜）状の尾根となる。ここをロープやハシゴ、鉄橋で通過するが、転落に気をつけて慎重に下りたい。通過した先は両側が切れ落ちた小平坦地で、正面には旭岳《あさひだけ》から鹿島槍《かしまやり》ヶ《が》岳《だけ》へいたる後立山のパノラマが広がっている。はるか足もとには黒部の流れが見下ろせる。

標高１３００ｍ付近からは大きなブナが見られる樹林帯に入り、つづら折りの急下降となる。ときおり樹間から仙人谷ダムが眺められる。ひたすら下り続けると、やがて尾根末端部を巻いて下り、仙人谷を丸木橋で渡る。この先をコンクリート道に沿って進み、3段に分かれた長い鉄バシゴを下

池塘が点在する池ノ平。後方は八ッ峰北面の岩峰群

雲切新道からの後立山方面の眺め

ると**仙人谷ダム**へ出る。

ダムからは管理所に入り、旧日電歩道の標識にしたがいトンネルを行く。人見平《ひとみだいら》宿舎の手前でトンネルを出てふたたび登山道となるが、ここから水平歩道まで130mほどの登り返しが苦しい。水平歩道へ出てこれをたどれば、ほどなく**阿曽原《あぞはら》温泉小屋**に着く。

4日目　阿曽原温泉から水平歩道を欅平駅へ

最終日は水平歩道を欅平《けやきだいら》へ向かう。この水平歩道は、旧日電歩道ともよばれ、日本電力が黒部電源開発のために穿った道だ。高熱地帯の阿曽原付近にトロッコ軌道を通す工事は、とくに難航したといわれる。この工事の様子を小説にしたのが吉村昭の『高熱隧道』。掘るほどに温度を増す掘削工事や、黒部の谷を襲う雪崩など、当時を生々しく表現している。

小屋からキャンプ場を抜けて、すぐに沢を渡る。しばらくはブナの美林に続く道を行く。坊主山《ぼうずやま》からの支稜を巻くあたりで森を抜けると、断崖上の道がはじまる。つねに右側が深く切れ落ちているので、すれ違

阿曽原温泉小屋の露天風呂

折尾ノ大滝の下を徒渉する

いや転倒には充分注意したい。

折尾《おりお》ノ大滝の下を通り、トンネルで**オリオ谷**を通過する。大きく山裾を巻いて志合《しあい》谷《たん》へ入っていくと、やがて断崖をくり抜いた、狭く高度感のある**大太鼓**《おおだいこ》に出る。黒部川の対岸には迫力ある西壁を抱く奥鐘山《おくかねやま》がそびえている。滑落に注意して、絶景を楽しみたい。

さらに断崖の道を行くと**志合谷のトンネル**に着く。トンネル内は天井が低く、足もとを水が流れていて歩きにくい。照明施設はないので、ヘッドランプは必携だ。

この先も狭い断崖にルートは続くが、「水平歩道始・終点」の看板で尾根上に出る。これをしばらくたどると、唐《から》松岳《まつだけ》や猫又山《ねこまたやま》の展望のよい**パノラマ展望台**に出る。ここから尾根を離れ、広葉樹の森の急斜面を下ると**欅平駅**に着く。

水平歩道・大太鼓付近。道幅が狭くすれ違いに注意

プランニング&アドバイス

剱沢雪渓と仙人谷上部の雪渓は時期と季節で大きく状態が変わるので、山小屋などで最新の情報を入れて行動するようにしたい。とくに剱沢雪渓は秋になると、ルートそのものが夏と異なることもあるので十分注意。雪渓歩きに不慣れな人はアイゼンの用意が必要だが、6本爪以上のものが望ましい。剱岳周辺の雪渓は傾斜がきつく、固く氷化して残ることもあるので、4本爪の軽アイゼンでは役に立たないことも多い。仙人池や池ノ平付近の紅葉の見ごろは9月下旬から10月上旬ごろ。いつ新雪が降ってもおかしくない時期なので、気象情報には充分気を配り、降雪対策をして入山すること。

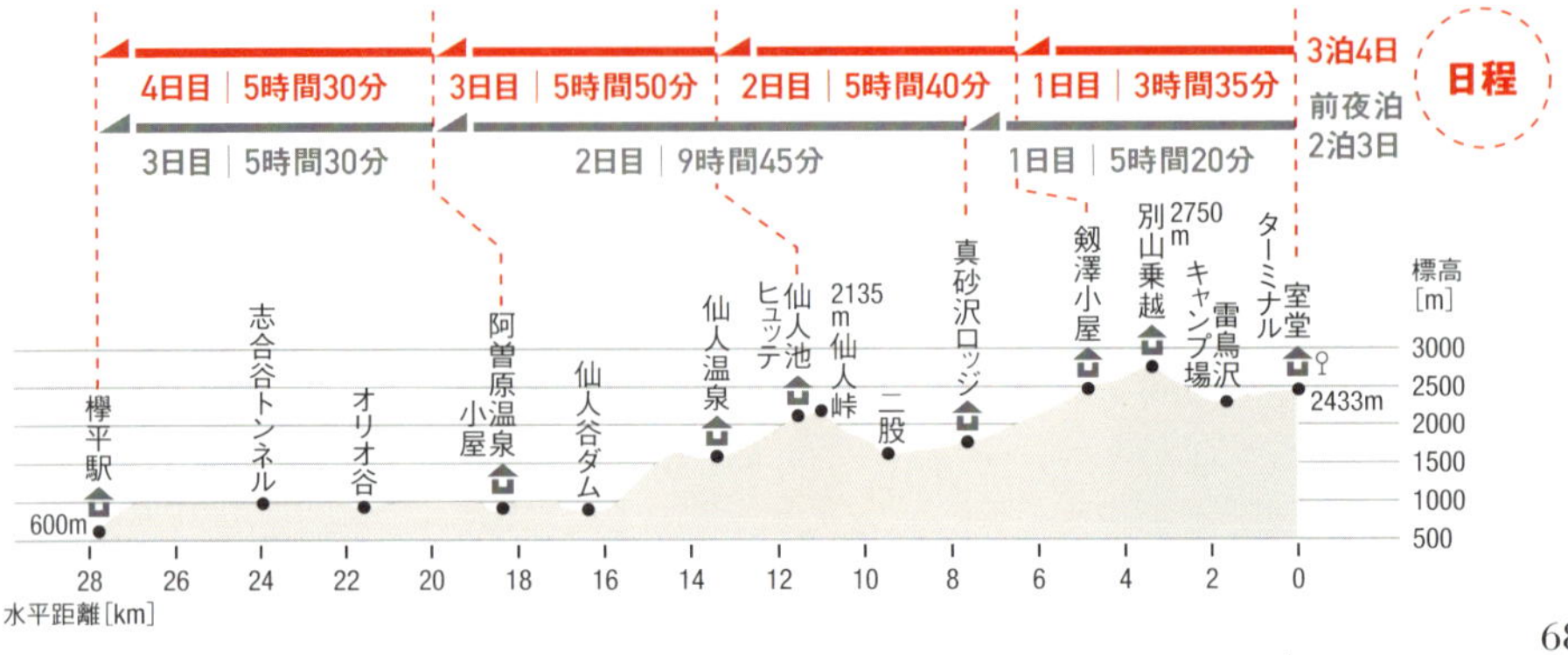

サブコース

内蔵助平から真砂沢へ

黒部ダム↓内蔵助平↓ハシゴ谷乗越↓真砂沢ロッジ

7時間35分

Map 7-3C　黒部ダム

Map 7-1B　真砂沢ロッジ

コースグレード	上級
技術度	★★★★☆ 4
体力度	★★★★☆ 4

内蔵助平《くらのすけだいら》は、丸山《まるやま》と黒部別山《くろべべっさん》、真砂《まさご》尾根に囲まれた平坦地。ザラ峠越えで知られる佐々成政《さっさなりまさ》の幼少時の名前がその由来とされる。原始の匂いを感じさせるこの平から、ハシゴ谷乗越《たんのっこし》を越えて剱沢《つるぎさわ》へいたるコースは、大町《おおまち》側からの剱岳《つるぎだけ》、仙人池《せんにんいけ》方面へのアプローチとして利用されている。

起点の**黒部ダム駅**から**内蔵助平**までは、P26コース3を参照。

内蔵助平をあとに、真砂岳方面との分岐を右に進む。ひどいやぶを抜け、ゴーロ（大きな岩がゴロゴロと堆積した場所）状の涸れ沢をたどる。はじめは傾斜もゆるく歩きやすいが、しだいに傾斜が増し、やがてつづら折りの急登となる。ここを登りきると**ハシゴ谷乗越**だ。内蔵助平や針ノ木岳《はりのきだけ》、赤《あか》沢岳《ざわだけ》などの展望が開ける。

乗越から右上して真砂岳から延びる尾根上へと出る。ザレたやせ尾根の急下降となるが、この付近からは八ツ峰《やつみね》Ⅰ峰を前景に、その奥にそびえる剱岳の眺めがすばらしい。

このやせ尾根を、ハシゴをまじえて急下降し、やがて尾根から離れて剱沢側（左手）の急斜面を下る。滑りやすい溝状の下りにはロープがつけられている。この先で展望のよいゴーロ状の斜面をトラバースし、樹林帯へ入り、高度を下げていく。

やがて剱沢の河原へと出て、沢を木橋で渡る。**仙人池方面との分岐**を左へ進み、沢沿いの登山道を登っていくと**真砂沢《まさござわ》ロッジ**に着く。

ハシゴ谷乗越の下りからの八ツ峰Ⅰ峰と剱岳（正面奥）

丸山の麓に抱かれた内蔵助平

サブコース

池の平小屋から池ノ平山を往復

池の平小屋↓池ノ平山南峰（往復）　2時間50分

剱岳《つるぎだけ》北方《ほっぽう》稜線の一角にそびえる池ノ平山《いけのたいらやま》。北峰と南峰のふたつのピークからなる頂稜は険しく切れ落ち、毛勝《けかち》三山と剱岳のあいだに立ちふさがる、北方稜線上の障壁となっている。

しかし、池の平小屋のある東側からアプローチする池ノ平山は、おにぎりのような山容を見せ、比較的安全に登ることができる。山頂からは凄まじい様相の八ッ峰《やつみね》上部やチンネを望む。剱岳の奥座敷で、ゆっくりすごしたい人におすすめだ。

仙人《せんにん》峠～池の平小屋間はP62コース8を参照。池の平小屋のキャンプ場から、踏み跡をたどる。すぐに小窓《こまど》雪渓への道（P72）と別れて右手のやぶ道に取り付く。出だしは灌木がうるさいが、すぐにチングルマが咲く草原の登りとなり、急登をひたすらたどっていく。

登るほどにチンネが巨大な壁を際立たせ、背後に仙人山《せんにんやま》と、そのうしろに黒部《くろべ》川をはさんでそびえる後立山《うしろたてやま》連峰が立ち並ぶ。

やがてもろい岩場の急斜面を越え、傾斜の落ちた稜線をたどる。ハイマツのあいだを縫うように行くと、**池ノ平山南峰**に着く。山頂は岩塊になっていて、この登山ルート以外は激しく切れ落ちているので、安易に立ち入らないこと。とくに北峰とのあいだは急峻な崖なので、滑落は致命的だ。

往路を**池の平小屋**へ下るが、通常の登山道より踏み跡が薄めなので、ルートを見失わないように気をつけること。

Map 9-3C　池の平小屋

Map 9-3C　池ノ平山南峰

コースグレード	中級
技術度 ★★★☆☆	3
体力度 ★★☆☆☆	2

山頂から望むチンネ（左）と北方稜線上部

仙人新道中腹から望む池ノ平山

コラム2

源次郎尾根と八ツ峰

剱岳《つるぎだけ》を代表するバリエーションルートに、源次郎《げんじろう》尾根と八ツ峰《やつみね》がある。ともに岩登りの基本をマスターし、この山域を熟知した経験豊富なリーダーの下で行動すれば、快適な登攀を楽しむことができる岩稜ルートだ。

■源次郎尾根

頑健な岩コブのようなⅠ峰とⅡ峰の2つのピークからなる岩稜で、平蔵谷《へいぞうたん》と長次郎《ちょうじろう》谷《たん》を分けて、剱《つるぎ》沢からダイレクトに本峰へと突き上げている。初登攀は1925（大正14）年、三高OBの今西錦司らによる。その前年に、当時剱沢小屋を建設中だった芦峅寺《あしくらじ》の佐伯源次郎（源次郎は屋号で、本名は源之助）が、平蔵谷から剱岳に登ろうとしたが、間違えて源次郎尾根上部をたどって山頂へ達したという。これが源次郎尾根の由来になっている。当時の記録には「源治郎」の字が使われていたようだ。

コース　剱沢の平蔵谷出合から岩とハイマツの急な尾根を登る。上部で支稜から主稜線に出て、Ⅰ峰、Ⅱ峰と越えていく。Ⅱ峰の下りは約30mの懸垂下降で、本コースのクライマックス。下りきったコルからは岩稜をたどり、剱岳山頂へ向かう。

本峰を間近に望む源次郎尾根Ⅱ峰から懸垂降下する

■八ツ峰

八ツ峰は、槍ヶ岳《やりがたけ》北鎌《きたかま》尾根や前穂高《まえほたか》北《きた》尾根と並んで、日本アルプスを代表する美しい岩尾根である。迫力あるギザギザとした岩稜が目を引き、仙人《せんにん》池《いけ》や池ノ平《いけのたいら》方面から眺める奥剱の主役は、まさにこの八ツ峰北面の姿である。初登攀は1923年、芦峅寺のガイド・佐伯宗作と学習院大学の岡部長量による。ちなみにこの八ツ峰の命名は、名ガイド・宇治長次郎によるものだという。

コース　長次郎谷と三ノ窓谷《さんのまどたん》とを分けて、Ⅰ峰からⅧ峰まで連なる岩稜は、八ツ峰ノ頭で剱岳北方稜線上へ出る。尾根はⅤ峰とⅥ峰とのコルで上半と下半に分けられ、これを2日、あるいは力のそろったパーティなら1日で縦走する。基本的な岩登り技術以外にも、急な雪渓や不安定なガレ場の登下降技術が要求され、「岩と雪の殿堂」のバリエーションルート入門としてふさわしい存在だ。

八ツ峰ノ頭付近からⅧ峰を見下ろす

バリエーションコース

北方稜線 小窓・三ノ窓

池の平小屋↓小窓↓三ノ窓↓剱岳↓剱澤小屋 10時間30分

Map 10-1C 池の平小屋

Map 10-4B 剱澤小屋

コースグレード 上級＋

技術度 ★★★★★ 5+

体力度 ★★★★★ 5+

池《いけ》の平《たいら》小屋から、小窓《こまど》、三ノ窓《さんのまど》、長次郎《ちょうじろう》谷《たん》の源頭部稜線を経て、剱岳《つるぎだけ》本峰をめざす。これは遠く僧ヶ岳《ぞうがたけ》、毛勝《けかち》三山から連なる長大な剱岳北方稜線の一部である。ルート中には標識やハシゴ、クサリなどのルート整備はなされず、避難小屋もない。岩と雪に登路を見いだす、剱岳らしいバリエーションルートである。小窓ノ王《こまどのおう》の巻き道、池ノ《いけの》谷《たん》ガリー（ガリーはもろい岩がつまった狭い谷のこと）の通過、長次郎ノ頭《ちょうじろうのずこ》からの下降など、複雑で不安定なルートが続く。急峻な岩場や雪渓を登下降する技術、的確なルートファインディング、総合的な判断力や体力などが不可欠だ。それに加えてこのルートの難しさは、いくつもの尾根と谷が入り組んだ、地形の複雑さにある。自分の現在地をつねに把握できるだけの地形概念が必須だ。

装備は、ピッケル、アイゼン、懸垂下降を前提とする登攀具、ロープなどに加え、ツエルトなどのビバーク（野宿）装備も用意したい。

剱澤《つるぎさわ》小屋から**池の平小屋**へはP62コース8参照。池の平小屋のテント場脇から踏み跡をたどり、池ノ平山《いけのたいらやま》の南東斜面を巻きながら旧鉱山道を行く。この道は池ノ平鉱山操業当時のもので、滑りやすい斜面が続く。小窓雪渓への下りは不安定な急なガレ場なのでとくに要注意だ。雪渓に下り立ったところの側壁にはペンキ印がある。逆コースで小窓から下ってきた場合、鉱山道への入

池ノ平山と小窓を背後に稜線を行く

鹿島槍ヶ岳を背に小窓雪渓を登っていく

小窓ノ頭から小窓ノ王への稜線。左はチンネ

口がわかりにくいので要注意。三ノ窓雪渓とともに氷河に認定された小窓雪渓は傾斜もゆるく登りやすい。ほどなく、シナノキンバイやコバイケイソウが咲く**小窓**に着く。

背後に険しい池ノ平山を望みつつ、ハイマツ帯の急登を行く。深くえぐれた溝地形を登り、踏み跡を見失わないように気をつけながら小窓尾根2650mピークの東斜面を巻いて登っていく。2650mピークの支稜に乗り、急な岩尾根をたどる。稜線手前で、短いが傾斜の強い雪渓をトラバースする。滑落は致命的となるので、アイゼン、ピッケルを使うこと。ロープの使用も積極的に。また、雪渓の先では踏み跡を見失いやすいので、ルートファインディングも慎重にしたい。

雪渓の先からハイマツ帯に踏み跡を追い、小窓ノ頭を巻いていく。岩場のトラバースの先でふたたび雪渓を渡るが、ここも傾斜が強く気が抜けない。なお、雪渓の状態はシーズンや時期により大きく異なり、現場での判断がひじょうに重要だ。険しい小窓ノ王が眼前にせまる。ルートは傾斜の強い岩稜の弱点を縫うようにしてたどるが、この付近にはところどころにペンキ印がある。

登りきったところが小窓ノ王西壁の基部で、稜線に出る。チンネや池ノ谷ガリー、荒々しい剱尾根などを望む。西側足もとは急激に切れ落ち、白竜のような雪渓を見せ

●本コースはきわめて難易度の高いコースにつき、一般登山者は立ち入らないこと

長次郎谷上部の急な岩場のトラバース

池ノ谷乗越から急な岩場を登る。うしろは八ツ峰

池ノ谷ガリーから見る小窓ノ王の巻き道（赤線）

る池ノ谷がうねり、そのまま早月《はやつき》川となって日本海へ延びる。この池ノ谷雪渓も2018年に氷河に認定された。

小窓ノ王を巻いて、池ノ谷側の急峻なガレたバンドに入る。小窓ノ王南壁の基部をたどるバンドは狭く、足もとが非常にもろい。落石や滑落に要注意。バンドを下ると池ノ谷左股上部へ出て、ガレ場の踏み跡をたどると**三ノ窓**に出る。なお、このバンドの入口も三ノ窓側から来るとわかりにくいが、小窓ノ王を巻くにはこのルートしかない。

三ノ窓では久々に広い空が広がる。三ノ窓雪渓が突き上げる東側は五竜岳《ごりゅうだけ》や鹿島槍《かしまやり》ケ岳《がたけ》、さらに見回せば巨大なチンネの岩壁がそびえる。池ノ谷左俣が競り上がる西側は、剱尾根と小窓尾根にはさまれた狭い空間になっている。まさにここは「窓」（富山では切れこみの深い鞍部をこうよぶ）だ。

三ノ窓をあとに、ジャンダルムの基部右手を抜けてふたたび池ノ谷側へ移る。ここからはじまる急峻なガレ場が池ノ谷ガリー。ガラガラの不安定な岩がつまったガリー内は、歩きにくいことこの上ない。かすかな踏み跡をたどって登っていくが、不明瞭な箇所も多く、不安定な一歩を繰り返すしかない。落石、転倒に気をつけて、慎重に登ること。背後には小窓ノ王がその威容を際立たせてそびえている。先ほどたどった巻き道のバンドが一目瞭然に確認できる。

池ノ谷ガリーを登りきると**池ノ谷乗越《のっこし》**に出る。八ツ峰《やつみね》ノ頭《のずこ》との狭いコルは、長次郎谷右俣《みぎまた》への下降点でもある。出だしこそ傾斜が強いものの、長次郎谷を経て剱沢へ下ることも可能だ。ただし、上部の雪の状態によっては通行困難となるので注意。

ここから傾斜の強い岩場に取り付く。ホ

長次郎ノ頭の下りは懸垂下降が早くて安全

剱岳本峰への登りから振り返る長次郎ノ頭

ールド、スタンス（足場）は豊富なものの、滑落は致命的となるので、不安を感じるようならロープ確保が望ましい。振り向くと、険しい八ッ峰上部の岩稜帯が凄まじい迫力だ。

ハイマツ帯の尾根上に出ると傾斜がゆるむ。行く手には険しい様相の剱尾根ノ頭を前景に、剱岳本峰を望む。この先岩峰群の長次郎谷側を巻いて通過する。ルートファインディングに気をつけ、踏み跡をはずれないようにたどる。ガレ場、岩場をトラバースしていくと、急峻な岩壁に行く手をさえぎられる。岩場の弱点のようなバンドがあり、そこがルートだ。ほぼ水平なトラバースだが、足もとが切れ落ちた垂直に近い岩場はひじょうに緊張する。とくに短い岩溝をまたぐ箇所が核心部で、細かいホールドや足場をていねいに使うこと。

さらに長次郎谷上部のガレ場のトラバースが続く。踏み跡が不明瞭な箇所もあるので気をつけたい。大きくルートをはずすと落石や滑落の危険が増すので、より慎重な行動が要求される。長次郎ノ頭を巻いたところで稜線を池ノ谷側に回りこみ、傾斜の強いガレ場に出る。ここからは懸垂下降をするのが早くて安全だ。下り立ったところからガレ場をたどると**長次郎のコル**に着く。

ここで長次郎谷左俣と合流するが、本峰へは岩稜をたどる。出だしはもろく傾斜も強いが、しだいに傾斜のゆるいガレ場となり、ほどなく祠の建つ**剱岳**山頂に着く。

下りは別山《べっさん》尾根を**剱澤小屋**へ向かうが、急峻な岩場が連続するので、最後まで気を抜かずに下ること（P48コース6参照）

プランニング&アドバイス

このエリアは非常に地形が複雑なため、自分の現在位置をつねに確認できるだけの地形概念の把握が必須。装備としては、ピッケル、アイゼン、ヘルメット、ロープなどに加え、ツエルトなどのビバーク装備も用意すること。また、逆コースだと、池ノ谷ガリーや小窓ノ王の巻き道、小窓雪渓から旧鉱山道への入口などがわかりにくいので充分注意が必要。雪渓の状態によっては、三ノ窓雪渓、池ノ谷乗越から長次郎谷右俣、長次郎のコルから左俣へ下ることが可能。雪渓上部は傾斜がひじょうに強いので、氷雪技術が必須だ。

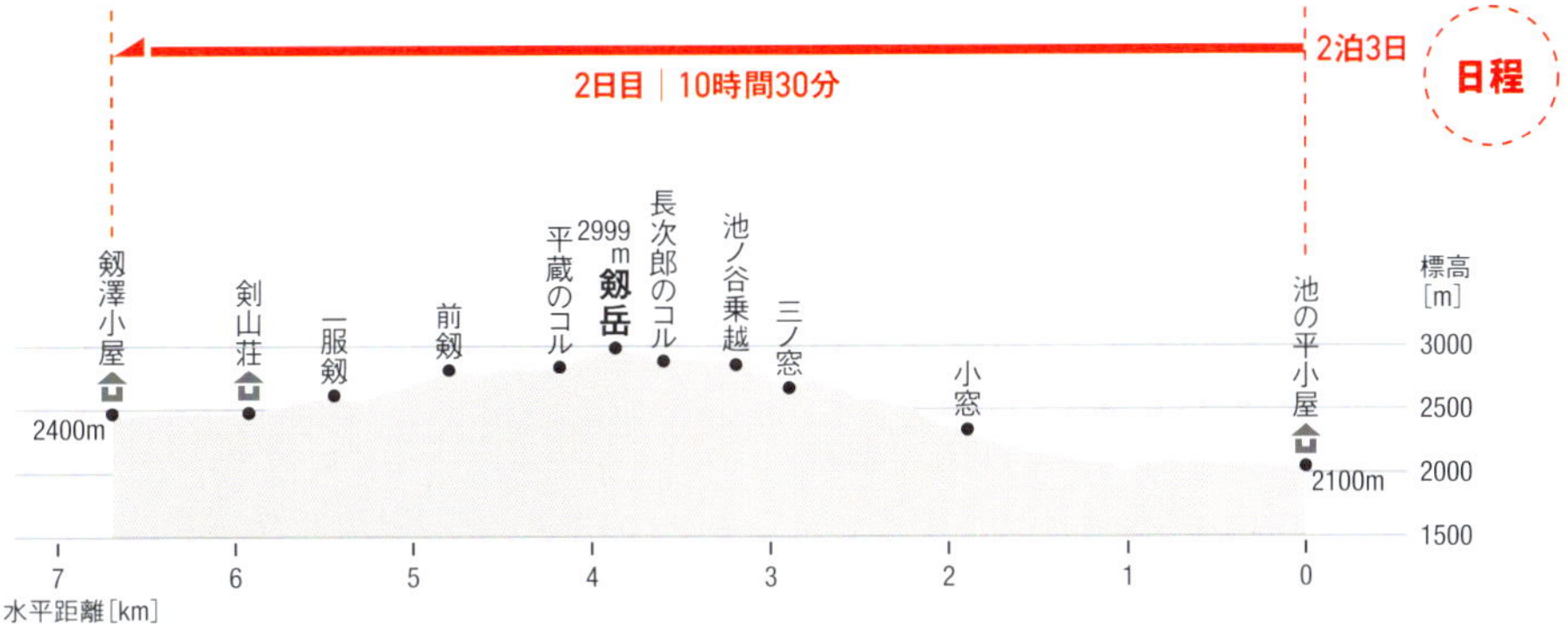

バリエーションコース

長次郎谷・平蔵谷

剱澤小屋↓長次郎谷↓剱岳↓平蔵谷↓剱澤小屋　7時間40分

Map 10-4B 剱澤小屋

Map 10-4B 剱澤小屋

コースグレード　上級＋

技術度　★★★★★　5+

体力度　★★★★★　5+

長次郎谷《ちょうじろうたん》は、八ツ峰《やつみね》と源次郎《げんじろう》尾根にはさまれた剱岳《つるぎだけ》東面の谷。立山《たてやま》山麓の、かつての大山《おおやま》村（現在の富山市大山）出身のガイド、宇治長次郎が１９０７（明治40）年に陸地測量部の柴崎芳太郎一行を剱岳山頂へ導いたのがこのルートである。谷を埋めつくす豊富な残雪は、剱岳本峰や三ノ窓《さんのまど》方面への貴重な登下降路を提供してくれる。一部に急傾斜があり、一般路のようなルート整備はもちろんなされていないが、雪上技術と総合的な判断力をもつ登山者にとっては快適なルートとなる。

また、下降路として紹介する平蔵谷《へいぞうたん》は、立山山麓の芦峅寺《あしくらじ》出身の佐伯平蔵の名にちなむ谷。１９１３（大正２）年に日本山岳会の近藤茂吉が、この２人を伴って剱岳登頂を果たした際に命名されている。立山ガイドの双璧として名高い平蔵と長次郎の２人を伴った近藤は、長次郎谷から本峰へ登り、別山《べっさん》尾根を下山した。この時一行から別れた長次郎と人夫ひとりが、平蔵谷をはじめて下っている。しかし、すでに長次郎谷の名があったので、平蔵の名にちなんで命名されたという。この谷も長次郎谷同様に、斜度こそあれ、短時間で剱沢から登下降することができるルートである。

１日目の入山、**剱澤《つるぎさわ》小屋**から**長次郎谷出合**まではP62コース[8]を参照のこと。

長次郎谷出合に立つと、はるか上部に八ツ峰ノ頭が望まれる。その左が池ノ谷乗越《いけのたんのっこし》で、長次郎谷右俣《みぎまた》が突き上げている。ここ

Ⅵ峰A～Dフェース(右から)を見上げる

本峰北壁と長次郎左俣上部を見上げる

でピッケル、アイゼンを装着し、長次郎谷へ入る。谷のなかでは落石が多く、滑落時の保護のためにもヘルメットの着用は必須である。また、雪渓上で休憩する際は上部からの落石にも気を配ることが大切だ。

●本コースはきわめて難易度の高いコースにつき、一般登山者は立ち入らないこと

明るい長次郎谷だが、上部からの落石に注意

出だしは傾斜もゆるいが、源次郎尾根からの支稜を回りこむあたりから斜度が増す。早朝時や日陰は雪が締まり、アイゼンがきいて歩きやすい。ただし、ときおり固く氷化した雪面があるので注意したい。

出合から40分ほどで、八ツ峰側（右）に大きなスラブ（表面に凹凸が少ない一枚岩）状の壁があるルンゼの入口に出る。ここが八ツ峰の取付で、この岩壁の下は岩屋になっている。長次郎谷上部を眺めると稜線の岩稜帯とその手前に台形状の熊《くま》ノ岩が見え、背後には針《はり》ノ《の》木《き》岳《だけ》が顕著な三角形のピークを見せる。

この先で雪渓の幅が広がり、八ツ峰のギザギザとした連なりが現れる。長次郎谷上部は大きな熊ノ岩にふさがれるようになり、右俣と左俣《ひだりまた》に分けられる。左俣（長次郎のコル）へは熊ノ岩と、源次郎尾根から派生する側壁の一部に

剱沢から見上げる平蔵谷。奥は剱岳本峰

八ツ峰Ⅴ峰とⅥ峰フェース群（熊ノ岩から）

長次郎谷右俣の上部。右の谷間が池ノ谷乗越

はさまれた狭いルンゼが延びている。しかし、ここは雪の状態が不安定なので、八ツ峰よりの右俣から一度熊ノ岩の上へと出て、それから左俣をたどる。池ノ谷乗越経由で剱岳本峰、あるいは三ノ窓をめざす場合はこのまま右俣をつめる。

熊ノ岩の上部は傾斜のゆるい台地になっていて、休憩するのによい。ここからは八ツ峰Ⅵ峰のフェース群の眺めがよく、壁に取り付くクライマーの姿もよく見える。

左俣上部の登りは、いよいよ傾斜を増して長次郎のコルへ向かう。上部左手には本峰北壁がそそり立つ。このあたりからはクレバス（雪渓などの深い割れ目）に注意が必要

剱沢の出合から見上げる長次郎谷

平蔵のコルからの平蔵谷と後立山連峰

だ。雪が豊富な状態なら心配ないが、夏も終盤に入るといく重にもクレバスの亀裂が入る。そのため迂回など余計な労力を強いられ、ルートファインディングも難しくなる。また、日中の日差しが雪をグズグズにして、アイゼンのききを悪くする。ピッケルをしっかりと突き、アイゼンの歯と雪面を蹴りこむキックステップのコンビネーションを生かして登りたい。

急傾斜の雪面を登りきると**長次郎のコル**に出る。背後には鹿島槍《かしまやり》ケ《が》岳《たけ》や針ノ木岳など、後立山《うしろたてやま》の稜線が広がっている。ここから左手の岩稜に取り付き、ガレ場の踏み跡をたどると**剱岳**山頂に着く。

下りは、別山尾根上部のカニのよこばいを経て**平蔵のコル**へ下る（P62コース8参照）。ここから平蔵谷を下降するが、下りだしの傾斜はかなり強いので、充分注意が必要だ。不安を感じたり、雪上技術に未熟なメンバーがいたりする場合は、積極的にロープを使用すること。しばらく下ると傾斜もゆるみ、見上げる本峰南壁が荒々しい。

やがて谷は前剱《ぜんけん》東尾根と源次郎尾根末端部の側壁によって狭められ、漏斗状に細くなる。源次郎尾根側は高い壁となり、上部からの落石に気をつけたい。ここを抜けるとふたたび谷は広がり、すぐに剱沢との出合（**平蔵谷出合**）に出る。

剱澤小屋への経路、3日目の下山については、P62コース8とP48コース6を参照のこと。あるいは、**真砂沢《まさござわ》ロッジ**に宿泊して、翌日、**ハシゴ谷《たん》乗越**経由で**黒部《くろべ》ダム駅**に下山することもできる（P69参照）

プランニング&アドバイス

例年、8月中旬をすぎると長次郎谷、平蔵谷ともに雪渓の状態がわるくなり、登行困難となる。シーズン前半の、雪渓の状態が安定しているうちに計画するのが望ましい。装備としては、ピッケルやアイゼン、ヘルメット、補助ロープなどに加え、ビバーク装備も必要となる。本コースは一般路のようにルート整備のされていないバリエーションルートなので、決して安易な気持ちで臨まないこと。氷雪、岩稜、ルートファインディング技術はもちろんのこと、天候やルート状況を総合的に判断できる力も必須だ。上部からの落石にも要注意。

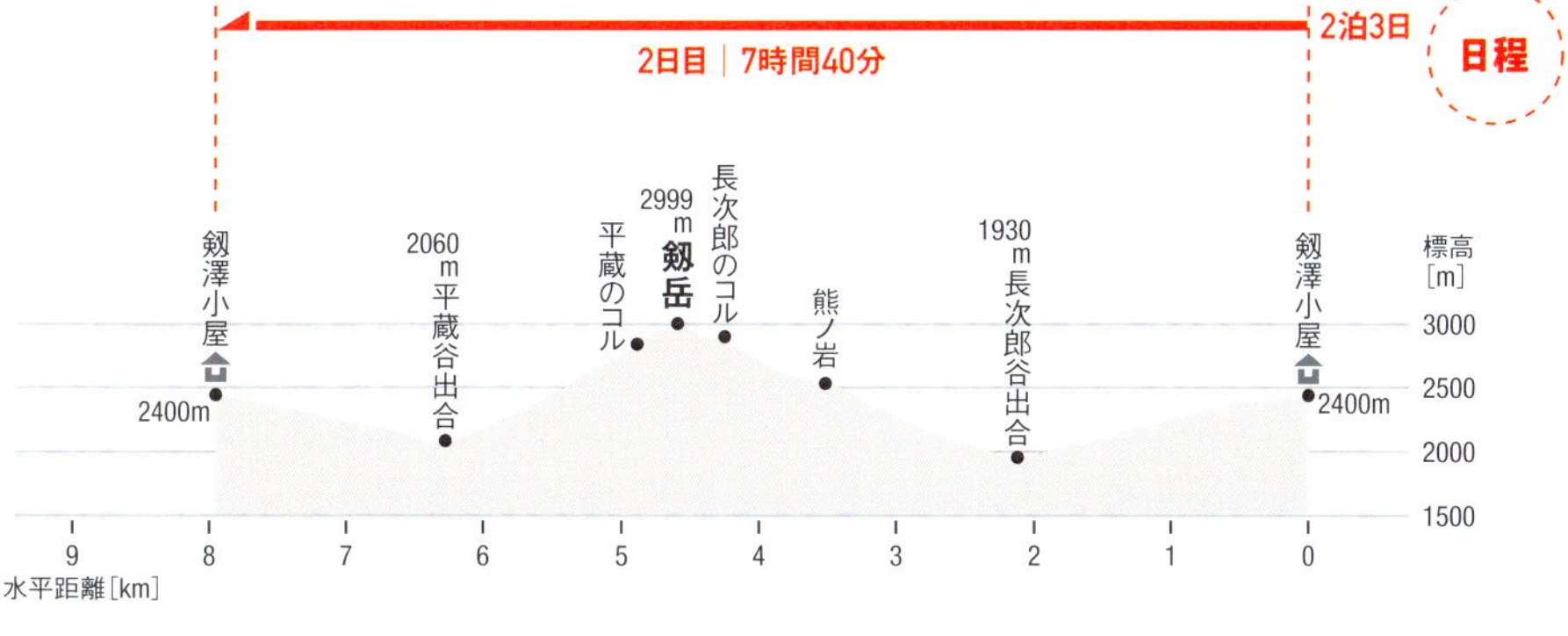

コースグレード｜上級

技術度 ★★★★☆ 4

体力度 ★★★★☆ 4

2泊3日

下ノ廊下

S字峡 十字峡 白竜峡

黒部峡谷の流れに沿って
狭く高い岩壁をたどる

1日目	欅平駅→祖母谷温泉	計40分
2日目	祖母谷温泉→欅平駅→阿曽原温泉小屋	計6時間35分
3日目	阿曽原温泉小屋→十字峡→内蔵助谷出合→黒部ダム	計8時間45分

険しい断崖にルートがつけられた白竜峡

鷲《わし》羽岳《ばだけ》を源流とする黒部川《くろべ》は、奥ノ廊下《おくのろう か》、上《かみ》ノ廊下、下《しも》ノ廊下とよばれる3つの廊下（両岸を急な岩壁に挟まれた細い谷）を流れ、やがて日本海へと注ぎ出る。今では黒部ダムによりその荒々しい流れは分断され、黒部の先駆者・冠松次郎《かんむりまつじろう》が「偉大なる廊下の峡谷」と謳った黒部本来の姿は失われてしまった。だが、白竜峡《はくりゅう》、十字《じゅうじ》峡、S字峡と、深い谷を穿って流れる様子は、今も黒部の自然を充分に堪能させてくれる。

下ノ廊下をたどる道は、旧日電歩道とよばれる。それはかつての日本電力が、黒部川の電力開発を目的に、調査や工事のために穿った道であることによる。原始性と電源開発、大自然の驚異とそれに挑む人間の営み。これら相反する顔をもつのもまた、黒部峡谷の魅力である。

本コースは例年9月上旬ごろ、関西電力によるルート整備後に通行可能となる。それまでは危険な残雪が谷をおおい、通行できない。

1日目 黒部峡谷鉄道で欅平に入り、祖母谷温泉に泊まる

紅葉シーズンの黒部峡谷鉄道はひじょうに混雑し、スムーズに入山できないこともある。初日は**欅平駅**《けやきだいら》から東へ徒歩40分ほどの**祖母谷温泉**《ばばだに》で前泊し、翌日、阿曽原《あそはら》温泉をめざすプランがおすすめだ。

2日目 欅平から水平歩道を阿曽原温泉へ向かう

車道を**欅平駅**まで戻り、樹林帯の急登をたどって**パノラマ展望台**に出る。この先で水平歩道に出るが、左側が切れ落ちた断崖をたどるので滑落注意。途中の**志合谷**《しあいたん》**トンネル**ではヘッドランプが必要。岩壁を穿った**大太鼓**《おおだいこ》、折尾《おりお》ノ大滝などを経て**阿曽原温泉小屋**へ向かう（詳細はP62コース[8]を参照）。

祖母谷温泉の露天風呂

志合谷トンネルの通過の際はヘッドランプ必携

光と影が美しい下ノ廊下の紅葉

3日目

阿曽原温泉から下ノ廊下を黒部ダムへ

小屋から樹林帯を登り返し、山腹の巻き道に出る。権現《ごんげん》峠をトンネルで通過し、美しい広葉樹の森を行く。やがてロープのある急斜面の下りとなり、人見平《ひとみだいら》宿舎に出る。宿舎の横を通過してトロッコ軌道のあるトンネルに入り、案内にしたがい仙人《せんにん》谷ダムの管理所を通過する。外に出たところが**仙人谷ダム**で、雲切《くもきり》新道と分岐し、旧日電歩道の標識にしたがう。

車道に出てトンネルを抜け、長い**東谷《ひがしたん》吊橋**を渡る。対岸には黒四《くろよん》地下発電所の送電線口が見える。ここから山道に入り、黒部川左岸の懸崖をたどっていく。

はるか足もとに青い黒部川の流れを見下ろしながら行く道は高度感があり、気が抜けない。壁から落ちる滝の飛沫を浴びながら通過して、ほどなく**S字峡**に着く。足もと深く流れる谷は岩壁に押しつぶされそうなほど幅を狭め、いくつもの小さなカーブを描きながら、美しい青い流れを見せている。岩壁を彩る紅葉との対比がすばらしい。

さらに、岩壁を穿ってつくられた険しい道をたどって半月《はんげつ》峡を通過する。この付近

東谷吊橋。奥は黒四地下発電所の送電線

露天風呂とテント場がある阿曽原温泉小屋

は岩壁の様相と紅葉、高度感が、いかにも深く険しい険谷を思わせる。

作廊《さくろう》谷合流点をすぎると高度感のある渓谷を離れ、深い森へと入る。重厚感のある木々のボリュームに圧倒され、息苦しいほどだ。ほどなく剱《つるぎ》沢を吊橋で渡ると、**十字峡**に着く。

十字峡は、剱沢と棒小屋《ぼうごや》沢の流れが、黒部川と合流する地点。その命名は「黒部の父」冠松次郎による。吊橋の先は広場になっていて、ここから本流側へ少しやぶの踏み跡をたどると、十字峡を見下ろす岩盤上へと出ることができる。ただし、この付近は滑りやすく、足もとも不安定なので注意したい。

十字峡からはしばらく深い森をたどり、ふたたび渓谷沿いの道に出る。途中、壁から落ちる滝の直下を通過するが、多少ぬれ

迫力ある奥鐘山西壁（大太鼓付近から）

S字峡。垂直の壁に繁茂する木々の紅葉がよく映える

S字峡の手前で滝の直下を通過する

狭く高度感のある水平歩道。ザックはコンパクトなもの、両手は自由な状態にしておく

ることを覚悟しなければならない。ときおり木々のあいだを縫うように続く道は、しだいに懸崖をつたうようになり、渓谷は幅を狭め、荒々しいゴルジュ（＝廊下）へと入っていく。ここが**白竜峡**で、白く泡立つ激流と、深く青い瀞が美しい。ハシゴで高巻き、穿かれた岩壁をへつり、岩場に架けられた橋を渡って、険しい断崖をたどっていく。ひじょうに狭いルートなので、滑落やすれ違いに要注意。前方に黒部別山《べっさん》の険しい側壁が見えはじめ、その迫力に息をのむ。やがてゴルジュを抜け、岩肌の道を行くと黒部別山谷出合（現地表記・**黒部別山沢**）に着く。

　この出合付近は下ノ廊下のなかでも雪がもっとも遅くまで残るところで、時期によってルート状況が大きく異なる。秋も遅い時期になれば飛び石づたいに沢を渡れることもあるが、シーズンはじめや残雪の多い年などは、不安定な雪渓を高巻くようにルートがつけられ、通過の際は充分注意が必要だ。

　この先ルートは「屛風《びょうぶ》岩の大ヘツリ」とよばれる、急峻な岩壁につけられたハシゴの高巻き道に入る。目もくらむようなハシゴの登下降が連続し、気が抜けない。スリップ、転落に気をつけて、慎重に通過すること。

　ほどなく**新越《しんごし》沢合流点**に着く。対岸にはひと筋の白線となって落ちる、美しい新越ノ

屏風岩の大ヘツリ付近で崩壊地を高巻く

黒部別山谷出合付近は遅くまで雪渓が残る

滝を望む。この先鳴沢小沢をすぎ、ルートは懸崖を離れ、榛ノ木平《はんのきだいら》とよばれる広葉樹の森に入る。紅葉が山裾や岩壁を彩り、険しい渓谷とはまた違う谷の様相を見せてくれる。やがて対岸から落ちる鳴沢《なる》を見送り、「黒部の魔人」大《おお》タテガビンの山裾沿いに巻いていく。ほどなく沢を丸木橋で渡ると、**内蔵助谷《くらのすけたん》出合**に着く。

剱沢と棒小屋沢が黒部本流に流れこむ十字峡

河原から急なやぶ道を登り、内蔵助平との分岐を左に折れて黒部ダムへ向かう。ふたたび懸崖の道が続く。途中、滝の飛沫を受けながら橋を渡り、さらに壁から流れる沢を通過する。丸山《まるやま》基部の岩壁をへつる道はやがて森へと入り、前方に黒部ダムが見えてくる。

黒部川を木橋で渡り、対岸の急登に取り付く。登り着いたところが、アルペンルート黒部ダム駅の登山者入口だ。あとは案内表示にしたがい**黒部ダム駅**に向かう。

プランニング&アドバイス

逆コースの場合、ロッジくろよんに前泊するのがおすすめ。7時台が始発の、関電トンネルバスよりも早く行動を開始できる。紹介コースは狭く高度感のあるルートが続くので、ザックはコンパクトな縦長のもの、両手が使えるようにストックの使用は控え、ヘルメットの着用が望ましい。他のパーティとのすれ違いにも充分注意すること。また、つねに沢中にあるコースなので、悪天候時の逃げ場がない。入山前の天候判断は重要だ。なお、下ノ廊下が通行可能になるのは関西電力によるコース整備が行なわれたあとで、例年9月上旬ごろから。入山前にコース状況を阿曽原温泉小屋に問合せるとよい。

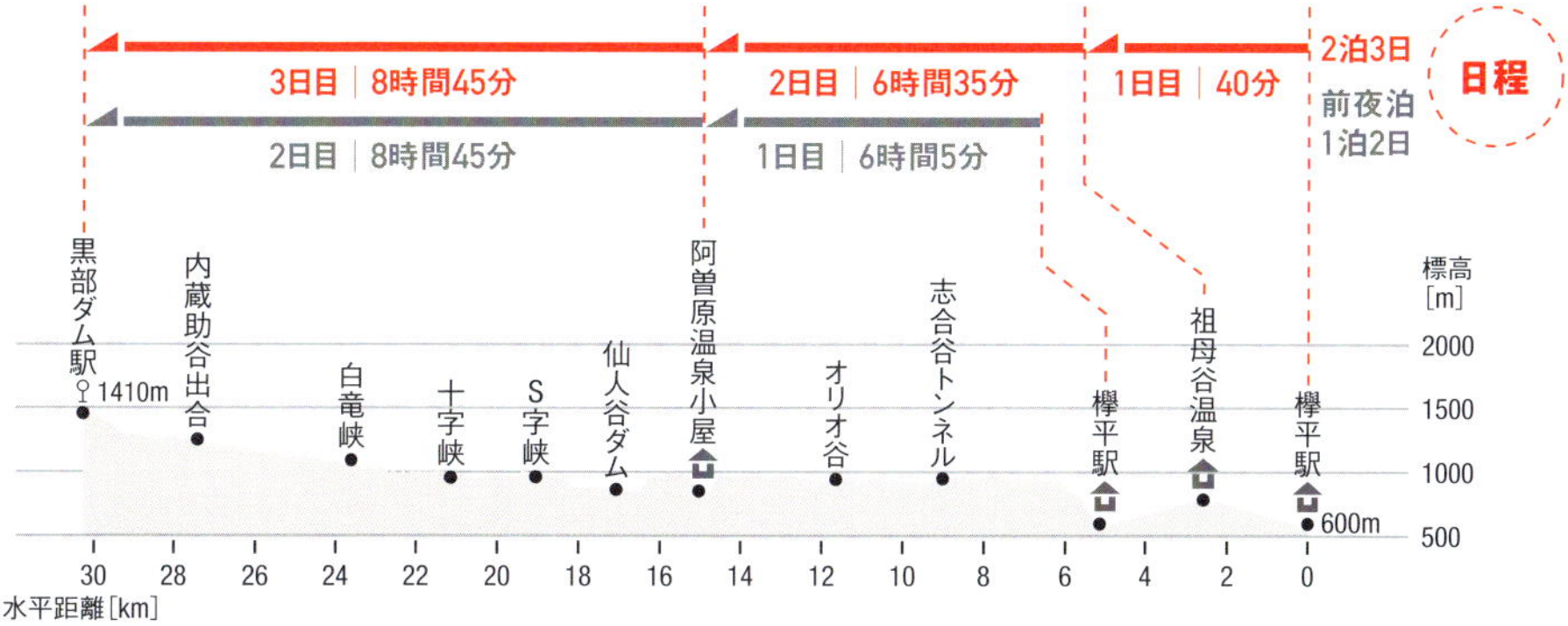

黒部源流の山

黒部川源流を取り囲む名峰群と広大な溶岩台地

薬師岳や水晶岳など黒部源流の山々（鳶山から）

黒《くろ》部《べ》川源流域を囲む一角に大きくそびえる薬師岳《やくしだけ》は、薬師如来《にょらい》を祀る、古くからの信仰の山として知られる。かつては立山《たてやま》大回峰という縦走形態の山岳修験のために登られていたといわれ、その後、山麓の有峰《ありみね》集落の人々による信仰が寄せられてきた。今はその集落もダムの底に沈み、奥飛騨《おくひだ》の秘境として知られた有峰の風情は失われてしまった。しかしその一方で折立《おりたて》まで車で入ることができるようになったため、登山者にとって薬師岳は身近な存在になった。

標高３０００m近い山だが、この折立からのコースには危険箇所が少なく、初心者でも安心して楽しめる。高山植物と展望に恵まれた山稜は、まさに北アルプスの女王たる風格をもつ。ただし、薬師岳山荘から山頂にかけては標高も高く、さえぎるもののない稜線歩きが続く。充分な防寒、防風対策が必要だ。さらにこの付近は尾根幅も広く、迷いやすい尾根も派生しているので、視界不良時には充分に気をつけたい。

東面の黒部源流の山々を望む太郎兵衛平

石畳の道を太郎兵衛平へ（後方は鍬崎山）

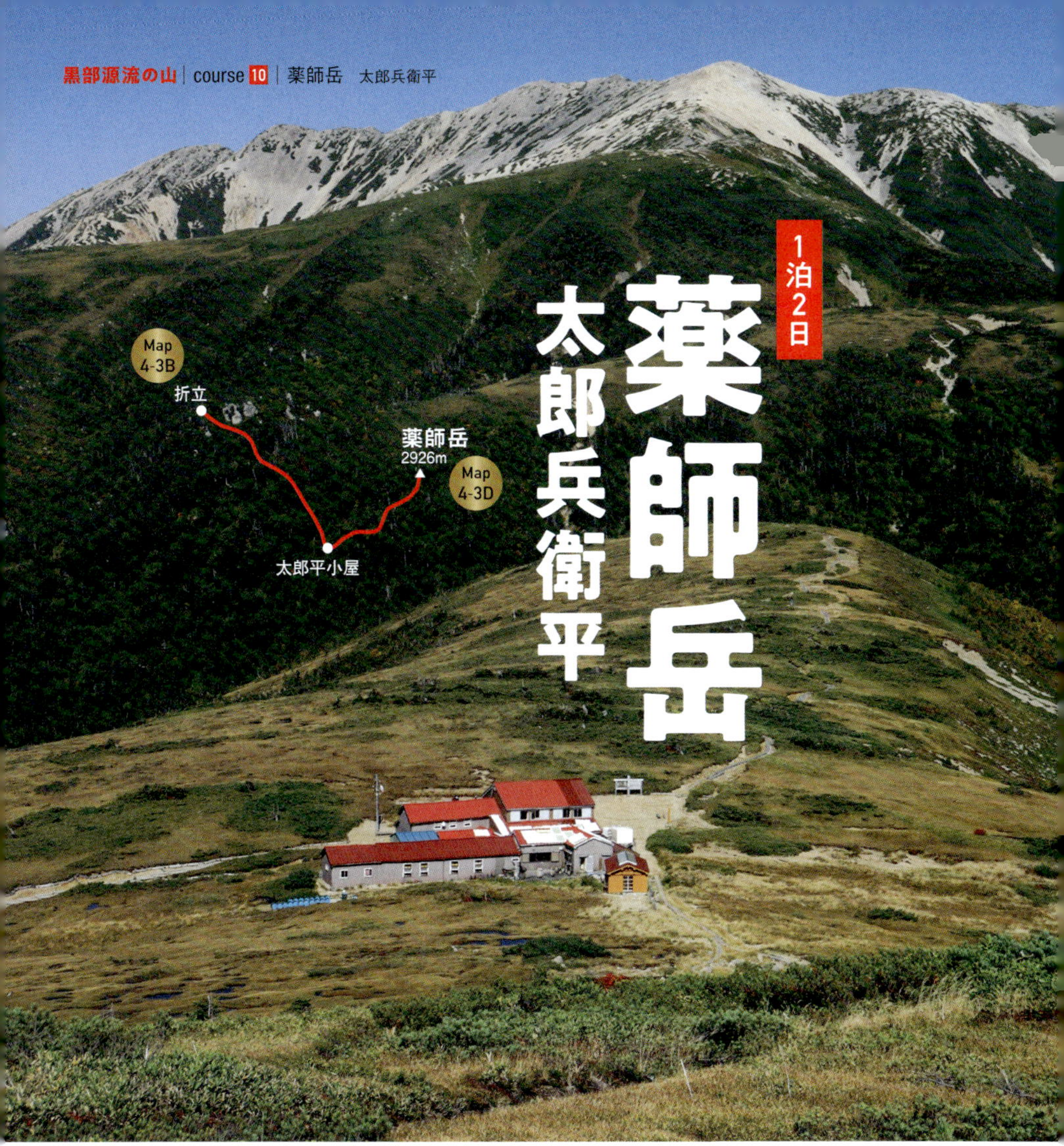

太郎山からは前方に大きく薬師岳がそびえる

北アルプス深部に堂々とそびえる孤高の峰

コースグレード | 初級

技術度 ★★☆☆☆ 2

体力度 ★★★☆☆ 3

1日目 折立→ 太郎平小屋 計3時間50分

2日目 太郎平小屋→ 薬師岳→ 太郎平小屋→ 折立 計7時間50分

1日目
折立から入山し太郎兵衛平へ向かう

富山駅から富山地方鉄道で有峰口《ありみねぐち》駅下車、地鉄バスに乗り換えて登山口の**折立**に入る。夏山シーズン中には富山・折立直行バス（要予約）もある。マイカー利用の場合は、有料の有峰林道を利用する。折立にはキャンプ場、無料駐車場、公衆トイレ、水場などと、折立休憩所（宿泊施設ではない）がある。なお、太郎平《たろうだいら》小屋まで水場はないので、ここで用意することを忘れずに。

折立休憩所の前を通って登山道に入ると、すぐ左手に十三重之塔がある。これは１９６３（昭和38）年1月に、薬師岳で遭難した13人の愛知大学山岳部員を供養する慰霊塔。ここをすぎると、太郎坂とよばれる急登がはじまる。

深い樹林帯の尾根をつづら折りに登っていくと、標高１７００ｍ付近で休憩によい広場に出る。ここから１８７０ｍの三角点までは、ひたすら見通しのきかない針葉樹の森をたどる。標高１８００ｍ地点をすぎると尾根の傾斜が一段落し、さらにひと登りでベンチのある**三角点の広場**に出る。東側を眺めると、いく重にも連なった稜線の向こうに、大きな薬師岳が姿を見せている。北側に遠く剱岳《つるぎだけ》、立山、大日《だいにち》三山、その手前には広大な弥陀ヶ原《みだがはら》が横たわっている。

この三角点から少し登ると草原に出る。１９３４ｍ付近の右手には、積雪量調査用の背の高いポールが立っている。わずかに下り、樹林帯を少し行くと、明るい草原に続く石畳の登りとなる。途中、休憩によいベンチがある広場を2カ所すぎ、ゆるやかな斜度で続く石畳の道をたどる。振り返ると、有峰湖や鍬崎山《くわさきやま》が眺められる。

やがて左側の岩井《いわい》谷と沿うような尾根と合流し、ハイマツ帯に延びる台地状の尾根をたどる。合流点手前の２１３３ｍ地点に

折立をあとに太郎坂の急坂に取り付く

薬師峠のキャンプ指定地（約100張）

五光岩ベンチ付近から望む薬師岳

はベンチがある。右手は高原のように広がり、有峰湖が見える。

ほどなく、**五光岩《ごこういわ》ベンチ**に着く。太郎平小屋まで約2㎞の地点で、左手の岩井谷をはさんだ対岸に、その名を示す岩場が見える。この先もよく手入れされた登山道を行く。傾斜もゆるく歩きやすい。

薬師岳の大きな山容を望みながら、ゆるやかに木道を登っていくと、ほどなく**太郎平小屋**の建つ太郎兵衛平《たろべえだいら》に着く。小屋前の広場から東を眺めると、黒部五郎岳《くろべごろうだけ》、双六岳《すごろくだけ》、三俣蓮華岳《みつまたれんげだけ》、雲ノ平《くものだいら》、祖父岳《じいだけ》、水晶岳《すいしょうだけ》など黒部源流の山々が一望できる。テント指定地は小屋から20分ほど薬師岳方面へ下った薬師峠にある。

2日目 太郎兵衛平から薬師岳を往復し、折立へ

太郎平小屋から木道をたどり、**薬師峠**に下り立つ。キャンプ指定地になっている薬師峠には水場やトイレがある。ここから樹林帯の沢筋をたどるが、滑りやすい急斜面が続き、気が抜けない。とくに下りは要注意。時期が早いと上部に雪渓が残り、雪が消えたところから踏み跡ができていくので、ガレ場に道が錯綜していて歩きにくい。沢の上部で右手へ登っていくが、雪渓をそのまま登らないように気をつける。登りきっ

東南稜との合流点にある石組みの避難小屋

薬師岳山荘からはザレたつづら折りの登り

たところが**薬師平**だ。

薬師平はハクサンイチゲやミヤマキンポウゲなどが咲くお花畑だ。堂々とそびえる黒部五郎岳や、遠く槍《やり》ヶ《が》岳《たけ》を望む。ベンチとケルンのある広場をすぎると登山道は左に折れて、ハイマツ帯の尾根東側のガレ場を登っていく。

やがて尾根上に出てゆるやかなガレ場を登っていくと、稜線に建つ**薬師岳山荘**に着く。初日にここまでがんばれば、夕に朝に変化する、美しい稜線の光を堪能できる。小屋から薬師岳まで1時間ほどなので、山頂でご来光を迎えるのにも都合がよい。

薬師岳山荘からはザレたつづら折りの道をたどる。標高2700mを越えて広がる、さえぎるもののないアルプスの大展望をたっぷりと堪能できる。

稜線の西側斜面から右手のピークを巻きながら登っていくと、大ケルンと避難小屋の建つ稜線に出て、右手から顕著な尾根が合流してくる。これが遭難した愛知大学生

薬師岳山頂直下からの黒部源流の山々。手前は中央カール

が迷いこんだ東南稜《とうなんりょう》だ。事故は1月の厳冬期に起きたものだが、主稜線と同じほどの尾根幅で分岐する東南稜は、悪天候時の下りの際に迷いこまないよう、たとえ夏でも充分注意が必要だ。合流点付近にある避難小屋は風よけのシェルターとして使える程度のものだが、コース上の目印という意味でも覚えておくとよいだろう。

薬師如来を祀る薬師岳山頂。背後は剱・立山連峰

避難小屋から稜線をたどると、**薬師岳**山頂に着く。薬師如来像が祀られた山頂からは、剱岳や立山、後立山《うしろたてやま》連峰、槍・穂高《ほたか》、笠ケ岳《かさがたけ》、黒部源流部の山々など、北アルプスを一望する大展望が広がっている。

山頂からは往路を**折立**へ下る。標高差1600mもの長い下りになるので、ペース配分に気を配りたい。また、折立からのバス便は少ないので、時刻表をよく調べておくこと。タクシーを利用する場合は、下山前に太郎平小屋から予約しておくとよい。

プランニング&アドバイス

折立までマイカーで入る場合は有峰林道を利用する。富山方面からは亀谷連絡所から小見線、松本・高山方面からは大規模林道高山大山線を経由して有峰トンネルを抜け、東谷連絡所を経て折立へ入る。通行期間は6月上旬から11月中旬、料金1900円。通行時間は6時から20時だが、各連絡所ゲートにより通過できる時間が異なるので夕方以降の利用には注意が必要。気象状況などにより閉鎖、開設時期の短縮などもある。問合せ=富山県有峰森林文化村係 TEL076-482-1420。また、折立にはキャンプ場以外に宿泊施設はないが、有峰ダム近くに宿泊可能な有峰ハウス（TEL076-481-1758）がある。

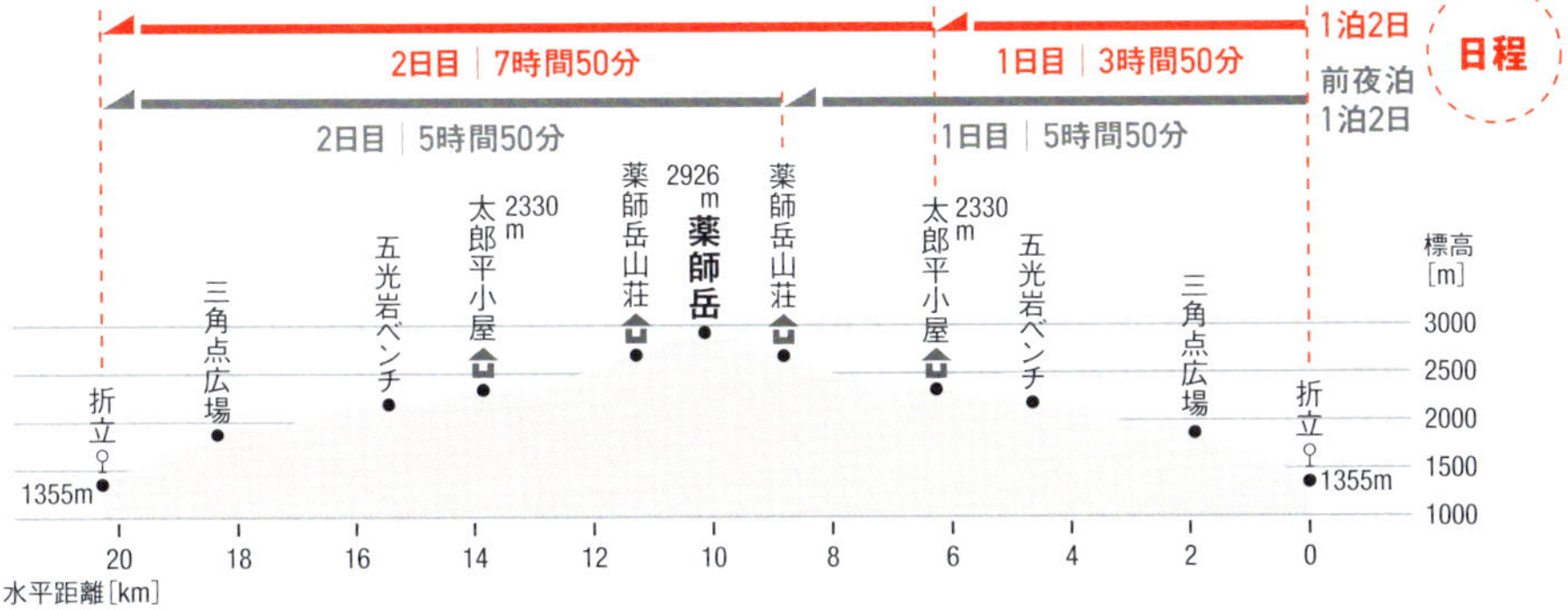

金作谷カールを抱く薬師岳を北薬師岳から望む

長大な山稜を越えて
秀麗な薬師岳をめざす

前夜泊3泊4日

薬師岳
五色ヶ原
越中沢岳

1日目	室堂平→ 浄土山→ ザラ峠→ 五色ヶ原山荘	計5時間20分
2日目	五色ヶ原山荘→ 越中沢岳→ スゴ乗越小屋	計5時間20分
3日目	スゴ乗越小屋→ 薬師岳→ 太郎平小屋	計6時間20分
4日目	太郎平小屋→ 折立	計2時間40分

コースグレード | 中級

技術度 ★★★☆☆ 3

体力度 ★★★★☆ 4

立《たて》山《やま》から薬師岳《やくしだけ》へ延びる稜線は、黒部《くろべ》川左岸、上ノ廊下《かみのろうか》に並行するように連なっている。荒々しい様相の龍王岳《りゅうおうだけ》、鬼《おに》岳《だけ》、獅子岳《ししだけ》。佐々成政の「さらさら越え」で知られるザラ峠。美しいお花畑が広がる五色ヶ原《ごしきがはら》。アップダウンの激しい越中沢岳《えっちゅうざわだけ》からスゴの頭《かしら》。3つのカールを抱く優美な薬師岳など、変化に富んだ縦走が楽しめる。高山植物と展望に恵まれた、長大な縦走路だ。

五色ヶ原、スゴ乗越《のっこし》、太郎平《たろうだいら》というように1日行程おきに山小屋があり、無理のないプランニングが組めるのが特徴。ただし、縦走中盤でのエスケープは難しい。スゴ乗越付近から短時間で下山できるルートはなく、3泊4日という長丁場での体調管理と、入山中の天候判断がキーポイントとなる。

鬼岳やスゴの頭周辺など、部分的に険しい箇所があるものの、剱岳《つるぎだけ》や穂高岳《ほたかだけ》などに見られるような、極端に危険な岩場はない。ゆとりをもったテント泊プランにもおすすめだ。

遠く薬師岳（左奥）を望む浄土山南峰

鬼岳東面の雪渓を下る。スリップ注意

1日目

室堂平から浄土山、獅子岳、ザラ峠を経て五色ヶ原へ

室堂《むろどう》から短時間で稜線に出るには、直接一ノ越《いちのこし》へ登るか、**浄土山**《じょうどさん》**北峰**を経由するかの2つのルートがある。コースタイムは大差ないが、浄土山北峰経由の方が体力的にはきつい。一ノ越経由の場合は、雄山《おやま》を往復してから縦走路をたどることも可能だが、初日を五色ヶ原まで行くのなら、室堂を早立ちする必要がある（室堂から浄土山南峰まではP16参照）。

富山大学立山研究所の建つ**浄土山南峰**は、ベンチのある展望広場になっていて、これから向かう五色ヶ原と薬師岳の眺めがすばらしい。ここから龍王岳の西側を巻いて大きく下っていく。急な岩場を下った鬼岳とのコル付近では、岩につけられたペンキ印を見失わないように注意したい。

続く鬼岳は東側斜面を巻くが、コルからの登り返しは時期が早いと雪渓が残る。「鬼岳東面」の標識がある小尾根を越えて、さらに山頂部を巻いて谷の上部へ入り、雪渓を下る。長い急な雪渓なので、スリップに要注意。不安を感じるならアイゼンをつけること。さらに次の小尾根を越えた先から再度雪渓をトラバースして、そのまま獅子岳との鞍部へ下っていく。この付近は高山植物が豊富で、ミヤマキンポウゲ、ハクサンチドリ、クロユリ、イワギキョウ、ヨツバシオガマなどが咲き誇る。

鞍部から獅子岳へはガレ場の急登。**獅子岳**山頂からの下りはザレたつづら折りが続く。短いクサリのある岩場を通過して、滑りやすい急斜面をハシゴで下ると、ほどなく**ザラ峠**に着く。ここは、富山城主・佐々成政が、1584（天正12）年12月に越えたといわれる峠だ。浜松の徳川家康の元へ窮状をつたえるために、さらに針ノ木《はりのき》峠を越えて大町《おおまち》へ下ったという。

ザラ峠へ向けて急なハシゴを下る

鬼岳へ向けてガレた道を進む

浄土山からの五色ヶ原と薬師岳（中央やや右）

　ザラ峠から立山カルデラの縁に沿うように登ると、五色ヶ原に延びる木道に出る。キャンプ場を経て黒部ダム方面へ向かうルートを左に分け、**分岐**を右へ進むと**五色ヶ原山荘**に着く。五色ヶ原は、広大な溶岩台地上に広がる草原地帯。黒部川から競り上がる山々に囲まれ、お花畑と池塘が点在する、まさに山上の楽園である。

2日目 越中沢岳を経てスゴ乗越小屋へ

　五色ヶ原山荘をあとに、鳶山《とびやま》へと続く木道を行く。朝露に光るお花畑のなかをたどるトレイルは、まるで光り輝く水面を行くかのようだ。振り返ると遠く剱岳が、天を突くように頂を見せている。

　登り着いた**鳶山**は、正面に越中沢岳と薬師岳を望む展望地だ。振り返ると五色ヶ原が美しい。ここからハイマツ帯の尾根を下り、やがてシラビソの森へ入る。下りきったところが越中沢乗越。この先はゆるやかな登りが続く。樹林を抜けて、ハイマツと草原のなかに石とザレまじりの明るく開けた登山道が延び、やがて**越中沢岳**山頂に着く。めざす薬師岳の中腹に、今日の宿、スゴ乗越小屋の赤い屋根が望まれる。

　越中沢岳からの下りが、今日の行程のハイライト。スゴ乗越へ向け、標高差約500mの大下りだ。ハイマツ帯のザレた急斜面をスゴの頭とのコルへ向かって下ると、

鬼岳〜獅子岳間のお花畑に咲くクロユリ

獅子岳手前より鬼岳、龍王岳、雄山(左から)

傾斜の強い花崗岩が現れる。ここを固定ロープに頼って下るが、適当な足場がなく、荷物が重いと体が振られて緊張する。さらに急な岩稜の下りが続き、気が抜けない。

コルから**スゴの頭**への登り返しもガレ場の急登で苦しいが、ピークの北西側を巻いて通過する。下りはじめは大岩が点在する急斜面でひじょうに歩きにくく、転倒に要注意。さらに急なガレ場をロープで下り、ほどなく樹林帯に入る。下りきった**スゴ乗越**で、ようやくほっとすることだろう。

スゴ乗越からは針葉樹の森をたどるが、登り返しがとてもきつく感じられるところだ。滑りやすいザレ場をロープで通過すると、ほどなくテント場に出る。**スゴ乗越小屋**まではあとわずかな距離だ。

3日目 スゴ乗越小屋から薬師岳、太郎平小屋へ

小屋から樹林帯の尾根をたどる。森林限

北薬師岳への登りからの北面の展望。手前の稜線は二重山稜になっている

雲上の楽園・五色ヶ原。奥は裏銀座の山々

界を超え、尾根の東斜面からよく踏まれた石砂利の急坂を登りきると**間山**《まやま》に出る。付近は二重山稜になっており、西側の尾根との窪地に小さな池がある。赤牛岳《あかうしだけ》、水晶岳《すいしょうだけ》、雲ノ平《くものだいら》、三俣蓮華岳《みつまたれんげだけ》などが真横に連なり、そのうしろから槍ヶ岳《やりがだけ》の穂先が見える。

ここから赤茶けた石砂利を踏み、たおやかな稜線を行く。背後には劔・立山、後立《うしろたて》山《やま》連峰が連なる。途中、二重山稜の内側をたどり、北薬師岳へ向けて競り上がるガレ場の尾根を行く。登るほどに尾根幅が狭まり、西側のガレた斜面沿いに2832mピークを越える。この付近は踏み跡が不明瞭なので、ペンキ印を見失わないように注意。

さらに岩稜をたどると**北薬師岳**に着く。展望のよい山頂からは、大きな薬師岳が、広大な金作《きんさく》谷カールを抱いてそびえる姿を望む。薬師岳の東面に並ぶ、中央《ちゅうおう》カール、南《なん》稜《りょう》カールなどを併せた圏谷群は、国の特別天然記念物に指定されている。

北薬師岳から高度感のある岩稜を行く。やがて小さなアップダウンを繰り返すと、**薬師岳**山頂に着く。薬師如来《にょらい》像が祀られた祠のある山頂からは、北アルプスを一望にする大パノラマが広がっている。

下りは左へ延びる東南稜《とうなんりょう》へ入らないように気をつけて、ザレた尾根をたどる。**薬師岳山荘**をすぎて尾根東側のガレ場を下ると、

間山手前の二重山稜内にある小さな池

360度の大パノラマが広がる薬師岳山頂

お花畑が美しい**薬師平**に出る。その先で雪渓に出て、さらに樹林帯の滑りやすい急斜面を下ると、キャンプ場のある**薬師峠**だ。ここから少し登り返し、木道をたどれば**太郎平小屋**に着く。

4日目 太郎平小屋から折立に下る

太郎平小屋からゆるやかな尾根を下る。有峰湖《ありみね》や鍬崎山《くわさきやま》、大きな山体を見せる薬師岳の展望がよく、のんびりしたくなるところだ。木道や石畳が続く、よく整備された明るいトレイルは、1870・9mの**三角点広場**をすぎると展望がなくなる。ここから折立《おりたて》へは樹林帯をひたすら下る。**折立**からのバス便は少ないので、ダイヤをよく確認してから下ること。タクシーを利用する場合は下山前に太郎平小屋から予約しておくとよい（薬師岳〜折立間はP88コース10を参照）。

越中沢岳〜スゴ乗越間は険しいルートが続く

プランニング&アドバイス

途中エスケープルートのない縦走コースなので、予備日を考慮したプランニングが理想的。五色ヶ原からは黒部ダムへ抜けることも可能だが（P101参照）、悪天候時には湖畔の水平道は増水の危険があるので注意が必要だ。また、逆コースはスゴ乗越から越中沢岳への登り返しがとくにきつく、全体的に登りの割合が増えるため、体力的に厳しい。体力に自信があれば、途中のスゴ乗越小屋に泊まらずに、2泊3日で計画することも可能だが、長い行程になるので、体調、天候などをよく判断して行動すること。太郎平小屋には日本医科大学の夏山診療所があり、緊急時に利用できる。

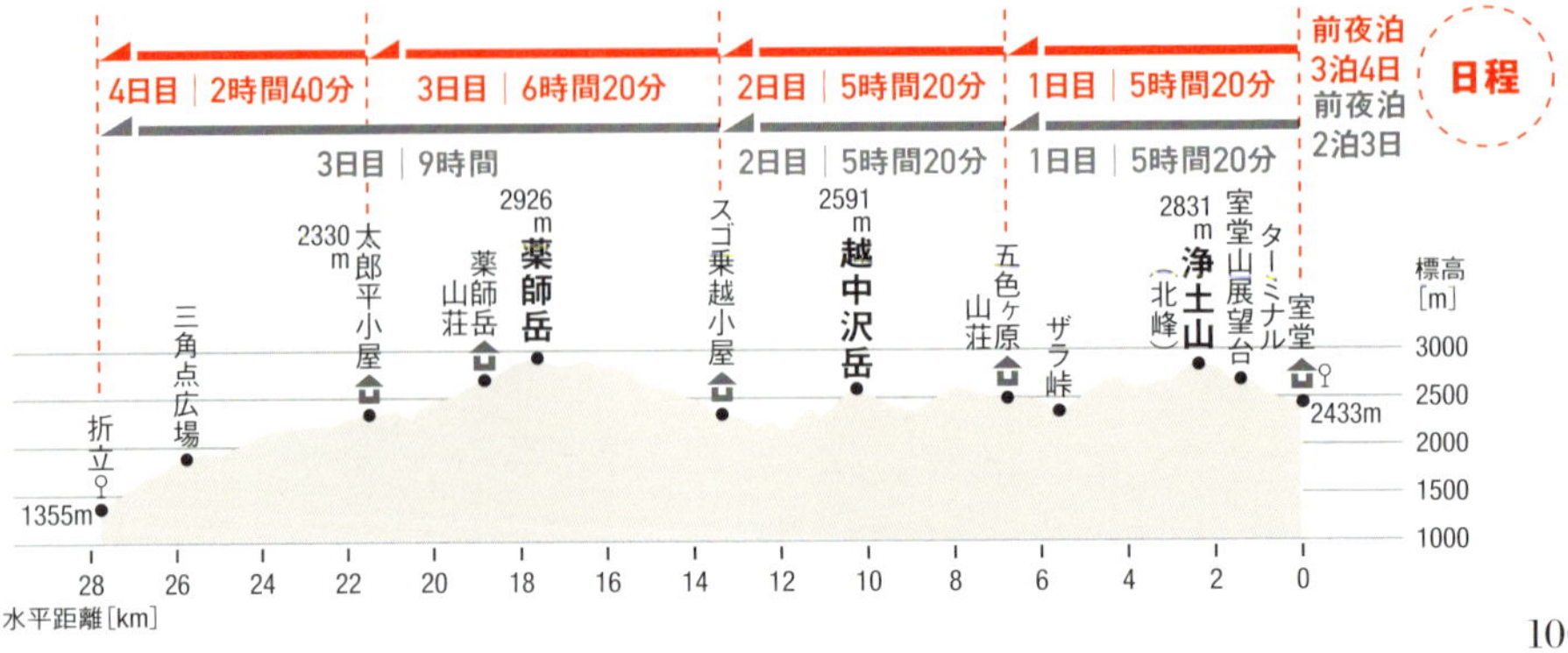

サブコース

五色ヶ原から黒部湖へ下る

五色ヶ原山荘↓平乃小屋↓黒部ダム

6時間45分

Map 7-4A　五色ヶ原山荘

Map 7-3C　黒部ダム

コースグレード｜**中級**

技術度｜★★☆☆☆　2

体力度｜★★★☆☆　3

五色ヶ原《ごしきがはら》から刈安峠《かりやす》を経て、黒部《くろべ》湖畔の平乃《たいらの》小屋へいたるコースは、かつて富山城主・佐々成政《さっさなりまさ》が、厳寒1月にたどったとされるルート。立山《たてやま》温泉からザラ峠を越えて、黒部川の平から、針ノ木《はりのき》峠を経て大町《おおまち》へいたった行程の一部である。

このルートは、江戸時代には奥山廻りなどにも利用され、その後明治時代（1880年）になってから、立山新道として整備された。同年に開通した東海道の中山峠《なかやま》（小夜《さよ》の中山）とともに、日本初の有料道路といわれている。

五色ヶ原山荘から広大なお花畑に続く木道を、ゆるやかに下っていく。**キャンプ場**に出たところで立山方面との分岐を右にたどると、黒部湖へ向けての下りにさしかかる。

やがて五色ヶ原を離れて尾根道になり、正面に針ノ木岳、足もとに黒部湖を望みながら、灌木帯の急な下りをいく。樹林帯に入り、さらに下ってロボット雨量計をすぎると、ほどなく**刈安峠**に着く。峠から深い樹林帯を下り続けると、黒部湖畔に建つ**平乃小屋**がある。

黒部湖畔をたどる道は、沢を丸木橋で渡る箇所があり、増水時は通行注意。**中《なか》ノ谷**と**御山谷《おやま》**を大きく回りこむと、**ロッジくろよん**に着く。さらに遊歩道をたどり、かんぱ谷橋を渡れば**黒部湖駅**への分岐だ。**黒部ダム駅**はダム堤を渡った先にある。

黒部湖畔の道は険しいハシゴの高巻きがある

刈安峠への下りから針ノ木岳（左）と黒部湖

雲ノ平 三俣蓮華岳 双六岳

3泊4日

天然の庭園が広がる雲ノ平。祖父岳に向けて木道が延びていく

今もなお秘境の匂いを漂わせる雲上の楽園

コースグレード	中級
技術度	★★★☆☆ 3
体力度	★★★★☆ 4

1日目	折立→ 太郎平小屋	計3時間50分
2日目	太郎平小屋→ 薬師沢小屋→ 雲ノ平山荘	計5時間40分
3日目	雲ノ平山荘→ 三俣蓮華岳→ 双六岳→ 双六小屋	計5時間50分
4日目	双六小屋→ 鏡平山荘→ 新穂高温泉	計5時間20分

北アルプスの奥懐に位置する雲ノ平《くものだいら》は、黒部《くろべ》源流と岩苔小《いわごけこ》谷にはさまれた溶岩台地。高原に点在するお花畑や池塘は、まさに雲上の楽園とよぶにふさわしい。三《みつ》俣《また》山荘の小屋主であった伊藤正一氏が、著書『黒部の山賊』で語るように、かつては山賊や熊、カッパたちが闊歩するような秘境だったという。周囲を鷲羽岳《わしばだけ》、黒部五郎《くろべごろう》岳《だけ》、薬師岳《やくしだけ》といった奥深い黒部源流の山々に囲まれたその地勢は、今も秘境の匂いを漂わせている。

1日目　折立から入山し太郎平小屋へ

折立《おりたて》から樹林帯の急登を行く。**三角点**の置かれた1869・9mをすぎると、展望のよいたおやかな尾根歩きとなり、やがて**太郎平《たろうだいら》小屋**へ着く（P88コース10参照）。

2日目　太郎平から薬師沢を経て雲ノ平へ

太郎平小屋から北《きた》ノ《の》俣岳《まただけ》方面との分岐を左へとり、薬師沢へ向かう。草原をトラバ

正面に雲ノ平を眺めつつカベッケが原を行く

太郎兵衛平から望む黒部源流の山々

ース気味に下り、太郎平小屋の水源となる小沢を越える。道は尾根上の急傾斜となり、薬師沢へ向かって樹林のなかを下っていく。

やがて薬師沢の源流部へ出て、沢を渡る（**第一徒渉点**）。しばらく先でふたたび橋を渡り（第二徒渉点）、明るい草原や針葉樹の森に続く木道をゆるやかに下っていく。ほどなく、右から流れこむ沢をもう一度渡る（**第三徒渉点**）。ここが北ノ俣岳と赤木《あかぎ》岳《だけ》から流れこむ薬師沢左俣《ひだりまた》との出合。これら3回の徒渉にはいずれも橋がかかっているが、増水時には細心の注意を払いたい。

左俣出合から先も、笹原の木道と針葉樹の森をたどる。整備された木道は歩きやすいが、朝露や雨などでぬれていると滑りやすく、足もとに注意が必要だ。

やがて木道に導かれて、平坦な笹原が広がるカベッケが原に出る。正面には針葉樹におおわれた雲ノ平が台形状の山となって姿を現す。カベッケが原を抜け、小尾根をわずかに下ると**薬師沢小屋**に着く。ここで薬師沢は黒部川と合流し、やがて深い瀞と谷を穿つ荒々しい峡谷となっていく。

薬師沢小屋からは吊橋を渡り、すぐにハシゴをつたって河原へ下る。この先で高天原《たかまがはら》へ向かう大東《だいとう》新道と分かれ、右手の樹林帯へ取り付く。このあたりは増水時には通行不能となるので要注意。とくに悪天時に逆コースでここを通過する場合、事前に雲ノ平山荘で情報を聞いておく必要がある。

ここから展望のきかない針葉樹林帯の急登をひたすらたどる。足もとの岩や木の根はとくに滑りやすいので、注意が必要だ。２３８０ｍ付近で傾斜が落ち、**木道**が現れる。これより雲ノ平の一角に入り、ゆるやかに登っていく。木道をたどり、灌木帯を抜けると、展望の開けたハイマツ帯の**アラスカ庭園**に出る。黒部五郎岳の眺めがよく、遠く笠ヶ岳《かさがたけ》も望まれる。

池塘が広がるスイス庭園。奥は水晶岳

徒渉点に立つ黒部川水源地標。日本海までは約90km

薬師岳を間近に望む奥日本庭園をすぎて、少し下ると**祖母岳**《ばあだけ》（アルプス庭園）**との分岐**だ。山頂までわずかな登りなので、ぜひ立ち寄りたい。ベンチのある祖母岳山頂からは、広大な雲ノ平を一望できる。

分岐から、浅い沢底に沿って木道を行く。あたりはチングルマの群落が美しい。ほどなく小高い丘に建つ**雲ノ平山荘**に着く。なお、テント泊の場合は、山荘から20分ほど離れた祖父岳《じいだけ》山腹にある指定地を利用する。ここには水場とトイレも整備されている。

3日目　雲ノ平から三俣蓮華岳、双六岳を経て双六小屋へ

山荘から木道をたどり、**キャンプ指定地との分岐**をすぎる。池塘が点在する高原を行くと、スイス庭園との分岐がある。木道のわずか先にあるスイス庭園からは、高天原や赤牛岳《あかうしだけ》方面が望まれる。

ハイマツに囲まれた木道をたどり、祖父岳の西側斜面を巻いていく。なお、キャンプ指定地から直接祖父岳へ登るルートは、植生復元のため通行禁止。ほどなく**祖父岳との分岐**に出る。ここから祖父岳経由で岩苔乗越《のっこし》へ出て、鷲羽岳から三俣蓮華岳へ向かうことも可能だ（P109参照）。

分岐から祖父岳の西南側斜面を巻いて下っていく。正面には槍《やり》・穂高《ほたか》が屏風のように望まれる。やがて続けてふたつの雪渓を通過する（上から**第二雪田**、第一雪田）。広い雪渓なので、ルートを見失わないこと。

雪渓を渡り終えたころから、滑りやすい急傾斜の下りとなる。はるか足もとには黒部源流、正面には迫力ある鷲羽岳や槍・穂高、対岸には三俣山荘を望む。急なガレ場が続くので足もと注意。

下りきったところが**黒部源流の徒渉地点**で、ロープの張られた沢を飛び石づたいに渡る。増水時には通行不能となるので、

薬師沢小屋から吊橋で黒部川を渡る

雲ノ平への取付は、増水時は河原を高巻く

悪天候下での行動は避けたい。

　渡った先で、岩苔乗越へ向かう道を左へ分け、沢沿いの草原地帯を登っていく。背後には鷲羽岳が大きい。やがて、三俣山荘と三俣蓮華岳方面との分岐に出る。**三俣山荘**は左のハイマツ帯を抜けたすぐ先だ。

　分岐からハイマツのなかに続く道を行く。ガレ場の登りはしだいに傾斜を増し、やがて**三俣峠**に出る。ここから双六《すごろく》小屋へのルートは二手に分かれる。ひとつは稜線をたどるルート、一方は三俣蓮華岳と双六岳《すごろくだけ》の東側山腹を巻いていくルートだ。巻き道のほうは展望のよいお花畑沿いをたどるルートで、アップダウンが少なく、稜線ルートよりコースタイムも短い。両ルートは双六小屋の手前、2660m付近で合流する。ここでは稜線ルートを紹介するが、悪天候時には巻き道ルートをたどる方が賢明だ。

　三俣峠からガレ場の小尾根を登りきると、**三俣蓮華岳**山頂に出る。北アルプス最深部ともよばれる頂からは、雲ノ平や黒部源流の山々、そして槍・穂高連峰、遠く剱岳《つるぎだけ》も望まれる。すぐ南側にもうひとつピークがあり、「長野・富山・岐阜三県の境」と書かれた標識が立っている。いよいよ黒部ともここでお別れだ。黒部五郎岳方面へのルートを右へ分けて、稜線を双六岳へ向かう。

　ハイマツ帯を一度下って、すぐに丸山《まるやま》へ登り返す。たおやかで幅広い尾根道は、その先の鞍部で双六岳山頂部を巻く中道《なかみち》コースと分岐（**中道稜線分岐**）する。ゆ

三俣蓮華岳山頂からの北面の眺め

るやかに登っていくと、**双六岳**山頂に着く。

正面に大きな槍《やり》ヶ《が》岳《たけ》を眺めて、双六岳山頂をあとにする。傾斜のゆるい広大な台地状の尾根に延びる道を下っていくと、やがて急な下りとなり、左手から中道コースが合流（**中道分岐**）する。さらにハイマツ帯を下ると三俣峠からの巻道コースと合流し、急な斜面を下ると**双六小屋**に着く。

鏡池からの槍・穂高連峰のみごとな眺望

4日目 双六小屋から鏡平を経て新穂高温泉に下山

小屋裏手のキャンプ場から木道をたどり、樅沢岳《もみさわだけ》の西斜面を巻いて、弓折岳《ゆみおりだけ》に続く稜線上へ出る。振り返ると、双六小屋とその背後にそびえる鷲羽岳、水晶岳《すいしょうだけ》が望まれる。

槍・穂高の山並みに沿って細かなアップダウンを繰り返しながら稜線をたどると、**弓折《ゆみおり》岳分岐**に出る。ここで笠ヶ岳方面へ向かう縦走路と分かれ、分岐を左に入り、鏡《かがみ》平《だいら》への下りにかかる。

弓折岳東斜面を横切るように高度を下げ、傾斜の落ちた尾根上（弓折中段）に出る。さらに灌木帯へ入って大きく下り、やがて平坦地となり、池に囲まれた**鏡平山荘**に着

黒部源流部の徒渉地点。増水時は通行不能

祖父岳中腹から広大な雲ノ平と薬師岳を望む

シシウドが原で左に進路を変える

く。小屋の先にある鏡池の縁にはテラスがあり、槍・穂高連峰の眺めが楽しめる。

鏡平から灌木帯の涸れ沢沿いに標高差200mほど下ると、涸れ沢上部の開けた草原に出る。ここが**シシウドが原**。はるか足もとに蒲田《がまた》川左俣谷の流れと、穂高連峰から焼岳《やけだけ》、乗鞍岳《のりくらだけ》へかけての展望が広がる。

日当たりのよいガレ場の下りはイタドリが原をすぎた先で涸れ沢を離れ、右手の灌木帯へ入る。ここにはロープとペンキ印があるのでわかりやすいが、そのまま涸れ沢を下っていかないように注意。傾斜の落ちた灌木帯を下っていくと、小さな流れの秩《ちち》父《ぶ》小沢、続いて橋の架けられた**秩父沢**を渡る。ここからは遠く高く、槍ヶ岳の穂先が望まれる。なおも灌木帯とガレ場を下り続けると**小池《こいけ》新道入口**に出て、蒲田川左俣林道をたどる。

わさび平小屋周辺の心地よいブナ林を抜けると、単調な林道歩きが続く。笠新道の登山口をすぎた先で中崎《なかさき》橋を渡り、左岸へ移る。やがて車止めのゲートが現れて、**新《しん》穂《ほ》高《たか》温泉**の旅館街へ出る。バスターミナルはもう一度橋を渡った先にある。

プランニング&アドバイス

北アルプスのなかでももっとも深い場所に位置するだけに、アプローチに最低2日はほしい。それだけに、せっかくの雲ノ平ではのんびりと滞在したいところ。初日に薬師沢小屋まで入れば、翌日の早い時間には雲ノ平に入ることができ、ゆったりと散策を楽しむことも可能だ。高天原へのコース（P110コース13参照）と合わせてプランニングすれば、より雲ノ平を満喫できる。また、マイカー利用の場合は新穂高温泉へ下らずに、三俣蓮華岳から黒部五郎岳、北ノ俣岳を経て、太郎兵衛平から折立に戻るプランがおすすめだ（P120コース15参照）。

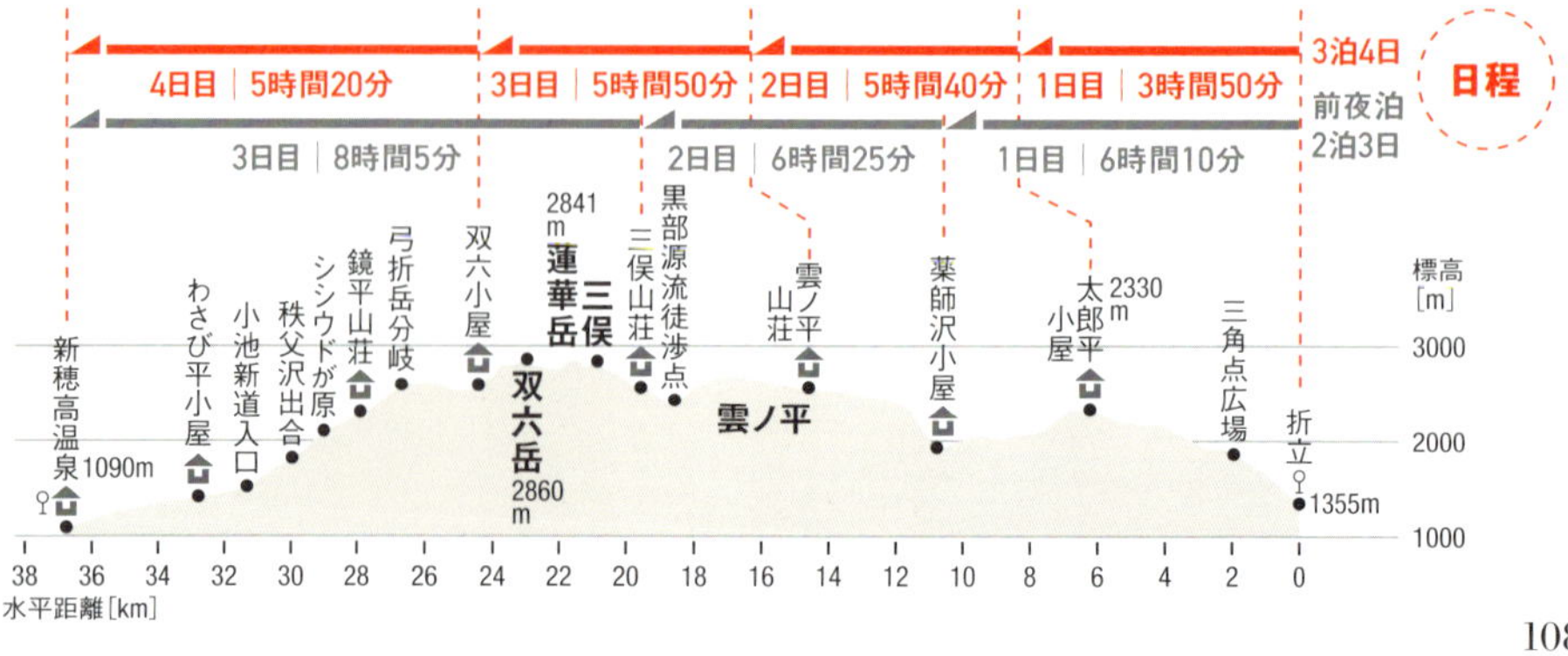

サブコース

祖父岳を経てワリモ北分岐へ

雲ノ平山荘↓祖父岳↓ワリモ北分岐　2時間5分

お花畑や池塘、それに「庭園」が点在する雲ノ平《くものたいら》周辺は見どころが多く、できれば時間にゆとりをもってゆっくり散策を楽しみたい。雲ノ平山荘近くの祖母岳《ばあだけ》（アルプス庭園）や、雲ノ平最上部に位置する祖父《じい》岳《だけ》などは、ぜひとも立ち寄りたいところだ。ここでは祖父岳から岩苔乗越《いわこけのっこし》を経て、鷲羽《わしば》岳《だけ》～水晶岳《すいしょうだけ》間のワリモ北《きた》分岐へいたるルートを紹介する。

雲ノ平山荘からハイマツ帯の木道をたどり、**祖父岳分岐**へ登る。ここで黒部《くろべ》源流へ向かうルート（P102コース12参照）と別れて左のルートへ進む。傾斜のゆるいゴーロ帯は、時期が早いと雪渓が残る。しだいにガレ場の急登となり、背後には広大な雲ノ平と薬師《やくし》岳《だけ》が大きい。ほどなく、広いさえぎるもののない**祖父岳**山頂に着く。小さな溶岩を敷き詰めたような山頂からは、黒部五郎岳《くろべごろうだけ》や鷲羽岳、槍《やり》・穂高《ほたか》連峰の眺めがよい。

山頂をあとに、黒部源流部の縁をたどるようにハイマツの尾根を行く。行く手には水晶岳が大きい。やがて右手に黒部源流、左手に岩苔《いわこけ》小《こ》谷を望む岩苔乗越に着く。ここからは黒部源流の徒渉点に下ることもできる。悪天候時、鷲羽岳や源流の徒渉を迂回して通過することが可能だ。

さらにつづら折りのザレた登山道を登ると**ワリモ北分岐**に出る。ここを右に行けば鷲羽岳、左へたどれば水晶小屋へ向かう。

Map 3-2A　雲ノ平山荘

Map 3-2A　ワリモ北分岐

コースグレード｜初級

技術度	★★☆☆☆	2
体力度	★★☆☆☆	2

黒部源流を抱いてそびえる祖父岳

祖父岳からの黒部源流と槍・穂高連峰

コースグレード	中級
技術度 ★★★★★	4
体力度 ★★★★★	4

3泊4日 高天原 雲ノ平 太郎兵衛平

秘境・奥黒部の真ん中にある神秘的な温泉と草原を訪ねる

山肌が秋色に染まりはじめた竜晶池を訪ねる

1日目	折立→太郎平小屋	計3時間50分
2日目	太郎平小屋→薬師沢小屋→雲ノ平山荘	計5時間40分
3日目	雲ノ平山荘→高天原山荘→竜晶池→高天原山荘	計3時間55分
4日目	高天原山荘→薬師沢小屋→太郎平小屋→折立	計9時間45分

北アルプスの秘境として人気が高い雲《くも》ノ平《のだいら》。その奥深く、水晶岳《すいしょうだけ》と薬師岳《やくしだけ》にはさまれて黒部《くろべ》川上ノ廊下《かみのろうか》の縁にひっそりとたたずむ、湿原と森の小さな平が高天《たかまが》原《はら》だ。温泉《おんせん》沢からは文字どおり温泉が引かれ、深山の秘湯を楽しめる。

高天原峠と薬師沢《やくしざわ》小屋をつなぐ大東《だいとう》新道は、急な滑りやすい沢筋の巻き道をたどるので、細心の注意が必要だ。この大東新道は、かつて高天原温泉付近でモリブデンなどの採掘を目的として開かれた、大東鉱山によって整備された道。A～Eまでの急峻な沢を横切る険路である。また、黒部源流部に位置するルートなだけに、増水に対する注意も忘れてはならない。

1日目　折立から入山し太郎平小屋へ

折立《おりたて》から急な樹林帯を抜け、展望のよい木道の尾根をたどる。大きな薬師岳の山腹を巻くように登っていくと**太郎平《たろうだいら》小屋**に着く（P88コース10参照）。

2日目　太郎平から薬師沢を経て雲ノ平へ

薬師沢の源流をたどり、**薬師沢小屋**へ下る。ここから雲ノ平に取り付き、樹林帯の滑りやすい急登を行く。やがて傾斜が落ちて雲ノ平の一角に出て、木道を**雲ノ平山荘**へ向かう（P102コース12参照）。

この日の行程はゆとりがあるので、ぜひ気の向くままに雲ノ平散策を楽しみたい。雲ノ平を一望する、祖母岳《ばあだけ》や祖父岳《じいだけ》、遠く剱《つるぎ》・立山《たてやま》連峰と、足もとに高天原を望むスイス庭園などがおすすめだ。

3日目　雲ノ平から高天原へ向かう

雲ノ平山荘からハイマツ帯のガレ場を登り、すぐ北側の丘を越える。水晶岳や薬師岳の眺めがよい丘の上には、無人雨量計のアンテナが立っている。

ガレた沢筋のトラバースが連続する大東新道

標高約2050m、高天原温泉「からまつ美人の湯」

ゴーロ状の斜面を下り、正面に大きな薬師岳を望みながら木道をゆるく下ると、**奥スイス庭園**に出る。さらに池塘のある木道を行くと、2439m付近から急な尾根の下りがはじまる。ハシゴをまじえた急下降は、樹林帯に入り展望もない。

　高天原峠まで下り、薬師沢方面と分岐する。高天原へは右へ向かう。深い森のなかを、木道がゆるやかに続く。途中明るく開けた笹原を抜け、岩苔《いわこけ》小《こ》谷と支流を橋で渡る。やがて明るく開けた草原地帯に出て、木道を行く。針葉樹の梢の向こうに荒々しい薬師岳東面がそびえる。池塘が点在する湿地の縁をたどっていくと、ほどなく**高天原山荘**に着く。山荘手前にはベンチのある展望台がある。

　山荘でひと休みしたら、散策と**高天原温泉**へ出かけよう。温泉沢の出合には野趣あふれる露天風呂と、囲いのある女性用の「からまつ美人の湯」がある。

　さらに森を奥へたどると高天原最奥の**竜《りゅう》晶《しょう》池**に着く。静かに佇む池の風景は、秘境とよぶにふさわしい。

B沢出合からは黒部川本流沿いを行く

奥スイス庭園付近からの薬師岳（左）と立山（右奥）

B沢付近では進行方向に注意

4日目
高天原から大東新道を経て折立へ下山する

高天原山荘から**高天原峠**まで戻る。ここから雲ノ平北側斜面を巻いて通過する大東新道を行く。滑りやすい急な斜面が続き、気が抜けない。針葉樹の森を急下降してE沢を渡り、さらに崩壊地のようなD沢を渡る。滑りやすい急なやぶ斜面を横切ってハシゴやロープをつたい、C沢を通過する。急斜面が続くので、落石、滑落に要注意。足もとが不安定なガレた小沢をすぎて、急斜面を下るとB沢に出る。ここからB沢に沿って下るが、逆ルートの場合、沢をたどりすぎないように注意。ほどなく赤ペンキ表示のある**B沢出合**で黒部川と合流し、左へ本流沿いに行く。

河原を行くと岩にルートがさえぎられ、ハシゴでこれを越える。そのまま岩壁沿いに沢をへつって通過する。この先でA沢を渡る。ルートは河原に続くが、ペンキ印を見失わないこと。やがて雲ノ平への取付をすぎ、吊橋を渡れば**薬師沢小屋**に着く。

小屋からは往路をたどり、**太郎平小屋**を経て**折立**へ下る（P88コース10参照）。

高天原の湿原に延びる木道。正面は薬師岳

プランニング&アドバイス

高天原へのアプローチは、雲ノ平や大東新道から入るルート以外に、岩苔乗越から岩苔小谷沿いに下るものや、温泉沢ノ頭から下るものがある。途中、水晶池のある前者は、水晶岳や鷲羽岳と合わせてプランニングするといいだろう。水晶岳〜赤牛岳間にある、温泉沢ノ頭から高天原へいたるルートは、迷いやすい箇所や足もとが不安定な箇所があり、初心者にはおすすめできない。奥まった一角にある場所なので、あまりよくばって他の山と組み合わせたりせずにプランニングするのがコツだ。

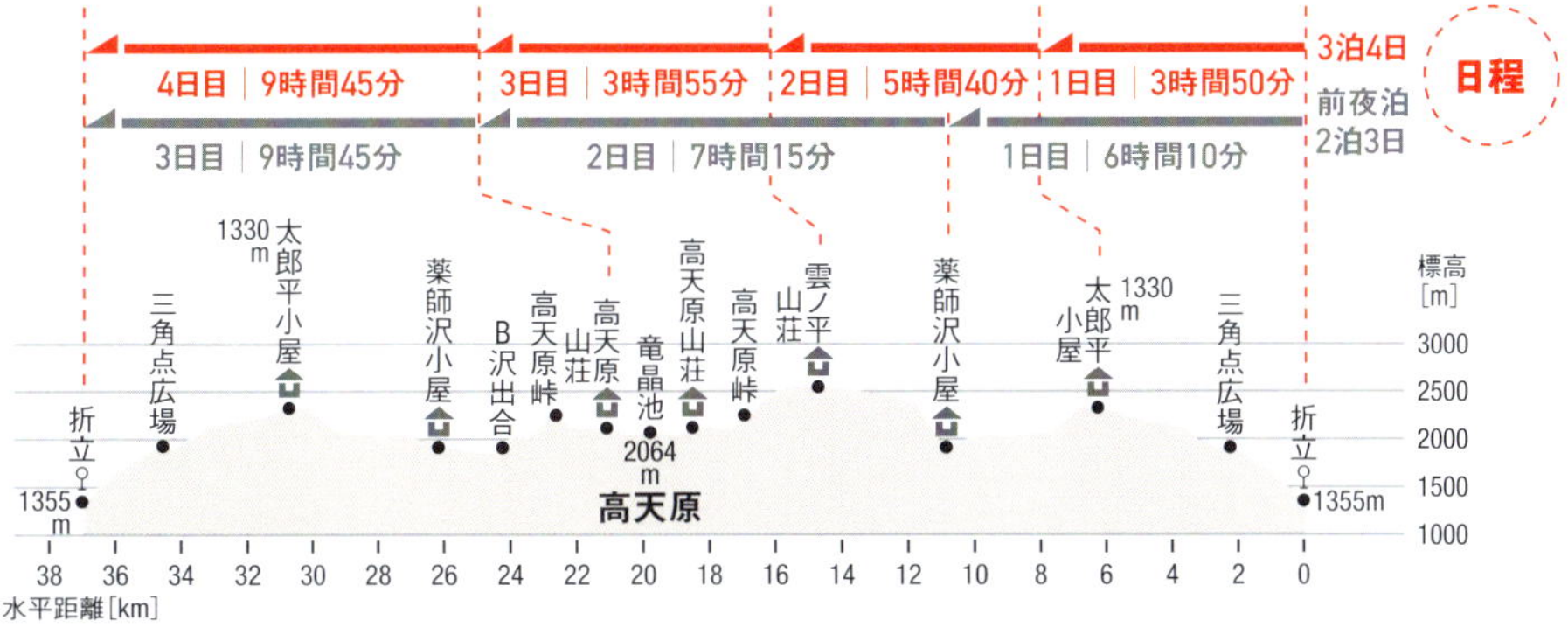

コースグレード　上級

技術度　★★★★☆　4

体力度　★★★★★　5

読売新道
鷲羽岳・水晶岳・赤牛岳

前夜泊3泊4日

山脈と谷にはさまれた長大な尾根をたどる

長大な読売新道の下り。めざす黒部湖はまだ遠い

1日目	新穂高温泉→双六小屋	計6時間55分
2日目	双六小屋→三俣蓮華岳→水晶小屋	計6時間20分
3日目	水晶小屋→水晶岳→赤牛岳→奥黒部ヒュッテ	計7時間40分
4日目	奥黒部ヒュッテ→平ノ渡場→黒部ダム	計5時間40分

読《よみ》売《うり》新道は、1961年に読売新聞社が北陸支社の開設を記念して開いた道。水晶岳《すいしょうだけ》から赤牛岳《あかうしだけ》を経て、黒部《くろべ》川東沢《ひがしざわ》谷出合まで延びる長大なルートだ。西側を立山《たてやま》から薬師岳《やくしだけ》へ延びる稜線、東側を針ノ《はりの》木岳《きだけ》から野口五郎岳《のぐちごろうだけ》へ続く稜線にはさまれて深い黒部の谷へ下りていく本コースは、北アルプスのなかでも通好みのひとつだろう。コース整備はしっかりされているが、水晶小屋から奥黒部《おくくろべ》ヒュッテまでは避難小屋もなく、登山者も少ない。下り立った東沢谷出合からも黒部湖の縁をたどる険しい道が続き、決して気が抜けない。そのため本コースを利用するには、充分な体力と総合的な判断力が必要だ。

1日目 新穂高温泉から鏡平を経て双六小屋へ

新穂高温泉《しんほたか》から蒲田《がまた》川左俣《ひがしまた》林道をたどって小池《こいけ》新道に入り、**鏡平山荘**《かがみだいら》を経て**双六**《すごろく》**小屋**へ向かう（P120コース15参照）。

2日目 双六小屋から三俣蓮華岳、水晶小屋へ

双六小屋から**双六岳**を経て**三俣蓮華岳**《みつまたれんげだけ》へはP120コース15を参照。

三俣蓮華岳の山頂に立つと、鷲羽岳《わしばだけ》から水晶岳へ延びる稜線を望む。ここからガレた小尾根を**三俣峠**へ下り、ハイマツ帯に開かれた登山道を行くと**三俣山荘**に着く。ここで道は鷲羽岳を巻いて黒部源流から岩苔《いわこけ》乗越《のっこし》を経由するものと、鷲羽岳を稜線どおしに越えていくものに分かれる。

前者は、三俣山荘から少し戻り、黒部源流へ向けて沢沿いの草原を下る。**源流徒渉点**の手前で雲ノ平《くものだいら》へ向かう道と分かれて草原のなかを登っていく。やがて砂礫の登りとなり、岩苔乗越へ出る。岩苔乗越は、雲ノ平を囲む黒部川と岩苔小谷《いわこけこ》の源流を左右に分ける分水嶺。乗越の分岐を右へたどる

鷲羽岳からの三俣蓮華岳（右）。左奥は双六岳

鷲羽岳からワリモ岳、水晶岳へと続く稜線

鷲羽岳からの槍・穂高。直下は鷲羽池

と**ワリモ北分岐**に出る。

後者は、三俣山荘から傾斜のゆるい尾根の東側斜面をたどり、すぐに尾根上へ出てザレた急登を行く。つづら折りを繰り返し登っていくと**鷲羽岳**山頂に着く。東を眺めると、足もとに青く輝く鷲羽池、その後方には赤茶けた硫黄《いおう》尾根をはさみ、槍《やり》・穂高《ほたか》連峰が連なっている。

ザレた尾根の西側をたどり、ワリモ岳《だけ》との鞍部へ下る。すぐに登り返してワリモ岳を越えるが、山頂直下を西側に巻く岩場は高度感もあるので注意して通過したい。

山頂から下りきったところが**ワリモ北分岐**で、稜線西側の草原を行く。この付近は小さな湿地帯になっていて、左手には赤《あか》池とよばれる小さな池も見られる。ここから赤茶けたザレ道を登りきると赤岳《あかだけ》で、このピークの東側に**水晶小屋**がある。

3日目 水晶小屋から読売新道を奥黒部ヒュッテへ

水晶小屋をあとに、北西に延びる稜線を行く。起伏の少ないトレイルは展望がよく、祖父岳《じいだけ》から雲ノ平へと広がる眺めがすばらしい。やがて傾斜の強いガレ場をハシゴで越えて、稜線西側斜面に出る。岩稜をたどると**水晶岳**南峰だ。すぐ北にあるピークが北峰で、標高は南峰よりも8mほど低いが、三角点はこの北峰にある。

急な岩稜をたどって北峰を巻いて通過して、稜線西側斜面のガレ場を行く。踏み跡を追っていくが、途中不明瞭な箇所もあり、迷いやすいので注意したい。やがて二重山稜となった尾根のあいだを抜けて、ハイマ

ワリモ北分岐。ここでは水晶岳方面へ向かう

眼前に迫った水晶岳をめざして稜線をたどる

赤牛岳をめざし、長大な尾根をひたすらたどる

ツ帯の稜線に出る。ここから2904mピークを越えた先が**温泉沢ノ頭**《おんせんざわのかしら》で、左に高天原《たかまがはら》へのコースが分岐する。

温泉沢ノ頭からハイマツ帯のガレ場をゆるやかに下る。たおやかな尾根の先には赤牛岳が大きくそびえ、そのうしろに剱岳《つるぎだけ》と立山連峰が顔を出している。幅広の尾根上をたどる道は、2742mピークを西側から巻いた先で赤牛岳との最低鞍部に出る。

赤っぽい砂礫のザレ道をゆるやかに登ると、やがて**赤牛岳**山頂に着く。広い頂からは山また山の大パノラマが展開し、裏銀座《うらぎんざ》、槍・穂高連峰、特別天然記念物の圏谷（カール）群を見せる薬師岳、五色ヶ原《ごしきがはら》と剱・立山連峰、後立山《うしろたてやま》連峰など、北アルプスじゅうの山が望めるといっても過言ではない。

赤牛岳からは北東に延びる尾根をたどる。北西にも顕著な尾根が下っており、視界不良時には迷いこみやすいので注意したい。ハイマツの間に顕著な踏み跡が続き、すぐに尾根東側の滑りやすいガレた急斜面を下る。ペンキ印を見失わないように気をつけること。その後稜線上に戻るが、ガレた崩壊地の縁をたどる足もとが不安定な急下降がしばらく続く。

大岩を縫うように稜線東側を巻いて下っていくと、「読売新道7／8」の標識が現れる。はるか足もとには、山間に埋まる黒部湖を望む。読売新道上には赤牛岳から東

奥黒部ヒュッテ先にある東沢谷の木橋

水晶岳山頂から槍・穂高、鷲羽岳を望む

鷲羽岳とワリモ岳、水晶岳（右から）

沢谷出合までを8区間に分けた標識が置かれ、現在地の確認に役立つ。

尾根の西側に回りこみ、滑りやすいガレた急斜面を下る。ふたたび稜線に戻って、傾斜のゆるい白ザレの道を行くと2578mピークに出て、ここに「**6／8**」がある。稜線脇には小さな池塘が見られる。

さらに黒部湖を見下ろしながら、ハイマツ帯に続くたおやかな白ザレの道を下っていく。やがてハイマツと笹原が目立ちはじめたころ、「5／8」の標識に着く。烏帽《えぼ》子岳《しだけ》の眺めがよく、右手奥にロボット雨量計が置かれている。灌木が目立ちはじめ、滑りやすい木道を行くと「**4／8**」が現れる。木道をしばらくたどって急傾斜の樹林帯に入ると、展望はなくなる。足もとは滑りやすいので、慎重に下りたい。「3／8」は針葉樹の森のなかで、展望はきかない。

木の根や大岩を縫うようにして急斜面を下っていく。途中、巨岩でできた岩屋を通過する。小尾根上の小広場にある「**2／8**」をすぎると、ロープのある急斜面を下る。続く滑りやすい岩場には、クサリとハシゴがつけられている。さらに崩壊地の脇をハシゴとロープでたどる。この付近は急斜面が続くので滑落注意。やがて「1／8」の標識がある小広場に出る。なおも樹林帯の下降を続けると右手に東沢谷の流れが見えはじめ、ようやく**奥黒部ヒュッテ**に着く。

7／8の標識をあとに尾根西側の急斜面を下る

平ノ渡し（所要15分）。1日4～5便の運航

東沢谷出合からは険しい高巻き道が続く

4日目

奥黒部ヒュッテから湖畔の道を黒部ダムへ

東沢谷出合から平《たいら》ノ《の》渡場《わたしば》までの黒部川右岸をたどる道は、地図で見ると水平道のようだが、実際は高度感ある長いハシゴの登り下りが連続する険しい道だ。つねに湖側左手は大きく切れ落ちており、滑落に要注意。平ノ渡しの渡船時間に充分な余裕をもって、慌てずに行動するようにしたい。なお、渡船場から少し針ノ木谷方面へ向かうと避難小屋がある。

平ノ渡場で船に乗り、黒部湖の西岸へ渡る。急な階段を登った先で、左に行けば**平乃小屋**、黒部ダムへは右へ行く。この道も途中ハシゴの高巻きが数箇所あるものの、先ほどの黒部川右岸ほど険しくはない。

入り江のような**中《なか》ノ谷**と**御山《おやま》谷**を大きく回りこむと、**ロッジくろよん**に着く。ここから遊歩道をたどる。かんぱ谷橋を渡った先で遊覧船乗り場をすぎ、トンネルに入る。室堂《むろどう》方面へ向かう**黒部湖駅**を左に見送り、黒部ダムに出る。扇沢《おうぎさわ》方面へはダムを渡り、**黒部ダム駅**へ向かう。

プランニング&アドバイス

水晶小屋までは、新穂高温泉から双六岳を経由してくるルート以外に、高瀬ダムからブナ立尾根を登り、野口五郎岳を経由するルート、湯俣から竹村新道をたどるルート、さらに、折立方面から雲ノ平や黒部五郎岳を経由してくるルートなどがある。いずれにせよ2日、もしくはそれ以上の日数が必要となる。平ノ渡しは6月中旬から10月末まで毎日運行している（無料）。渡船時間は平乃小屋側発が6時、10時、12時、14時（7〜9月のみ）、17時。針ノ木谷側は上記各時の20分。渡船時間に合わせて行動するようにしたい。よほどの荒天以外は運休しない。問合せは平乃小屋℡090-2039-8051へ。

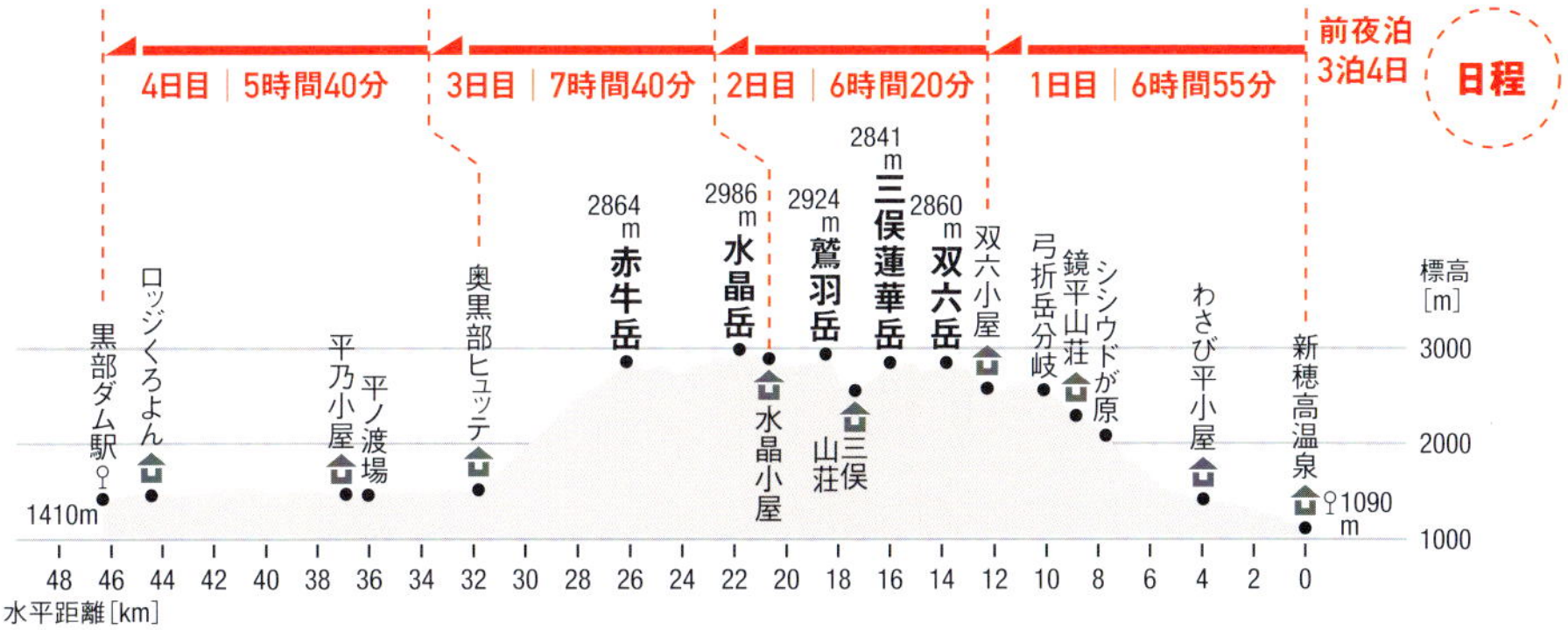

堂々とした黒部五郎岳を雲ノ平から望む

前夜泊3泊4日

黒部五郎岳

双六岳 三俣蓮華岳 北ノ俣岳

コースグレード | **中級**

技術度 | ★★★☆☆ 3

体力度 | ★★★★☆ 4

1日目	新穂高温泉→鏡平山荘　計4時間45分
2日目	鏡平山荘→双六岳→三俣蓮華岳→黒部五郎小舎　計6時間
3日目	黒部五郎小舎→黒部五郎岳→北ノ俣岳→太郎平小屋　計7時間5分
4日目	太郎平小屋→折立　計2時間40分

黒部の峰々をめぐる
ダイヤモンド
トレイルを行く

雲《くも》ノ平《のだいら》を谷の対岸に望みながら、黒部《くろべ》源流部の南西の縁をたどる。これは立山《たてやま》・薬師岳《やくしだけ》・槍ヶ岳《やりがたけ》をつなぐ縦走路、いわゆる「ダイヤモンドコース」の一部にあたるルートである。この山稜の主役はなんといっても、奥飛騨《おくひだ》の山中深くそびえる黒《くろ》部《べ》五郎岳《ごろうだけ》だ。雪渓と高山植物あふれる黒部五郎カール内には雪どけ水が流れ、日本離れした美しいアルプスの景観を楽しませてくれる。

コース全般に危険な岩場が少ないのも特徴だ。たおやかな尾根をつたい、ひと山ひと山越えていくという、まさに雲上のロングトレイルとよぶべき縦走路である。奥深い源流の風景とともに、どこまでも歩きたくなる山稜を満喫したい。

1日目　新穂高温泉から鏡平山荘へ

新穂高《しんほたか》温泉のバスターミナルから橋を渡り、蒲田《がまた》川左俣《ひだりまた》林道をたどる。中崎《なかさき》橋で右岸へと渡るとほどなくして笠《かさ》新道との分岐

休憩ポイントの秩父沢

バス停そばの新穂高センター。ここで登山届を提出していこう

三俣蓮華岳の下りから望む黒部五郎岳

をすぎ、そこからわずかに行くと**わさび平**《だいら》**小屋**に着く。さらに林道を行くと、橋の手前に**小池**《こいけ》**新道の入口**がある。

ここから河原歩きではじまる登山道は、すぐに日当たりのよいガレ場の登りとなる。ときおり灌木帯に入り日陰を得られるが、きつい登りが続く。やがて出合う**秩父沢**《ちちぶ》は木橋で渡る。ここから遠く槍ヶ岳の穂先が望まれる。すぐ先の小さな流れが秩父小沢《ちちぶこ》。ここでしっかり水分補給をしておこう。

やがて灌木帯を抜けて涸れ沢を登る。背後には穂高連峰から焼岳《やけだけ》、乗鞍岳《のりくらだけ》にかけての展望が広がる。イタドリが原をすぎて、ガレ場の急登をたどると**シシウドが原**に出る。ここから灌木帯の涸れ沢を登る。やがて槍・穂高連峰の姿を映す、美しい鏡池《かがみ》に出る。木道をたどれば**鏡平山荘**《かがみだいら》に着く。

2日目 鏡平山荘から双六岳を経て黒部五郎小舎へ

小池が点在する鏡平をあとに、灌木帯の急登を行く。一度傾斜の落ちた尾根上へと出て（弓折《ゆみおり》中段）、弓折岳《ゆみおりだけ》東斜面を横切るように高度を上げていく。登りきったところが木のベンチのある小広場になっていて、背後に広がるダイナミックな槍・穂高稜線の展望がすばらしい。さらに一段登ると弓折岳北側の**弓折**《ゆみおり》**岳分岐**へ出て、ここで笠ヶ岳方面への縦走路と別れ、双六岳《すごろくだけ》へ向かう。

小さなアップダウンを繰り返しながら、ハイマツ帯に続く尾根をたどる。やがて尾根から離れて山腹の巻き道へ入り、傾斜の

双六小屋の背後に鷲羽岳が大きくそびえる

庭園のような鏡池山荘と鏡池（右）

落ちた登山道となる。ほどなくして双六小屋のテント場をすぎ、**双六小屋**に着く。

ここから双六岳へ向かい、ハイマツ帯の急登を行く。右側に三俣《みつまた》峠へ向かう巻道コース、続いて中道《なかみち》コースを分ける（**中道分岐**）。やがて広大な台地状の尾根へ出て、ゆるやかに登っていくと**双六岳**山頂に着く。

山頂から少し下った先で中道コースが合流し（**中道稜線分岐**）、たおやかな稜線のアップダウンで丸山《まるやま》を越える。さらにハイマツ帯の尾根をたどれば長野、富山、岐阜3県の県境である**三俣《みつまた》蓮華《れんげ》岳《だけ》**に着く。黒部五郎岳へは、ここから左へ下るトレイルをたどる。2690m付近で三俣山荘からの**巻き道と合流**する。ここからガレ場を、つづら折りを繰り返して高度を下げていく。やがて樹林帯に入り、滑りやすい石がゴロゴロした急な下りとなる。途中、ハイマツの切り開きからは薬師岳や黒部《くろべ》五郎《ごろう》小舎《ごや》を望む。下りきったところが五郎平。池塘が点在するこの草原に**黒部五郎小舎**がある。

3日目

黒部五郎カールを経て、黒部五郎岳、太郎兵衛平へ

黒部五郎小舎から黒部五郎岳へは稜線をたどるものと、北側山腹からカールを経て山頂へいたるコースがある。

前者はキャンプ場を抜けてササやぶを登るが、ほどなく沢筋をたどるので、ルートを見失わないように注意。2516m地点をすぎると展望のよい幅の広い尾根をたどるが、しだいにやせた岩稜となるので滑落注意。足もとにはカールの風景が広がる。岩場を越えて、ガレ場の岩尾根をたどると**黒部五郎岳**山頂に着く。岩場の登下降があり、吹きさらしの稜線を行くので、悪天候時には利用しないこと。

後者は、五郎平の草原から灌木帯のなかをゆるやかに登る。少し傾斜がきつくなり、稜線から派生

カールから黒部五郎岳の肩へは急登が続く

双六岳山頂から槍・穂岳連峰を望む

する支稜を回りこむように越えていく。やがて黒部五郎カールのなかへ入り、岩が点在する草原地帯を横切る。上部に雪渓が残るカール内には小沢が流れ、最高の休憩ポイントだ。ただし、傾斜のゆるいカール内では踏み跡が多く、視界不良時にはルートを見失いやすい。岩などにつけられたマーキングを見失わないようにしたい。また、この付近は五郎沢右股の源頭部にあたり、逆ルートをたどった場合、沢に迷いこみやすいので要注意だ。

やがてカールの底からつづら折りの急登となって、黒部五郎岳から北東へ延びる尾

黒部五郎岳の稜線コースは岩場の通過がある

黒部五郎岳山頂から北東方向を見る

根上へ出る。尾根を左にたどり、北ノ俣岳《きたのまただけ》との分岐に出たところが**黒部五郎岳の肩**《かた》だ。ガレ場の尾根を南にたどれば**黒部五郎岳**山頂に着く。

黒部五郎岳の名前は「黒部にある、石がゴロゴロしている山」の意味。その名のとおり岩が積み重なった頂からは、眼下に黒部五郎カール、その向こうに雲ノ平、さらに鷲羽岳《わしばだけ》から水晶岳《すいしょうだけ》へ続く稜線が望まれる。富山と岐阜にまたがるこの山は、岐阜県側からは中ノ俣《なかのまた》岳《だけ》の名でよばれている。

黒部五郎カール内は雲上の別天地

山頂から**肩**へ戻り、北ノ俣岳へ向かう。ハイマツ帯のザレた道を、つづら折りを繰り返して急下降していく。途中２５７８ｍピークを越えるとゆるやかな広い斜面となり、**中俣**《なかまた》**乗越**に出る。肩から乗越まで標高差約３００ｍの大下りだ。平坦なトレイルの右手に、小さな池塘が点在している。

中俣乗越からは、幅の広いハイマツ帯の尾根をゆるやかに登っていく。稜線の東側はたおやかな斜面となって広がり、のびやかで気持ちよい。やがて尾根の東側から岩が堆積した小ピークを越えるが、踏み跡に気をつけてルートをはずれないように注意する。次のピー

黒部五郎カールを足もとに槍・穂高連峰を望む

クが赤木岳《あかぎだけ》で、山頂の東側を巻いて通過する。この先もハイマツ帯に続くたおやかなトレイルをたどり、やがて**北ノ俣岳**山頂に着く。

山頂から30mほど下り、**神岡《かみおか》新道の分岐**を左に分けて、木道をたどる。やがてハクサンイチゲやチングルマが咲く、広い草原状の台地に続く石砂利の道となり、ゆるやかに下る。この台地の北端あたりから北西に延びる尾根へ出て、大きく下っていく。その先からはじまる木道をたどると、池塘が点在する草原に出る。続く太郎山《たろうやま》をゆるやかに越えると、**太郎平小屋**に着く。

北ノ俣岳の稜線から黒部五郎岳を振り返る

4日目 太郎平小屋から折立へ下山する

小屋をあとに、大きな薬師岳の山腹を巻くようにして木道を下る。**三角点の広場**をすぎると急な樹林帯の下りとなり、ほどなく**折立《おりたて》**に着く（P88コース[10]参照）。

プランニング&アドバイス

新穂高温泉へのアプローチ時間によっては、初日をわさび平小屋泊にするとよい。ターミナルから林道歩きで、1時間20分ほどで到着でき、翌日の行程に余裕が生まれるので安心だ。また、折立から雲ノ平、三俣蓮華岳、黒部五郎岳と越えて、折立へ戻る周遊コースもおすすめだ（折立〜雲ノ平〜三俣蓮華岳間はP102コース[12]を参照）。早ければ2泊、通常3泊のプランである。鷲羽岳（P114コース[14]参照）や薬師岳（P88コース[10]参照）などと合わせて計画すれば、より充実の黒部源流プランになる。

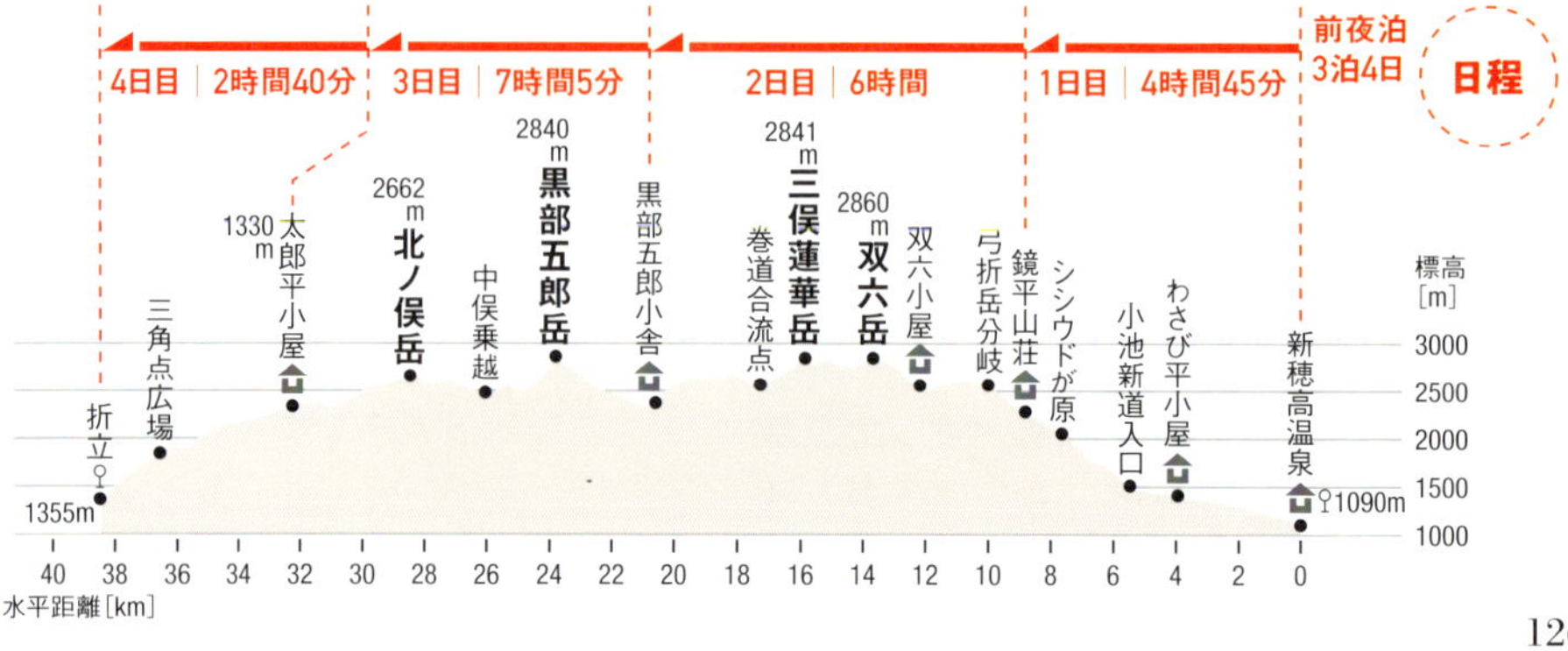

サブコース

飛越新道を登り北ノ俣岳へ

飛越新道登山口↓神岡新道↓北ノ俣岳　5時間40分

黒部《くろべ》五郎岳《ごろうだけ》や薬師《やくし》岳《だけ》へのアプローチとして利用されている飛越《ひえつ》新道は、岐阜と富山の県境線上をたどる道。公共交通機関は利用できないので、マイカー利用が一般的だ。

岐阜県側の神岡《かみおか》から富山県側の有峰《ありみね》湖に通じる大規模林道高山大山《たかやまおおやま》線の飛越トンネル手前が**登山口**。広い駐車スペースと簡易トイレがあり、登山届ボックスも置かれている。

大きなブナが点在する尾根を行くと、1683mのピークで尾根が直角に曲がる。1840m付近で右手の打保《うつぼ》から登ってくる**神岡新道と合流**し、針葉樹林帯と明るい草原状の湿原とを繰り返しながら、傾斜のゆるい尾根を登っていく。

小さな池塘のある**鏡池平**《かがみいけだいら》をすぎると、ほどなく**寺地山**《てらじやま》山頂に着く。針葉樹林帯を北ノ俣岳《きたのまただけ》との鞍部へ下り、そこから尾根をゆるやかに登り返す。標高2000mをすぎたあたりからは、笹原のなかに池塘が点在しはじめる。ほどなく、大きな道標が現れ（**避難小屋分岐**）、ここを右へ行けば北ノ俣避岳避難小屋がある。小屋の前で水を補給することができる。

避難小屋分岐から池塘が点在する木道をたどり、北ノ俣岳へ向かう。しだいに笹原の急登となり、滑りやすい涸れ沢からガレ場を行く。登り着いた小ピークからハイマツを分けていくと、**分岐**の標識がある縦走路に出る。**北ノ俣岳**山頂へは右へ、太郎平《たろうだいら》小屋へは左へトレイルをたどる。

Map 2-2A　飛越新道登山口

Map 2-2C　北ノ俣岳

コースグレード	中級
技術度	★★★☆☆ 3
体力度	★★★☆☆ 3

薬師岳、北ノ俣岳、黒部五郎岳（寺地山から）

木道脇に点在する池塘（背後は寺地山）

雲海に浮かぶ赤谷山(右)と毛勝三山(左)を早月尾根から望む

剱の北方へ続く
個性的な山々の連なり

北方稜線
馬場島周辺の山

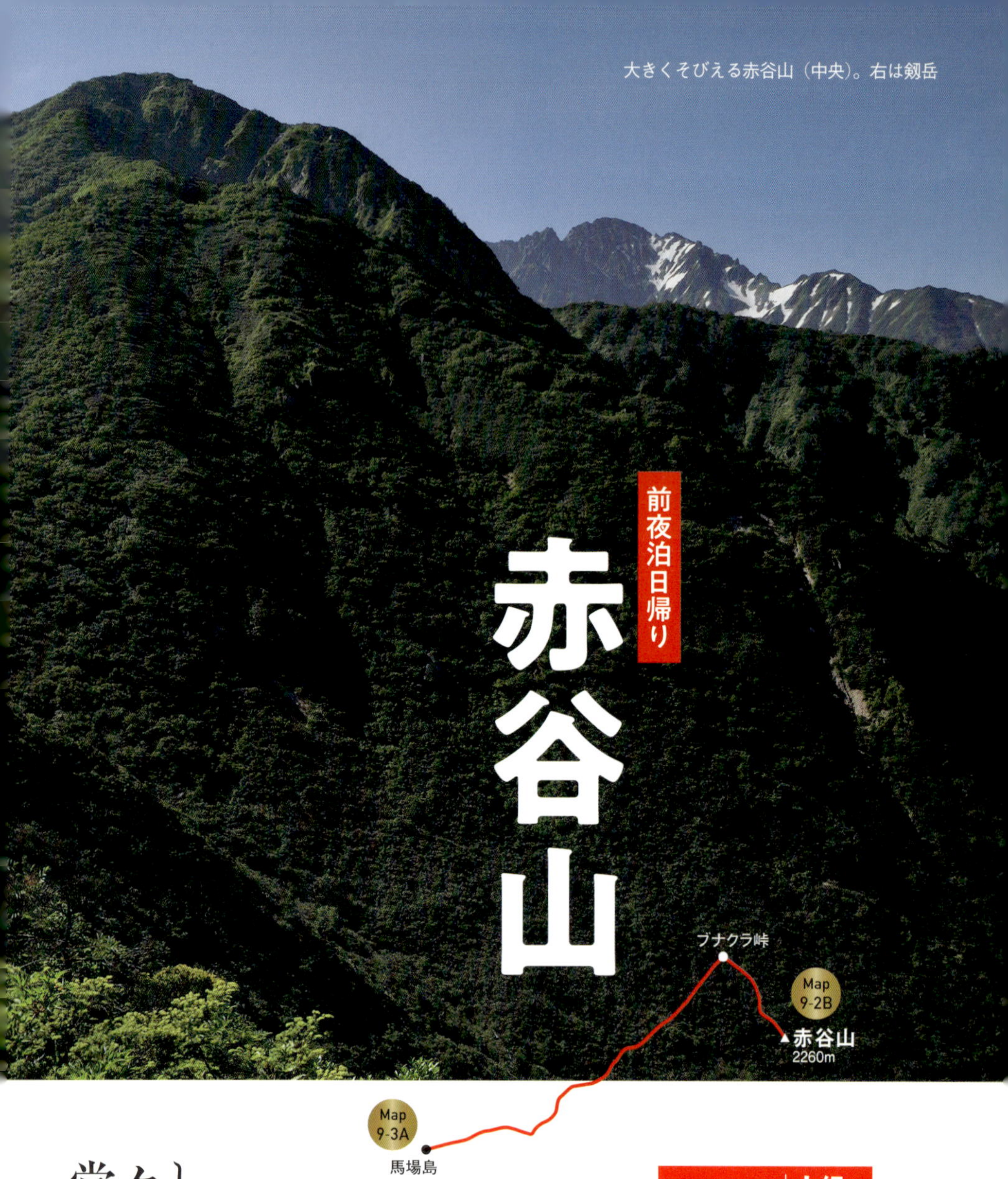

大きくそびえる赤谷山（中央）。右は剱岳

前夜泊日帰り

赤谷山

堂々と
大きくそびえる
剱岳の展望台山

コースグレード｜上級

技術度｜★★★★☆ 4

体力度｜★★★★★ 5

日帰り 馬場島→ブナクラ峠→赤谷山（往復）　計10時間40分

「剱見るなら、赤谷山《あかたんやま》でよ」と、ダンチョネ節に歌われる赤谷山。この歌の文句どおり、赤谷山から眺める剱岳《つるぎだけ》は、絶妙な距離感をもって荒々しくそびえている。

山中に山小屋などの宿泊施設がないため、登山口の馬場島《ばんばじま》から山頂まで、標高差1500mもの厳しい日帰り往復登山となる。コース上はやぶが濃く、徒渉や急登が続く。北方稜線のコース全般にいえることだが、一般的な北アルプスのようにコース整備がしっかりされているわけではなく、行動時間も長いので、上級者向きのコースといえる。ビバーク装備の用意も必要だ。

日帰り 馬場島からブナクラ谷を赤谷山へ（往復）

馬場島から早月《はやつき》尾根の取付へ向かう車道にある「大窓《おおまど》・池《いけ》の谷《たん》・赤谷」の標識を左へ入る。すぐにゲートがあり、この先一般車両は進入できない。やがて白萩《しらはぎ》川を橋で渡り、池ノ谷へ向かう道を右に分ける。赤

石仏が鎮座する稜線上のブナクラ峠

戸倉谷出合先の徒渉点。ペンキ印に注意

谷尾根末端を回りこむように進み、ブナクラ谷へと入る。ふたたび橋を渡ってしばらく行くと**取水堰堤**がある広場に着く。

落石に注意して、取水堰堤脇の壁に沿って堰堤上の河原に上がる。河原沿いの草原をたどり、すぐに小《こ》ブナクラ谷、続けて大《おお》ブナクラ谷を徒渉する。沢前後の踏み跡や、ケルン、テープ印などを見落とさないこと。

ほどなく道は沢筋を離れ、左手の滑りやすい急斜面を登って森へ入る。ブナ、スギなどが茂る平坦な森では水音が遠のき、ずいぶん静かに感じられる。立山杉の巨木を見ながら行くと、やがて岩壁沿いの狭い高巻き道をたどるようになり、ふたたび河原に戻る。

やぶの濃い河原を行くと、水流沿いの道となる。沢と道との区別がつきにくい箇所があり、踏み跡からはずれないように気をつける。ほどなく水流から離れ、山側の斜面に取り付く。大岩が屋根状になった岩屋があり、緊急時に雨をしのぐことができる。

やがて左手から流れてくる**戸《と》倉《くら》谷**を徒渉する。沢上部には猫又山《ねこまたやま》から大《おお》猫山《ねこやま》へ続く稜線の一部が見える。河原沿いを登っていくと、すぐにまた沢に行く手をはばまれる。小さな徒渉だが、そのまま沢沿いを登っていきそうになるので注意。対岸の岩にペンキ印があるので、それを見落とさないこと。ここが最後の水場だ。この先、川の流れから離れ、灌木帯の急登を行く。

やがてブナクラ谷を見下ろす高さとなり、灌木帯を出て、岩が堆積したゴーロ帯の登りとなる。背後には大日《だいにち》三山の展望が開ける。横切る赤谷尾根を越えて、剱岳も姿を見せている。ここを登りきると**ブナクラ峠**だ。笹原の峠からは、黒部《くろべ》の谷をはさんで

山頂南東斜面からの剱岳のみごとな景観

赤谷山への登りから振り返る毛勝三山

そびえる後立山《うしろたてやま》連峰の眺めがすばらしい。

ブナクラ峠から赤谷山へは、南東（右）へ稜線をたどる。ここを左へたどれば猫又山だ（P134コース17参照）。やせ尾根の急登で小ピークを越えるが、ブナクラ谷側に切れ落ちた、高度感のある小さな岩場を通過するので滑落に要注意。しばらく灌木帯のやせ尾根が続く。正面には赤谷山が大きくそびえる。

ほどなく小黒部《こくろべ》谷側を巻くように登り、小さな鞍部に出て、ゆるやかな稜線を行く。この付近には小さな池塘があり、振り返るとブナクラ峠をはさんで猫又山が大きい。

やがて稜線から離れ、小黒部谷側の斜面をトラバースしていく。続いて狭いルンゼ状の涸れ沢を直登する。急登が続き、足もとはひじょうに滑りやすい。下山時にはこの涸れ沢を下りすぎないように気をつけたい。涸れ沢を離れる地点には、マーキングやロープが張られている。

ここを登りきるとふたたび稜線に出るが、稜線は急傾斜のザレた斜面で滑りやすく、ブナクラ谷側は大きく切れ落ちている。滑落は致命的なだけに下山時はとくに注意。

稜線上の崩壊地を灌木帯へ巻いて通過し、山頂直下から小黒部谷側を巻くように登ると**赤谷山**山頂部に出る。南東斜面はゆるやかな草原になっていて、その向こうには大きな劔岳が姿を見せている。

下りは往路を引き返す。長い行程となり、滑りやすい急斜面や迷いやすい箇所もあるので、充分注意が必要だ。

プランニング&アドバイス

白萩川沿いに車止めのゲートがあり、一般車の進入は禁止されているので、馬場島の駐車場を利用する。日帰り登山とはいえ、登山口の馬場島から山頂までの標高差1500mあまりを往復するのでかなりの長時間行動になる。万が一に備えて、ビバーク装備の準備が必要だ。馬場島に前泊して、翌日早立ちするのが望ましい。馬場島には宿泊施設として、馬場島荘やキャンプ場がある。馬場島をベースにして、クズバ山（P138コース18参照）など周辺の山と併せて登るプランも魅力的だ。登山適期は初夏と秋。時期が早いと雪が多く残り、盛夏は蒸し暑くて不向きだ。

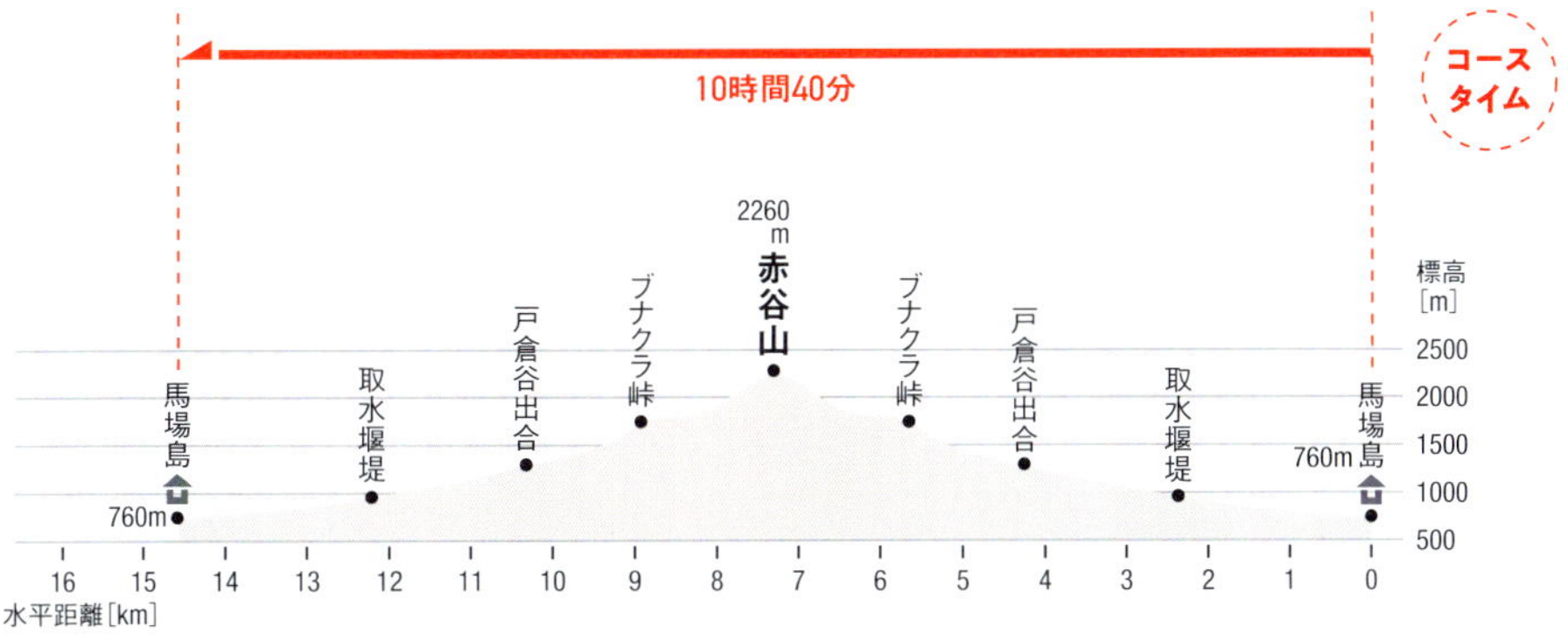

赤谷山への登りから振り返る猫又山

前夜泊日帰り

猫又山 大猫山

コースグレード｜上級

技術度｜★★★★☆ 4

体力度｜★★★★★ 5

剱岳を望む 毛勝三山最南端の頂へ

日帰り 馬場島→ ブナクラ峠→ 猫又山→ 大猫山→ 馬場島 計12時間30分

ブナクラ谷から猫又山《ねこまたやま》、大猫山《おおねこやま》へいたるルートには、以前から地元有志により登山道が開かれてきたが、さらに猫又山と大猫山をつなぐ東芦見《ひがしあしみ》尾根の刈り払いが進み、２００７年秋に通行可能となった。とはいえ、要所にマーキングなどがされてはいるものの、やぶが濃く、踏み跡も薄い、既存の登山道の感覚からは遠いものだ。登山口からの標高差が大きく、行動時間も長いので、充分経験を積んだ登山者向けのコースである。

日帰り 馬場島から猫又山を経て大猫山へ

馬場島《ばんばじま》からブナクラ谷**取水堰堤**を経て、**ブナクラ峠**へ（ここまでＰ１３０参照）。

ブナクラ峠から笹原に切り開かれた道を北西へたどる。稜線のブナクラ谷側から、頭上に見える岩峰のあいだの、ルンゼ状になった急斜面の草付きを登る。登りきると高度感ある細い急な尾根へ出る。道はササにおおわれるようになり、これをかき分け

大小の池塘が点在する大猫平

大猫山への分岐。岩のマーキングが目印

るようにして登っていく。ササやぶは濃いものの、踏み跡はしっかりしていている。

ササ原と灌木帯に続く急なやせ尾根は、ロープをまじえつつ、小さなアップダウンを繰り返し高度を上げていく。少し傾斜の落ちた登山道脇に、小さな池塘も現れる。尾根上部を見上げると頂上稜線の一部が見えるが、山頂部はまだ隠れて見えない。

尾根左側に2つめの小さな池塘が現れ、さらに灌木帯を登っていくと、稜線から離れ右側の広いカール状になった草原地帯に入る。時期が早いと雪渓が残る。背後に後《うしろ》立山《たてやま》連峰が並び、開放的な草原に続く登山道をたどるのは心地よい。この草原地帯を右上するように登ると、山頂部の東側斜面へ出る。その手前には大猫山への分岐があるが、岩にペンキ印のマーキングがあるだけの分岐なので、見落とさないこと。

登り着いた山頂部の東側斜面は、傾斜のゆるい草原が広がっている。秋にはチングルマの草紅葉が美しく、豪快な剱岳《つるぎだけ》や、後立山連峰の眺めがすばらしい。すぐ先の池塘がある小平坦地から、ハイマツが茂る窪地状をたどると**猫又山**山頂に出る。小さな石仏が置かれた頂からは、釜谷山《かまたんやま》や毛勝山《けかちやま》、ハイマツ越しに剱岳が望まれる。

大猫山へと続く東芦見尾根は猫又山から派生する尾根だが、大猫山への縦走路へは、先ほどのカール状になった草原上部の分岐まで戻り、南西寄りにトラバースしていく。

刈り開かれたやぶ道をたどり、東芦見尾根のブナクラ谷側へ回りこむ。滑りやすい急斜面が続き、気が抜けない。踏み跡も薄いので見失わないように注意。

やがて傾斜の落ちた尾根上に出て、小さなアップダウンを繰り返しながらゆるやかに下っていく。尾根上には池塘が点在し、つねに左側に巨大な剱岳を眺めながら進む、ぜいたくなトレイルだ。右手後方には猫又谷をはさみ、猫又山と釜谷山が望まれる。

2135m付近の岩場をロープに頼って下る

深い池ノ谷を刻む剱岳（大猫山付近から）

2135mピーク付近はハイマツと岩場の登下降となり、ロープに頼って急な岩場を下る。さらにアップダウンのあるやぶ尾根をたどり、巨岩のあいだを縫って越えていく。場所によっては深い笹原を漕いで進む。ほどなく尾根幅が広がり、池塘が点在するたおやかな笹原と草原に続く道に出る。

急な笹原を登ると、石仏のある小尾根の頭のような場所に出る。ピークとして判然としない場所だが、展望のよい尾根上のこの一角が**大猫山**とよばれているようだ。振り返ると猫又山と釜谷山、正面には剱岳がそびえる。剱岳本峰の胸元を深くえぐるような池ノ谷《いけのたん》、稜線に開いた三ノ窓《さんのまど》、大窓《おおまど》などの迫力がすごい。なお、この先の2055m地点のやぶのなかに三角点がある。

大猫山山頂の先で東芦見尾根と分かれ、ブナクラ谷へ向けて下りはじめる。たいへん滑りやすい笹原の急斜面が続くので、滑落に要注意。下り着いたところが**大猫平**《おおねこだいら》で、点在する池塘を縫うように草原をたどる。

この台地の西端から、ふたたび笹原の急斜面をロープで下る。続く急な岩場を、岩に根を張るシラビソをつたうようにして下っていく。長いロープがあるものの、傾斜が強く気が抜けない。さらにロープのある岩場を通過して高度を下げていく。周囲の立山杉の巨木がみごとだ。

やがて尾根上の**小平坦地**へ出て、ほっとひと息つく。樹間からは剱岳が望まれる。さらに傾斜の強い尾根をロープをまじえて下ると、やっとブナクラ谷**取水堰堤**の広場に出る。あとは往路を**馬場島**へ向かう。

プランニング&アドバイス

猫又山から大猫山へ向かうと、途中エスケープルートはないので、体調や天候などをよく判断してから縦走にかかること。この縦走路は、2007年秋に開かれたルート。依然やぶが濃く、踏み跡が薄く、判然としない箇所もあるので注意が必要だ。迷ったと思ったらすぐに確実なポイントまで引き返すこと。なお、北方稜線上のほとんどの登山道は地元有志によって開かれ、整備されている。利用にあたっては、開かれた人たちへの感謝の気持ちと、自己責任、自己判断を心がけたい。

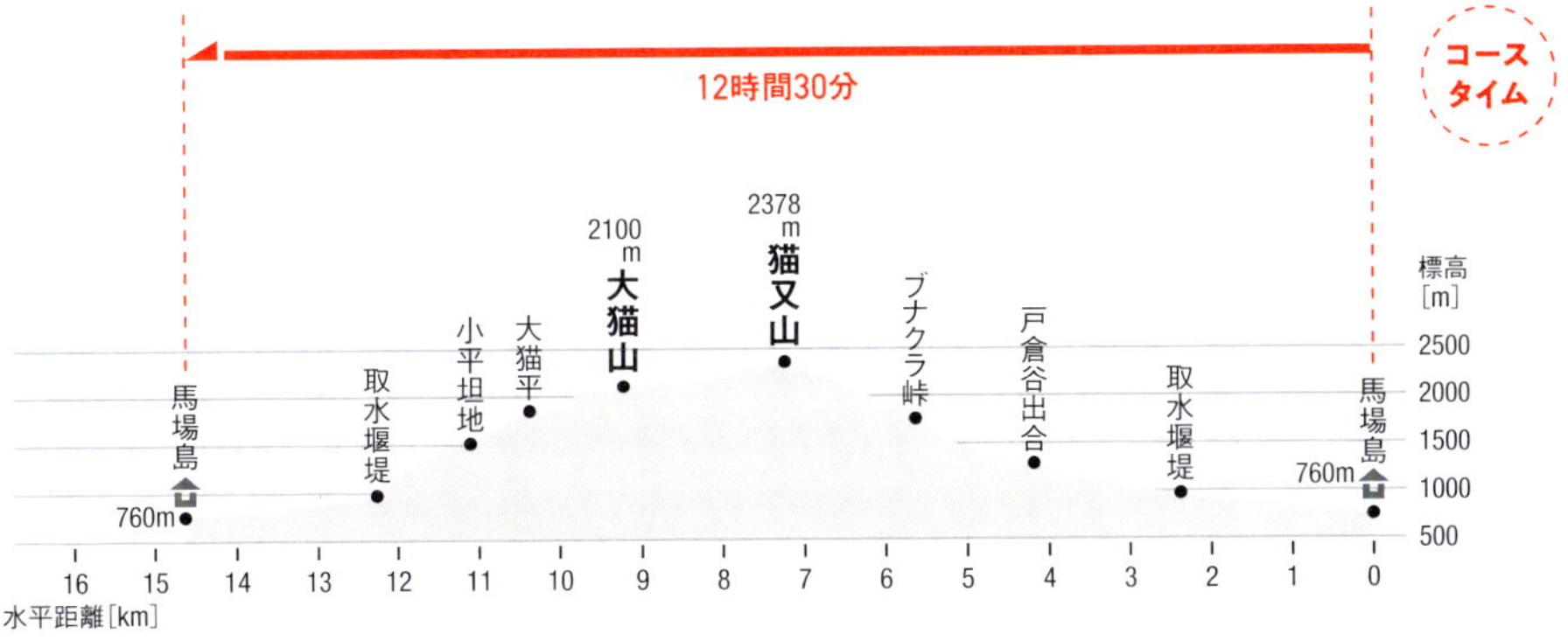

前夜泊日帰り

クズバ山

左から剱岳、剱御前、奥大日岳（山頂から）

コースグレード	中級
技術度	★★★☆☆ 3
体力度	★★★☆☆ 3

長大な奥大日尾根の一角から味わう剱岳の大展望

日帰り 馬場島→登山口→中山との分岐→クズバ山 **計6時間5分**

奥《おく》大日岳《だいにちだけ》から西大谷山《にしおおたんやま》を経て、馬場島《ばんばじま》へ向かって北西に延びる長大な奥大日尾根。その一角にそびえるのがクズバ山《やま》だ。かつては登山道がなく、雪に登路を求めるしかない山であったが、近年、中山との鞍部から取り付く登山道が整備され、一般登山者でも無雪期に登ることができるようになった。標高2000mにいたらぬ豪雪地帯の山は、他の北アルプスの高峰とはまたひと味違う、雪とやぶが生みだす豊かな植生を味わえる。山頂からは釜谷山《かまたんやま》から剱岳《つるぎだけ》を経て、大日岳にいたる大展望が楽しめる。馬場島をベースにして、赤谷山《あかたんやま》や猫《ねこ》又山《またやま》方面のコースと合わせて楽しむのもおすすめだ。

日帰り 馬場島から東小糸谷を経て クズバ山を往復

馬場島をあとに、立山《たてやま》川の河川管理道を行く。川を渡ったすぐ先が中山《なかやま》とクズバ山の**登山口**だが、目立った標識はないので注

コース上部からは日本海と早月川を見下ろす

中山との分岐。中山へは往復30分ほど

中山への分岐をすぎると急登が続く

意すること。河原に置かれている車止めの岩の向こうの踏み跡をたどる。

河原の砂利道からすぐに東小糸谷《ひがしこいと》に入り、沢沿いのやぶ道を3回の徒渉を繰り返しながら登っていく。ほどなく沢から離れ、サワグルミなどに囲まれた広葉樹の深い道を行くと、**中山との分岐**に出る。分岐を左にとり、樹林帯の急な尾根に取り付く。ときおり樹間から猫又山方面を望むものの、ロープをまじえたつらい急登がひたすら続く。

特異な樹形を見せる立山杉の巨木に囲まれながら登っていくと、1560m付近で灌木の梢越しに剱岳を望む。さらに急な尾根をひと登りして1680m付近まで来ると傾斜もひと段落し、猫又山から剱岳にいたる展望が広がる。見下ろす背後には、日本海へ向け早月川《はやつき》が流れていく。この先やぶのやせ尾根が続くが、これまでと違って展望を楽しみながらの登りが続く。

小さなアップダウンを繰り返しながらやせ尾根を行くと、やがてロープのある急斜面を越え、ほどなく**クズバ山**山頂に着く。

ササを切り開いた細長い山頂に立つと、毛勝《けかち》三山の一角である釜谷山から、赤谷山を経て剱岳、奥大日岳、大日岳にいたる堂々とした山稜を望む。山頂へ向けて競り上がる早月尾根もよく見える。剱御前《つるぎごぜん》から落ちる稜線の向こうには、遠く立山が顔を見せる。振り向くと、日本海が間近にせまって広がっている。

下りは往路を戻るが、急斜面が続くので滑落に注意。時間と体力に余裕があれば、ぜひ中山（P141）にも立ち寄りたい。

プランニング&アドバイス

馬場島ベースで楽しめる山なので、周辺の山と合わせて登ることをおすすめする。ルート中で分岐する中山は短時間で山頂を踏めるので、ぜひ立ち寄りたい。心得があれば5月ごろの残雪もいいが、登山適期は初夏と秋。北方稜線の山同様、時期が早いと残雪対策が必要。紅葉は10月上旬〜中旬にかけて美しい。マイカーは東小糸谷出合付近まで入れる。駐車スペースあり。

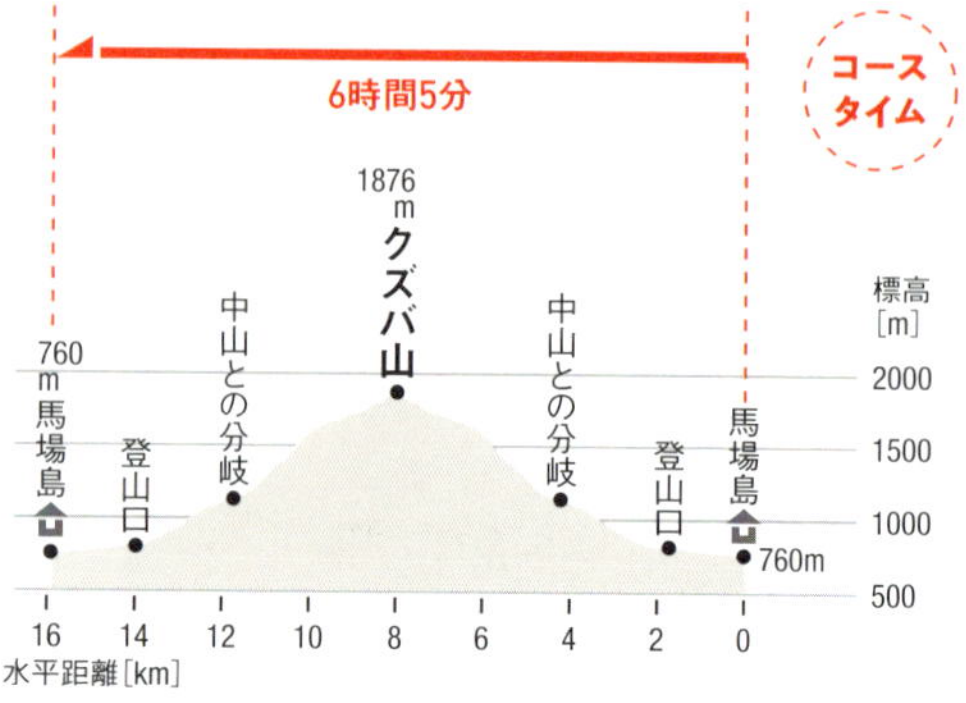

サブコース

馬場島から中山へ

馬場島↓中山登山口↓中山↓東小糸谷↓登山口↓馬場島　3時間15分

奥大日岳《おくだいにちだけ》から延びる長大な尾根の末端にそびえる中山《なかやま》は、馬場島《ばんばじま》裏の展望台だ。ぶらっと手ごろに登れるので、剱岳《つるぎだけ》や北方稜線方面への入下山の際に立ち寄るのにおすすめだ。正面に剱岳を仰ぎ見る山頂からの展望は、まさにこの中山ならではの特典。春の新緑から、秋の紅葉、初冬の新雪まで楽しめるのも大きな魅力だ。

馬場島への入口手前、立山《たてやま》川を渡る直前の広場が**中山登山口**。駐車スペースが確保されているが、満車の場合には馬場島周辺の駐車場を利用する。

取付から急登が続く。ときおり樹間から、赤谷山《あかたんやま》から剱岳へかけての展望を望む。

1150m付近で中山から北西に延びる尾根に上がると、傾斜がゆるむ。みごとな立山杉の巨木が立ち並ぶ五本杉《ごほんすぎ》ノ《の》平《たいら》をすぎて尾根をしばらく行くと、**中山**の山頂に着く。

山頂は展望のよい広場になっていて、競り上がる早月《はやつき》尾根を正面に、剱岳がそびえる。鋸のような小窓《こまど》尾根や剱尾根上部の様相が荒々しい。

山頂をあとに**クズバ山への分岐**を経て、東《ひがし》小糸《こいと》谷を下っていく。3回の徒渉を繰り返して立山川の河原にいたる東小糸谷は、春ならばニリンソウやカタクリの群落が美しい。

立山川（**登山口**）に出てからは、河川管理道を**馬場島**へたどる。マイカーを中山登山口に駐車した場合は30分ほど車道を歩く。

Map 9-3A　馬場島

Map 9-3A　馬場島

コースグレード｜初級

技術度｜★★☆☆☆　2

体力度｜★★☆☆☆　2

五本杉ノ平にあるみごとな立山杉の巨木

新雪の山頂。この時期の剱もすばらしい

駒ヶ岳からの毛勝山と西北尾根。ピークの左は剱岳

コースグレード | 上級

技術度 | ★★★★☆ 4

体力度 | ★★★★★ 5

毛勝三山の中核をなす北方稜線の盟主

日帰り 僧ヶ岳登山口→モモアセ池→クワガタ池→毛勝山（往復） 計10時間

毛《け》勝山《かちやま》は富山県魚津市《うおづ》の南東にそびえる大きな山。釜谷山《かまたんやま》、猫又山《ねこまたやま》と合わせて毛勝三山とよばれている。堂々とした山容と2400mを超える標高を誇る山塊は、剱岳《つるぎだけ》以北の北方稜線中ではもっとも目をひく存在だ。登路は、残雪期に北面の阿《あ》部木《ぶき》谷から毛勝谷へとたどるものと（P147参照）、無雪期に長大な西北《せいほく》尾根をたどるコースがある。しかし、前者は急な雪渓をピッケルとアイゼンを要して登るものだし、後者は標高差1700mもの登下降を、日帰りで往復しなければならないもので、どちらもいわゆる一般ルートとはいいがたい。充分登山経験を積んだ上に、体力、技術をもった登山者のみに許されるルートである。

日帰り

阿部木谷登山口から西北尾根を毛勝山へ（往復）

片貝《かたかい》山荘から東又《ひがしまた》谷右岸を登っていくと、左手に**僧ヶ岳《そうがたけ》登山口**が現れる。ここに約5

モモアセ山付近の複雑な地形を行く

モモアセ池手前の急な涸れ沢

台分の駐車スペースがある。そのすぐ先の右側の橋を渡り、車止めのゲートを越えて治山工事用の車道を阿部木谷へと入る。道が右へカーブするあたりが西北尾根への取付なので、登山口の赤布を見落として通りすぎてしまわないこと。

登山口から、トチやナラ、ブナなどが茂る深い樹林帯の急登を行く。ロープをまじえながら急斜面をたどると**１０８０ｍ**付近で尾根上に出て、やがて傾斜が一段落する。みごとな立山杉の大木のあいだを縫うように、やぶにおおわれた道を登っていく。

ほどなく、東又谷側が切れ落ちたやせ尾根を登るようになる。樹間から僧ヶ岳や駒《こま》ヶ岳《がたけ》が望まれる。１３３３ｍ付近で前方上部に毛勝山とその南峰、さらに大明神山《だいみょうじんやま》へと連なる尾根の上部が見えるが、まだまだその頂は高く、遠い。

ロープのある急斜面を登ると１４７９・３ｍ三角点に着く。さらに左に大きな駒ヶ岳を望みながら急登を行くと、休憩によい

毛勝山山頂からの北方稜線の展望

毛勝山の山頂をめざし、大清水の草原を行く

小広場に出る。ここをすぎて滑りやすい急斜面を、ロープづたいに登る。しだいにやぶと灌木の尾根になり、東又谷をはさんで連なる北方稜線を眺めながら登っていく。

やがてササやぶの尾根に続く尾根の上部に、どっしりとしたモモアセ山《やま》が姿を現す。背後には富山湾を望む。明るい開放的なやせ尾根のアップダウンを繰り返し、高度を上げていく。左に北方稜線上の滝倉山《たきくらやま》付近の稜線が姿を見せ、その背後には白馬《しろうま》北方稜線の朝日岳《あさひだけ》も望まれる。尾根はモモアセ山へ向けて、湾曲しながら突き上げていく。

モモアセ山への登りはじめは、両側が切れ落ちた細いやせ尾根をたどる。尾根上から東又谷側の急登となり、ロープに頼って登っていく。この急斜面を登りきるとモモアセ山山頂部の一角に入り、傾斜が落ち着く。イワイチョウの群落に沿って踏み跡をたどり、滑りやすい急な涸れ沢をロープで越える。やがて、広い草原の左手に**モモアセ池**が姿を見せる。その向こうには東又谷をはさんでそびえる駒ヶ岳と僧ヶ岳が大きい。明るい草原地帯に延びるトレイルは開放的で心地よい。しかし、この付近は複雑な地形を行くので、忠実に踏み跡をたどること。とくに視界不良時は迷いやすいので、充分注意が必要だ。

登山道は二重山稜の窪地をたどり、登りきったところからルンゼ状の涸れ沢を下る。

北アルプスから日本海まで見渡す毛勝山山頂

名前どおりの形をしたクワガタ池

ここで一度毛勝谷側の斜面へ移り、そこからロープのある急登で尾根上へ出る。判然としないが、この付近がモモアセ山の山頂と思われる。すぐに針葉樹の尾根を2151mピークとの鞍部へ下る。

鞍部から笹原と針葉樹の尾根をたどり、長いロープがつけられた急なガレ沢を登る。さらに東又谷側斜面を少し巻くように登り、2カ所につけられたロープに導かれながら高度を上げていく。ここから灌木帯の急斜面を登って2151mピークの東又谷側を巻いて通過し大清水《おおしみず》草原に出ると、いよいよめざす毛勝山が眼前にせまりだす。チングルマやイワイチョウの群落が広がる大清水草原の左手には、白馬岳《しろうまだけ》から鹿島槍《かしまやり》ヶ岳《がたけ》へ続く後立山《うしろたてやま》連峰の眺めがすばらしい。

登山道の右手に小さな池塘の**クワガタ池**を見ながら、毛勝山への登りにかかる。ルートは東又谷側の斜面に続く急登だ。足もとが不安定なガレ場が続くので、落石、転倒に要注意。ここを登りきると毛勝山山頂部の一角の、広くゆるやかな草原地帯に出る。釜谷山、猫又山を越えて、剱岳へと連なる北方稜線をはじめ、黒部《くろべ》川をはさんでそびえる後立山連峰などの大展望が広がる。三角点のある**毛勝山**山頂からは、片貝川と魚津の街、そして日本海も眺められる。

下りは往路をたどるが、長い行程の登下降が続くので充分気をつけたい。とくに山頂からモモアセ山の下りにかけては急斜面が続き、迷いやすい箇所もあり要注意だ。

プランニング&アドバイス

登山口は片貝川東又谷の阿部木谷出合。ここまではマイカーの利用が望ましい。タクシーで入る場合は下山時間を打ち合わせて、迎えに来てもらうとよい。最寄り駅はあいの風とやま鉄道魚津駅（富山地方鉄道新魚津駅）。このコースは日帰りではあるが、行動時間が非常に長いので、早朝に登山口を出発する必要がある。魚津市内に宿をとるのもいいが、登山口手前の片貝東又発電所付近には無人の片貝山荘があり、宿泊施設として利用できる。ただし、寝具や食料などは持参すること。利用の際は魚津市生涯学習・スポーツ課スポーツ係（℡0765-23-1046）に、利用の7日前までに申しこむ。

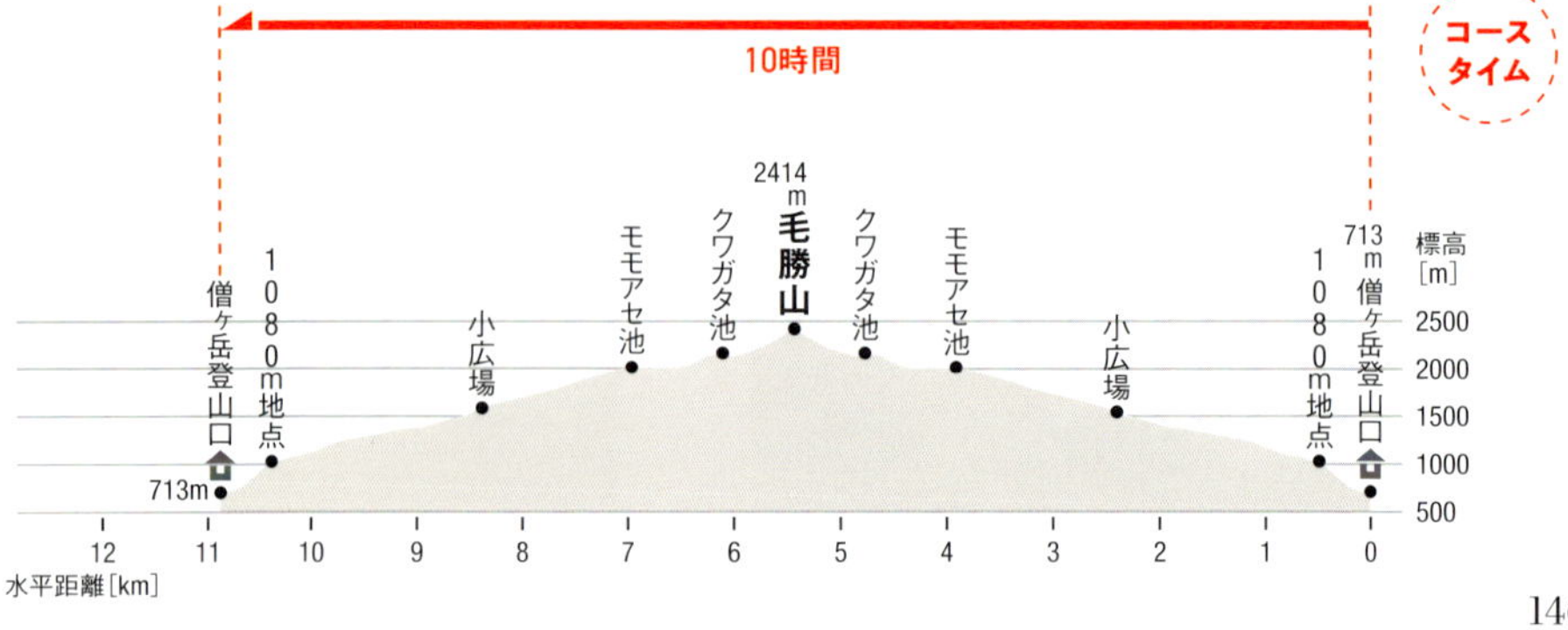

バリエーションコース

残雪期の阿部木谷

片貝第四発電所↓僧ヶ岳登山口↓大明神沢出合↓毛勝山（往復）

10時間10分

Map 11-4A 片貝第四発電所

Map 11-4B 毛勝山

コースグレード | 上級＋

技術度 | ★★★★★ 5＋

体力度 | ★★★★★ 5＋

残雪をたどる阿部木谷《あぶきだに》ルートは、４月下旬〜６月上旬の雪渓が安定した時期にのみ登高可能となる。急な雪渓を、ピッケル、アイゼンを用いて登下降するので、雪山技術は必須条件となる。

登山口はメインコース途中の阿部木谷出合だが、ゴールデンウィークごろは残雪で車が入れず、**片貝《かたかい》第四発電所**付近から歩くことになる。

僧ヶ岳《そうがたけ》登山口をすぎたら、すぐ右手の橋を渡る。阿部木谷に入り、道が雪におおわれたところから雪渓を登っていく。

大きく谷が右へ湾曲した先で谷幅が狭まり、岩壁とのあいだを抜けるように登っていく。「板菱」とよばれる地点で、壁際上部からの落石と雪渓上のクレバスに、充分注意が必要だ。

広い二股（**大明神沢出合**）で右に大明神《だいみょうじん》沢を分け、左の毛勝《けかち》谷に入る。登るにつれて傾斜は強まり、上部からの落石やブロックなどに要注意。

上部で谷は二分し、比較的傾斜のゆるい右側の谷をつめる。ここを登りきると毛勝山南峰直下の鞍部に出て、北東へたおやかな稜線をたどっていく。

登り着いた**毛勝山**山頂は広いスノードーム状になっていて、釜谷山《かまたんやま》、猫又山《ねこまたやま》そして剱岳《つるぎだけ》へと続く北方稜線が美しい。

下山は往路を引き返すが、毛勝谷上部の傾斜はとくに強く、滑落には充分注意すること。不安を感じるようなら、ロープ確保などして安全に配慮することが大切だ。

山頂からの釜谷山と猫又山（右から）、左奥は剱岳

僧ヶ岳付近からの阿部木谷上部

駒ヶ岳への稜線から眺める僧ヶ岳

前夜泊日帰り

僧ヶ岳 駒ヶ岳

北方稜線の北端にどっしり構える山

コースグレード｜**中級**

技術度 ★★★★★ 3

体力度 ★★★★★ 4

日帰り 広場→第三登山口→前僧ヶ岳→僧ヶ岳→駒ヶ岳（往復） 計8時間50分

剱《つるぎ》岳《だけ》北方稜線北端の山、僧ヶ岳《そうがたけ》。標高こそ2000mに満たないものの、どっしりと大きくそびえる姿は、地元魚津《うおづ》市民から「ふるさとの山」として親しまれている。

また、駒ヶ岳《こまがたけ》は、僧ヶ岳と並んで、毛勝《けかち》山《やま》へと続く北方稜線最深部をつくる山。かつては雪と沢をつたって登るしか手段がなかったこの山に、2001年に僧ヶ岳からの縦走路が開かれた。日本海間近にそびえる「ふるさとの山」に立ち、剱岳や毛勝山を望む、展望の縦走コースをたどる。

日帰り

宇奈月尾根を登り僧ヶ岳から駒ヶ岳へ縦走

宇奈月《うなづき》温泉から林道別又《べつまた》僧ヶ岳線をたどっていく。標高1043m付近に駐車場とバイオトイレのある**広場**があり、ここから歩きはじめる。なお、ここから林道は災害のため通行止めとなっており、この先の烏《え》帽子《ぼし》尾根登山口までは入れないので注意すること。

林道をわずかにたどり、**第三登山口**の標識から登山道に入る。すぐに避難小屋跡を通過して、ブナが茂る尾根をたどる。登山道脇の池塘をすぎ、灌木帯を登っていくと、樹間から僧ヶ岳を望む。1431mの手前で滑りやすいルンゼ状の急斜面となり、ここをロープに頼って越える。

やぶの合間から展望が開けはじめ、足もとに見下ろす黒部《くろべ》川と、その背後に連なる白馬《しろうま》北方稜線や、鋭く尖った五竜岳《ごりゅうだけ》を望む。

池塘が点在する尾根道を行くと、右手に日本海が広がる。ほどなく右側から**烏帽子尾根ルートが合流**する。ここから尾根東側斜面をたどっていくと「前僧ヶ岳《まえそうがだけ》・僧ヶ岳」の標識がある分岐に出る。

分岐を左へ進むと前僧ヶ岳の東山腹を巻く旧鉱山道へと入り、仏ヶ平で前僧ヶ岳からのルートと合流する。後立山《うしろたてやま》連峰の眺めがよいルートだが、時期が早いと急な雪渓

毛勝山西北尾根からの僧ヶ岳（左）と駒ヶ岳

前僧ヶ岳への登路からの魚津市街と日本海

黒部川をはさんで白馬岳を望む駒ヶ岳山頂

が残るので、通過の際は注意が必要だ。

分岐を右に入ると、日本海の絶景を眺めながら、背の低いブナが茂る尾根上を行く。ほどなく、たおやかな**前僧ヶ岳**に出る。正面に僧ヶ岳、左手奥に駒ヶ岳が望まれる。ゆるく下っていくと仏《ほとけ》ヶ《が》平《だいら》の広場で、ここで旧鉱山道の巻き道が合流する。明るい笹原を登っていくと、**僧ヶ岳**山頂に着く。

山頂から笹原の滑りやすい急斜面を駒ヶ岳へ向かう。しだいに道はやせ尾根となるので、足もとに気をつけて下ろう。

北駒ヶ岳の鞍部から少し登ると崩壊地を通過する。東又《ひがしまた》谷側が大きく切れ落ちているので充分注意が必要だ。笹原の登山道をたどると、ほどなく**北駒《きたこま》ヶ《が》岳《たけ》**山頂に着く。

平坦な尾根をたどり、駒ヶ岳との鞍部へ下る。そこからの登り返しは、稜線から東又谷斜面へ少し巻き、浅いルンゼ状の急斜面を直登してふたたび稜線へ出る。ここは岩まじりの急斜面で、ロープが設置されているが、足もとが大きく切れ落ちている。

慎重に通過し、尾根の急登で山頂手前の小ピークへと出る。さらに傾斜の落ちた稜線をたどると、立派な標識が置かれた**駒ヶ岳**山頂に着く。山頂からは白馬岳《しろうまだけ》から鹿島《かしま》槍《やり》ヶ《が》岳《たけ》へ続く後立山連峰や、大きな毛勝山と、その背後にそびえる剱岳などの大展望が広がっている。

下山は往路をたどる。駒ヶ岳直下の下りでは滑落は致命的となるので、充分注意して下りたい。また、**僧ヶ岳**山頂では誤って東又谷方面へ下らないこと。しっかり標識を確かめてから下山するようにしたい。

プランニング&アドバイス

アプローチの林道別又僧ヶ岳線は、災害などの事情により通行止めになることがある。事前に道路状況を自治体等に問合せてから利用すること。復路の僧ヶ岳山頂では、誤って東又谷方面へ下らないこと。しっかり標識を確かめてから下山するようにしたい。登山適期は6月から10月にかけて。7月には前僧ヶ岳や仏ヶ平でニッコウキスゲの群落が見られる。

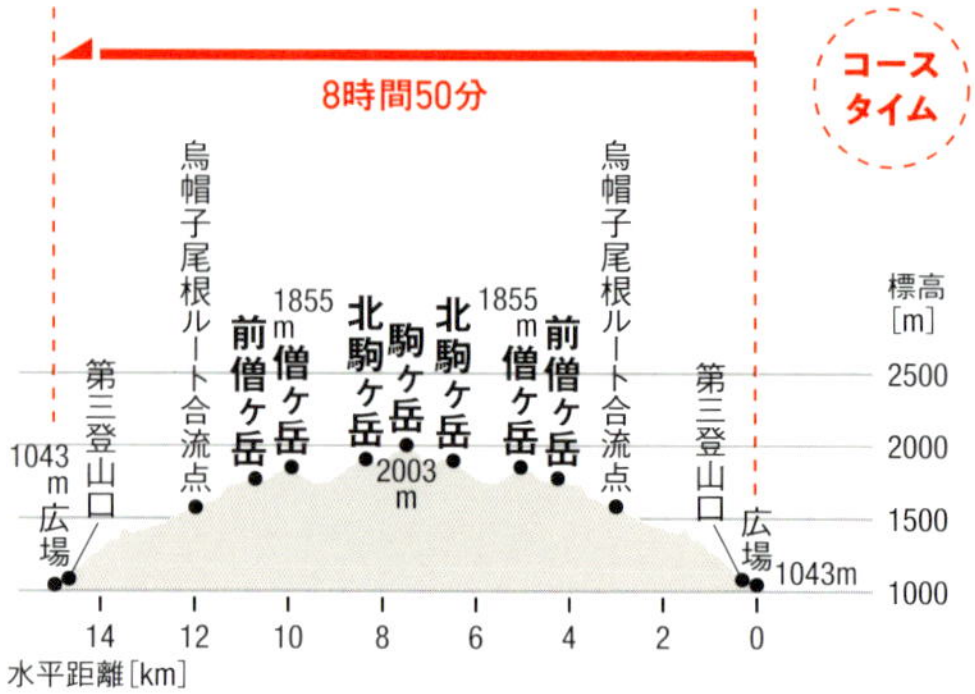

サブコース

東又谷から僧ヶ岳へ

僧ヶ岳登山口↓伊折山↓成谷山↓僧ヶ岳（往復）

6時間50分

東又谷《ひがしまただに》コースは、南西から僧ヶ岳《そうがたけ》に延びる尾根を登る。途中に危険箇所はないものの、標高差は1100mを超え、出だしから急登が続くので、充分な体力が必要だ。片貝《かたかい》川東又谷を行き、阿部木《あぶき》谷出合の橋手前の左手が**登山口**だ。遭難碑と僧ヶ岳登山口の看板のほか、駐車スペースもある。

登山口からすぐに樹林帯の急登がはじまる。固定ロープや木の根にすがるようなきつい登りが続く。1130m付近には、休憩によい小さな広場がある。**伊折山**《いおりやま》付近までくると急な登りも一段落し、ほっとひと息つける。ここから幅の広がったやぶ尾根をたどると**成谷山**《なるたんやま》山頂に着く。

成谷山から尾根の傾斜はゆるやかになり、めざす僧ヶ岳や駒ヶ岳《こまがたけ》を望みながら登っていく。1658m付近の右手に小さな池塘が現れて、池の向こうに駒ヶ岳や、遠く鹿《か》島槍ヶ岳《しまやりがたけ》を望む。

この先も明るい草原と笹原の登りが続く。左にはすぐ間近にせまる日本海を望む。背後の大きな毛勝山《けかちやま》に励まされるように笹原を登っていくと、やがて**僧ヶ岳**山頂に着く。

登山口～伊折山間は急登が続く

Map 11-3A 僧ヶ岳登山口

Map 11-1A 僧ヶ岳

コースグレード	中級
技術度 ★★★☆☆	3
体力度 ★★★★☆	4

日本海を望む稜線から僧ヶ岳をめざす

標高1658m付近にある小さな池塘

剱・立山連峰へのアクセス

公共交通機関利用

立山・剱岳方面のメイン玄関口である室堂平へは、立山黒部アルペンルート（P156参照）を利用する。長野県側の拠点となるJR大糸線信濃大町駅へは、新宿から特急あずさで約3時間30分、または東京からJR北陸新幹線で長野駅へ行き、アルピコ交通バスに乗り換える方法もある（約2時間50分）。名古屋方面からは特急ワイドビューしなので松本駅に行き、JR大糸線に乗り換えて信濃大町駅へ（約3時間）。

富山県側の起点・富山駅へは、大阪から特急サンダーバードで金沢駅へ、JR北陸新幹線に乗り換えて約3時間15分。東京方面から富山駅へはJR北陸新幹線かがやきを利用して約2時間20分。

富山からアルペンルート入口の立山駅へは、富山地方鉄道で約1時間。

薬師岳登山口となる折立へは、富山駅から富山地方鉄道で有峰口駅下車、地鉄バスに乗り換える（要予約・一部の期間は富山駅発着の便がある）。

剱エリアの仙人池方面への入下山口となる欅平へは、新黒部駅（JR北陸新幹線黒部宇奈月温泉駅に隣接）から富山地方鉄道で宇奈月温泉駅へ。徒歩数分の宇奈月駅から黒部峡谷鉄道を利用する。

双六岳、鷲羽岳方面への起点となる新穂高温泉へは、JR篠ノ井線松本駅からアルピコ交通バス、JR高山本線高山駅から濃飛バスがそれぞれ運行している。前者は夏期のみの運行のため、運行期間外は平湯温泉で濃飛バスに乗り換える。

剱岳・早月尾根登山口の馬場島へは富山地方鉄道上市駅、毛勝山登山口の片貝山荘へは同線の新魚津駅からタクシーを利用する。

アクセス図 凡例

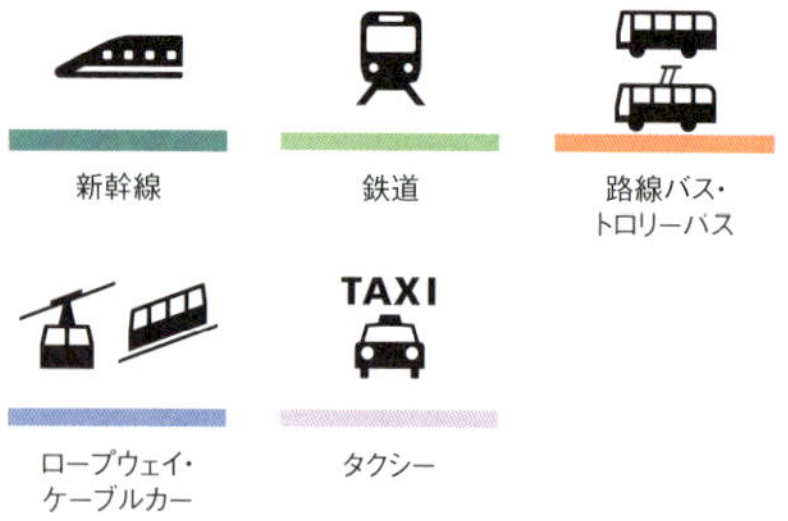

↑混雑する扇沢のアルペンルートきっぷ売り場　↓「トロッコ列車」の愛称で親しまれる黒部峡谷鉄道

マイカー利用

立山黒部アルペンルート（P156参照）の長野県側の拠点となる扇沢へは、東京・名古屋方面からは長野道安曇野ICから大町経由で向かう。

富山県側のアルペンルートの拠点・立山駅へは、北陸道立山ICから県道6号でアクセスする。立山駅から県道をさらに進むと、大日岳への登山口となる称名滝の駐車場がある。

剱岳・早月尾根登山口の馬場島へは、北陸道滑川ICから、県道67・333号を経由して向かう。

毛勝山・僧ヶ岳方面登山口の東又谷へは、北陸道魚津ICから片貝川を遡る。黒部市側から僧ヶ岳に登る場合は北陸道黒部ICで降り、宇奈月温泉を経て林道別又僧ヶ岳線へ。林道は災害により通行止めになることがあるので、事前に問合せること。

薬師岳登山口の折立へは北陸道立山ICか流杉SIC（ETC搭載車のみ）から県道6号、有峰林道（有料）を利用する。岐阜県側の中部縦貫道高山IC～飛騨市神岡～有峰林道経由でもアクセスできる。

岐阜県側の登山拠点・新穂高温泉へは、東京方面から長野道松本IC、大阪方面からは先述の高山ICから平湯温泉経由で向かう。

マイカー登山で縦走を楽しみたい場合、登山口に駐車した車を下山口で受け取る「登山ルート回送」が便利。料金は15000円～3万円と安くはないが、アルペンルートを富山県側から長野県側に抜けたり、折立から黒部五郎岳や双六岳を縦走して新穂高温泉に下山するプランなどが組める。

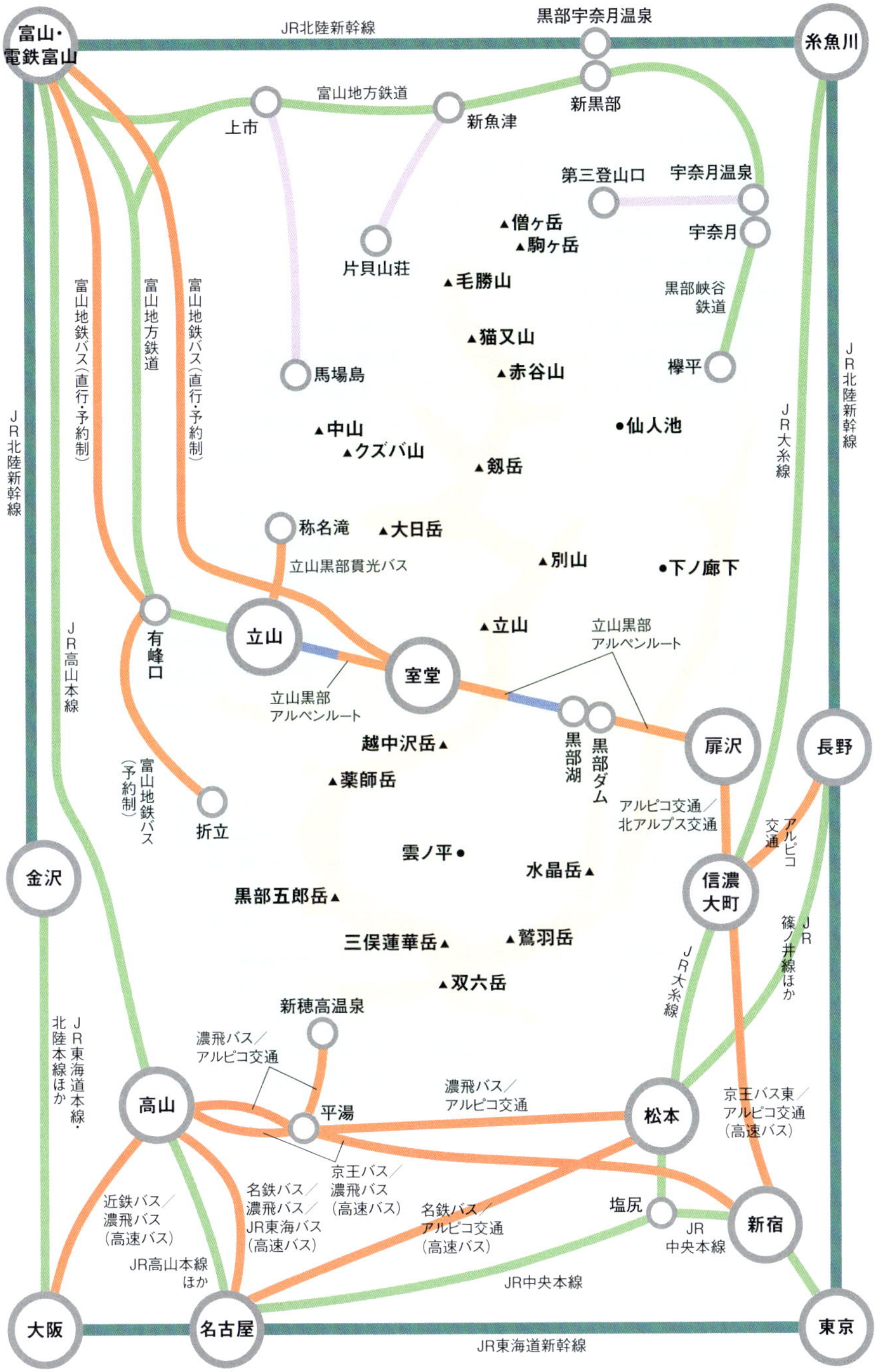
富山・電鉄富山
JR北陸新幹線
黒部宇奈月温泉
糸魚川
新黒部
富山地方鉄道
上市
新魚津
第三登山口
宇奈月温泉
宇奈月
僧ヶ岳
駒ヶ岳
片貝山荘
毛勝山
黒部峡谷鉄道
猫又山
赤谷山
欅平
馬場島
富山地鉄バス（直行・予約制）
富山地方鉄道
富山地鉄バス（直行・予約制）
JR北陸新幹線
JR大糸線
JR北陸新幹線
中山
クズバ山
仙人池
剱岳
称名滝
大日岳
立山黒部貫光バス
別山
下ノ廊下
有峰口
立山
立山
室堂
立山黒部アルペンルート
立山黒部アルペンルート
JR高山本線
黒部湖
黒部ダム
扇沢
長野
越中沢岳
薬師岳
富山地鉄バス（予約制）
折立
アルピコ交通／北アルプス交通
アルピコ交通
雲ノ平
水晶岳
金沢
信濃大町
黒部五郎岳
三俣蓮華岳
鷲羽岳
JR篠ノ井線ほか
双六岳
JR大糸線
新穂高温泉
JR東海道本線・北陸本線ほか
濃飛バス／アルピコ交通
高山
平湯
濃飛バス／アルピコ交通
松本
京王バス東／アルピコ交通（高速バス）
京王バス／濃飛バス（高速バス）
名鉄バス／濃飛バス／JR東海バス（高速バス）
近鉄バス／濃飛バス（高速バス）
名鉄バス／アルピコ交通（高速バス）
塩尻
JR中央本線
新宿
JR高山本線ほか
JR中央本線
大阪
名古屋
東京
JR東海道新幹線

剱・立山連峰周辺図

1:360,000
0 2 10km
N
富山湾
剱岳
立山
大汝山
雄山
浄土山
別山
真砂岳
大日岳
奥大日岳
早乙女岳
クズバ山
池ノ平山
仙人山
赤谷山
猫又山
毛勝山
僧ヶ岳
駒ヶ岳
白馬岳
旭岳
清水岳
朝日岳
雪倉岳
鉢ヶ岳
小蓮華山
杓子岳
鑓ヶ岳
唐松岳
五竜岳
鹿島槍ヶ岳
爺ヶ岳
鳴沢岳
赤沢岳
針ノ木岳
蓮華岳
鷲岳
越中沢岳
五色ヶ原
室堂平
弥陀ヶ原
称名滝
黒部ダム
扇沢
大町市
白馬村
小谷村
長野市
小川村
糸魚川市
朝日町
入善町
黒部市
魚津市
滑川市
上市町
立山町
富山市
宇奈月温泉駅
欅平駅
鐘釣駅
黒薙駅
猫又駅
立山駅
富山駅
黒部IC
朝日IC
魚津IC
滑川IC
立山IC
富山IC

薬師岳
赤牛岳
水晶岳
(黒岳)
三ッ岳
野口五郎岳
真砂岳
鷲羽岳
雲ノ平
太郎山
北ノ俣岳
(上ノ岳)
黒部五郎岳
(中ノ俣岳)
双六岳
三俣蓮華岳
高天原温泉
湯俣温泉
赤岳
樅沢岳
槍ヶ岳
大天井岳
東天井岳
横通岳
常念岳
前常念岳
蝶ヶ岳
大滝山
中岳
西岳
南岳
抜戸岳
笠ヶ岳
奥丸山
穂高岳
北穂高岳
奥穂高岳
前穂高岳
西穂高岳
西穂高口駅
中崎山荘
奥飛騨の湯
新穂高温泉
道の駅
奥飛騨温泉郷上宝
新平湯温泉
平湯温泉
上高地温泉
上高地
六百山
焼岳
霞沢岳
安房峠
安房山
中の湯温泉
坂巻温泉
輝山
平湯峠
十石山
白骨温泉
乗鞍
スカイライン
恵比須岳
乗鞍岳
乗鞍高原
剣ヶ峰
高天ヶ原
白樺峠
奈川渡ダム
水殿ダム
稲核ダム
野麦街道
道の駅風穴の里
小嵩沢山
大明神山
黒沢山
鍋冠山
松本市
燕岳
餓鬼岳
唐沢岳
清水岳
中房温泉
有明山
富士尾山
浅川山
角蔵山
安曇野市
松川村
池田町
生坂村
筑北村
大洞山
松川村役場
信濃松川駅
池田町役場
細野駅
道の駅池田
道の駅
安曇野松川
有明駅
穂高駅
柏矢町駅
豊科駅
安曇野市役所
安曇野IC
道の駅
アルプス安曇野
ほりがねの里
一日市場駅
梓川スマートIC
(梓川SA)
松本IC
松本城
松本市役所
松本駅
南松本駅
村井駅
金松寺山
アルピコ交通
(松本電鉄)
新村駅
波田駅
新島々駅
山形村役場
山形村
松本空港
塩尻北IC
塩尻市役所
塩尻駅
塩尻IC
朝日村役場
朝日村
鉢盛山
小鉢盛山
烏帽子岳
木祖村
塩尻市
日出塩駅
名古屋方面
辰野町
鳴雷山
霧訪山
光城山
長峰山
田沢駅
明科駅
長野自動車道
JR篠ノ井線
安曇野市役所
長野方面
岡谷JCTへ
境峠
奈川温泉
野麦峠
鎌ヶ峰
高根第一ダム
高根乗鞍湖
木曽街道
鳥屋峠
秋神ダム
秋神貯水池
朝日貯水池
子ノ原高原
朝日ダム
道の駅ひだ朝日村
日ノ観ヶ岳
六郎洞山
位山
船山
下呂・岐阜方面
久々野駅
刈安峠
飛騨一ノ宮駅
源氏岳
中部縦貫道
高山IC
高山駅
高山市役所
高山本線
高山市
上枝駅
高山国府バイパス
飛騨国府駅
飛騨市役所
飛騨古川駅
安峰山
大坂峠
大雨見山
国見山
トヤ峠
五味原湖
丹生川ダム
十二ヶ岳
日影平山
牛首山
松ヶ洞山
美女峠
丸黒山
千町ヶ原
布引滝
五ノ池
権現池
九蔵本谷
高鳥屋山
観音山
流葉山
大洞山
天蓋山
二十五山
道の駅宙ドーム・神岡
越中東街道
飛騨市
漆山岳
杉原駅
打保駅
ソンボ山
唐堀山
高幡山
池ノ山
青木峠
横岳
大多和峠
有峰林道
東谷線
寺地山
南俣山
桑崎山
山吹峠

立山黒部アルペンルート

立山黒部《たてやまくろべ》アルペンルートは、1971（昭和46）年6月1日に開通した、世界有数の規模を誇る山岳観光道路である。長野県側の扇沢《おうぎさわ》、さらに富山県側の室堂《むろどう》を経て立山駅まで、直線距離で約25kmを結んでいる。長野県側のJR大糸《おおいと》線信濃大町《しなのおおまち》駅～扇沢間のバス路線、富山県側の富山駅～立山駅間の富山地方鉄道を加えると、総延長は約77kmにおよぶ。開通期間は年にもよるが、例年4月半ばから11月下旬。豊富な残雪、咲き乱れる高山植物、高原を彩る紅葉、冬の到来を告げる新雪など、アルプスの四季の移ろいを楽しませてくれる。

起点の扇沢からは、2019年4月に導入されたばかりの電気バスに乗車する。標高2678mの赤沢岳《あかざわだけ》を貫く針ノ木《はりのき》トンネル（関電トンネル）は、ダム建設時の資材運搬用に掘削された道で、途中、長野と富山の県境を越え、地下の黒部ダム駅に着く。

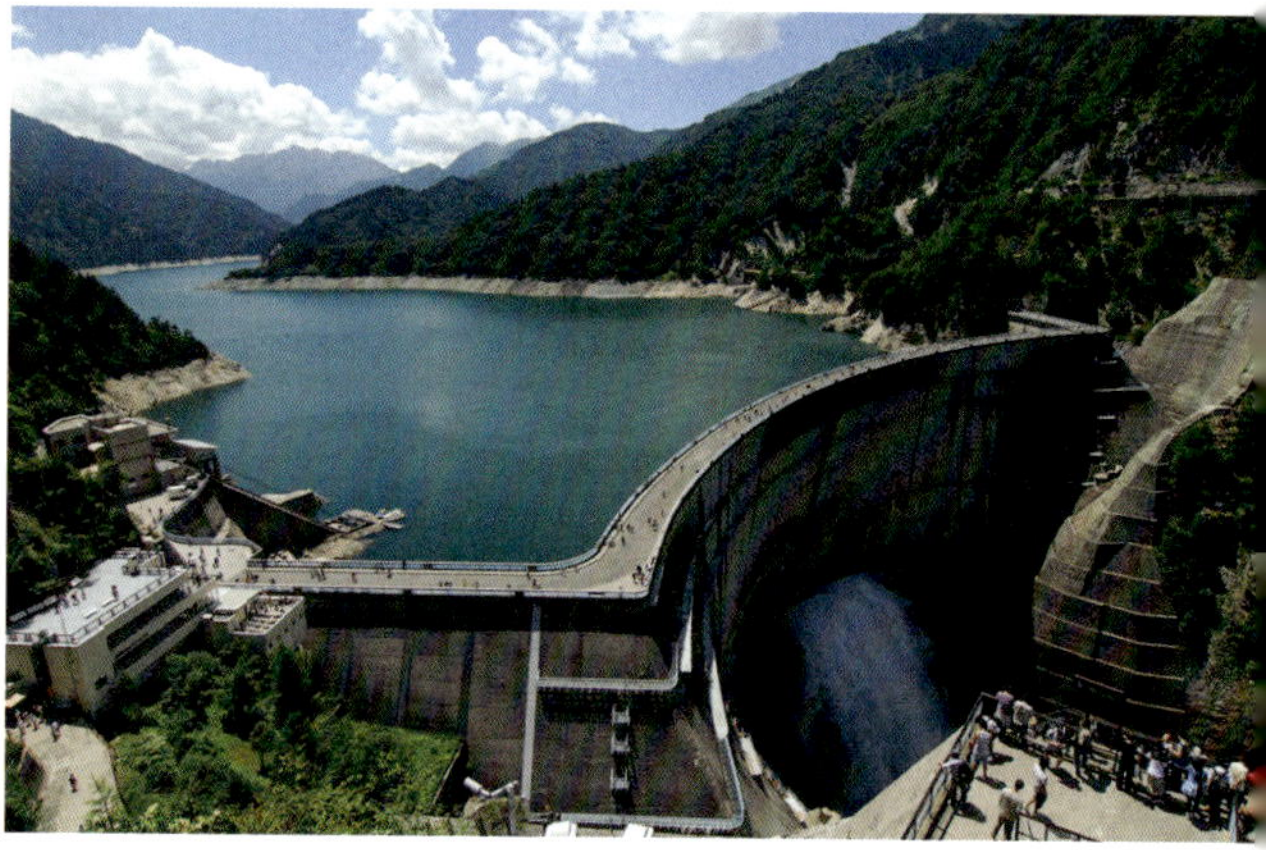

展望台からの豊富な水をたたえる黒部ダムの眺め

ここからは徒歩で黒部ダム堤を渡る。展望台に登れば、立山東面と豪快に放水するダムが眺められる。

黒部湖駅から黒部平《くろべだいら》駅間は、全長約0・8km・標高差約370mの黒部ケーブルカーに乗る。景観保護と雪害予防のために全線地下を走るケーブルカーは、日本ではここにしかないものだ。

黒部平駅周辺は園地になっていて、針ノ木岳や赤沢岳、鳴沢岳《なるさわだけ》などの展望がよい。ここから立山ロープウェイで一気に標高差488mをかせぎ、その名のとおり大展望が広がる大観峰《だいかんぼう》に着く。

大観峰からは、扇沢～黒部ダム間の廃止により国内唯一の路線となったトロリーバスで、立山の主峰・雄山《おやま》の直下を通る立山トンネルを行く。着いたところが剱岳《つるぎだけ》や立山連峰、薬師岳《やくしだけ》への登山拠点となる室堂ターミナルだ。

室堂からは高原バスで美女平《びじょだいら》駅に下る。標高差約1500m、雄大な山岳景観を車窓から楽しむことができる。バス路線沿いには自然散策路があり（P34～39参照）、時間や体力に余裕があれば、バスと徒歩を組み合わせるのもおすすめだ。

立山杉やブナの原生林が広がる美女平駅からケーブルカーに乗れば、富山地方鉄道の始発駅、立山駅に着く。

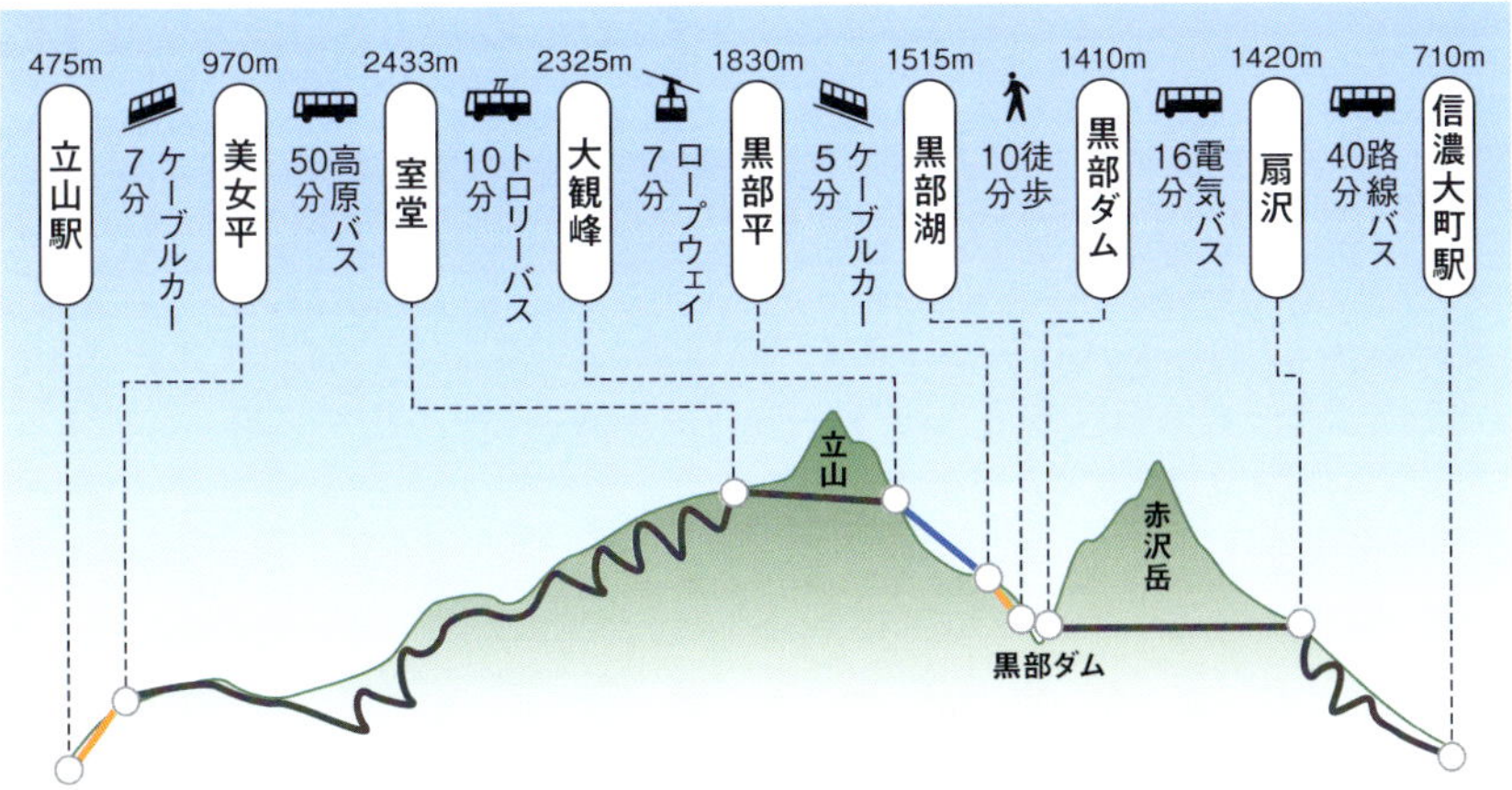

標高2433mの室堂ターミナル

長野側の拠点・扇沢。東京方面からのバスもある

4月中旬〜6月下旬に行われる雪の大谷ウォーク

地下を走る黒部ケーブルカー

アルペンルートの富山側の起点・立山駅

黒部平〜大観峰間を運行する立山ロープウェイ

剱・立山連峰の登山口ガイド

扇沢《おうぎさわ》 標高約1420m　立山・剱岳方面

Map 7-3D

扇沢は、立山黒部アルペンルートの長野県側の起点であるとともに、鹿島槍ヶ岳・針ノ木岳の登山基地としても利用される。JR信濃大町駅からの路線バスのほか、JR北陸新幹線長野駅からのアルピコ交通バス（1時間45分・2600円）も運行される。

↑扇沢駅に近い有料駐車場の下に無料の公共駐車場がある。柏原新道登山口にも分散して60台弱が駐車可能

公共交通

JR大糸線 **信濃大町駅**

アルピコ交通
北アルプス交通
約40分
1360円

マイカー

長野道 **安曇野IC**

約43km

アルプス
パノラマロード・
大町アルペン
ライン

扇沢

●信濃大町駅～扇沢間のバスは例年4月中旬～11月30日、1時間に1～2便運行される。マイカー利用の場合、扇沢駅が満車のときに誘導される籠川臨時駐車場は日帰りのみの利用。早い到着を心がけたい。

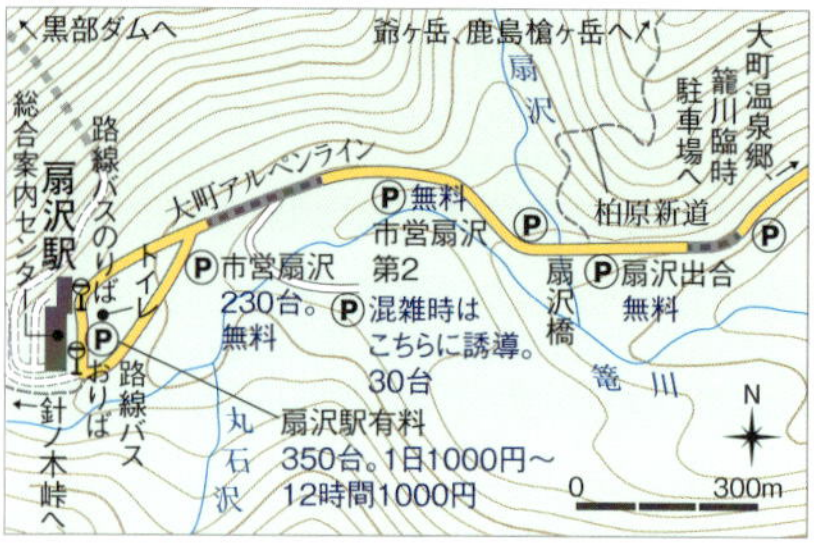

→レストランや売店が併設された扇沢駅。JR信濃大町駅からのアクセスも便利だ

立山《たてやま》 標高約475m　室堂平・剱岳・立山方面

Map 6-2A

立山黒部アルペンルートの富山側の起点で、室堂へはケーブルカーと高原バスを乗り継ぐ。最盛期は駅周辺の駐車場の混雑やケーブルカーの順番待ちが予想されるため、時間には余裕をもちたい。

●電鉄富山駅～立山駅間の富山地方鉄道は、ほぼ1時間に1便の運行

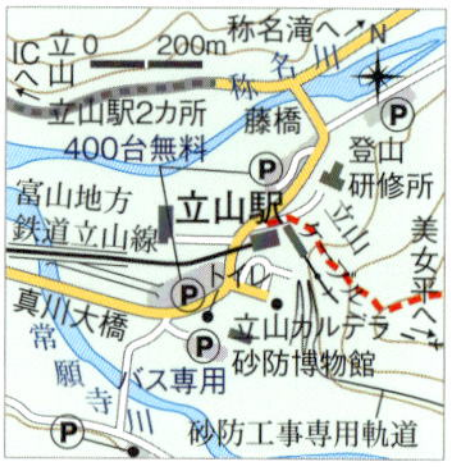

←称名滝へのバスの発着所ともなる立山駅。最盛期は駅前の駐車場が満車になると称名川沿いの臨時駐車場に誘導される

公共交通

富山地方鉄道 **電鉄富山駅**

富山地方鉄道
約1時間
1200円

マイカー

北陸道 **立山IC**

約24km

3 6

立山駅

あります。登山計画時には、自治体や交通機関、各施設のホームページなどで最新情報をご確認ください。

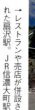

室堂平《むろどうだいら》 標高2433m　立山・剱岳・大日岳・薬師岳方面

Map 7-2A

室堂平へは、長野県側は扇沢、富山県側は富山地方鉄道の立山駅が起点となる。扇沢からのアルペンルートは1時間30分以上の時間を要するため、室堂平の山小屋で前夜泊するのが一般的。マイカー利用の場合は、駐車場の混雑も含めて余裕をもった計画を立てたい。

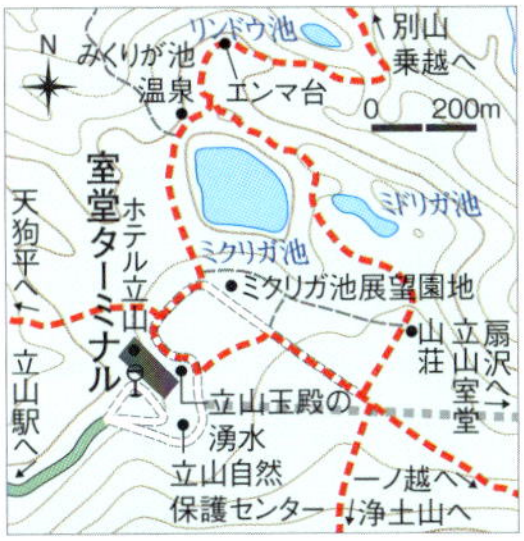

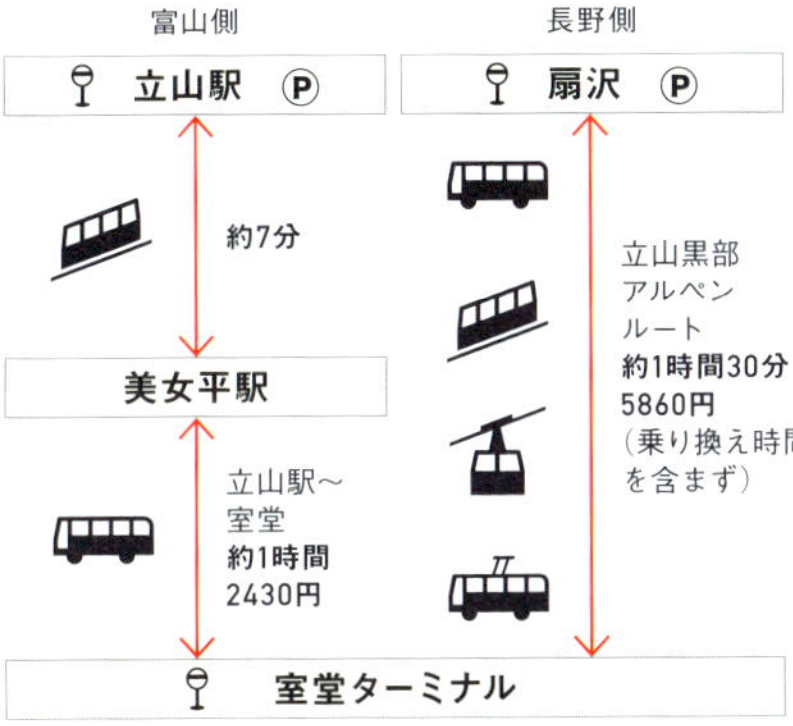

●7月中旬～10月中旬に富山駅前から室堂へ富山地鉄の直行バスが運行されている（1日1～2便・3400円）。途中弥陀ヶ原や天狗平にも停車する。

←室堂ターミナルは、1・2階にバス乗り場、観光案内所、レストラン、ホテル立山のフロントなどがあり、3階の屋上展望台が室堂平散策道の入口

←ターミナル1階にある入山安全相談窓口。登山届の提出のほか、登山指導員が常駐しており、最新の山岳情報が入手できる

称名滝《しょうみょうたき》 標高973m　大日三山・八郎坂方面

Map 6-2C

称名滝は、大日三山を経て室堂にいたるコースの入下山口。最盛期には日本一の名瀑を目当てに訪れる観光客でにぎわい、駐車場もバスも混雑する。バス停の手前に300台収容の駐車場があるが、混雑時は手前のゲートで駐車待ちとなる。

●称名滝の駐車場は日帰り観光客向き。富山方面からマイカーでアクセスする登山者は、立山駅周辺の駐車場に停めるほうがよい

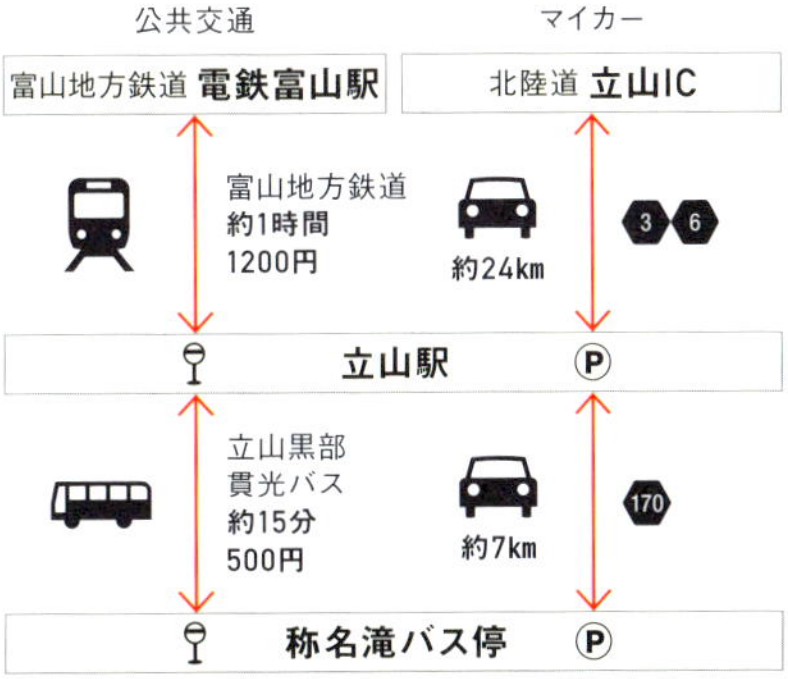

←称名滝バス停。最終バスは、例年7月中旬～8月下旬までは17時20分、それ以外の季節は16時40分

※交通機関や道路、駐車場、宿泊施設などの情報は、本書の発行日時点のものです。発行後に改定・変更になることが

馬場島《ばんばじま》 標高約760m　早月尾根・剱岳・北方稜線の山方面

Map 9-3A

馬場島は、早月尾根、赤谷山、猫又山方面への登山口。バス路線はないため、タクシーかマイカーを利用して入山する。馬場島キャンプ場管理棟の馬場島荘では日帰り入浴も可能。馬場島ベースの計画に最適だ。

←宿泊施設の馬場島荘（P100）のほか、隣接する剱岳青少年旅行村にキャンプ場がある

●マイカーは、馬場島荘や派出所のある公共駐車場に約30台、手前の中山登山口付近にある駐車場に約100台が収容可能（いずれも無料）

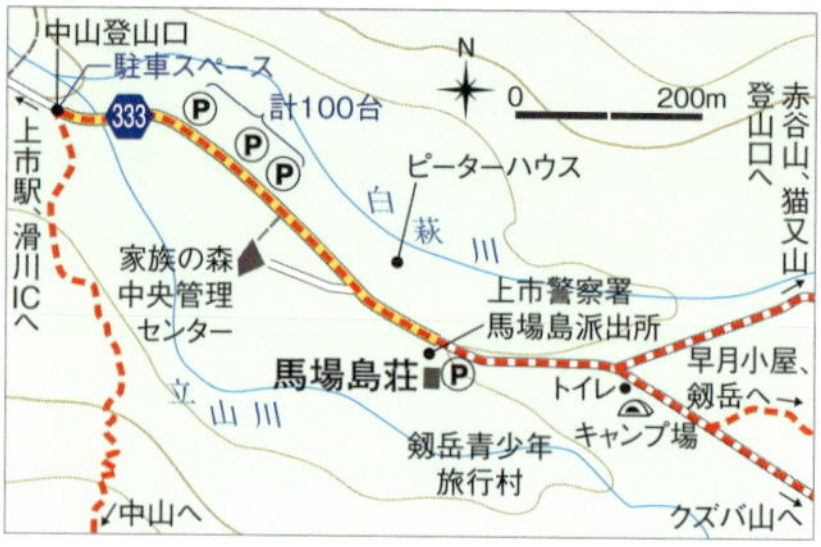

公共交通
富山地方鉄道 **上市駅**
↓ TAXI 約40分 約8500円
馬場島 Ⓟ

マイカー
北陸道 **滑川IC**
↓ 約27km（3・145・46・333）
馬場島 Ⓟ

欅平《けやきだいら》 標高約600m　仙人池・剱岳方面・下ノ廊下方面

Map 11-1C

トロッコ電車の愛称で親しまれる黒部峡谷鉄道の終着駅・欅平。黒部方面への登山の起点となる。電車は定員制のため、最盛期は予約客優先となるので、事前に予約（3か月前から予約可）し、時間に余裕をもった行動が必要だ。

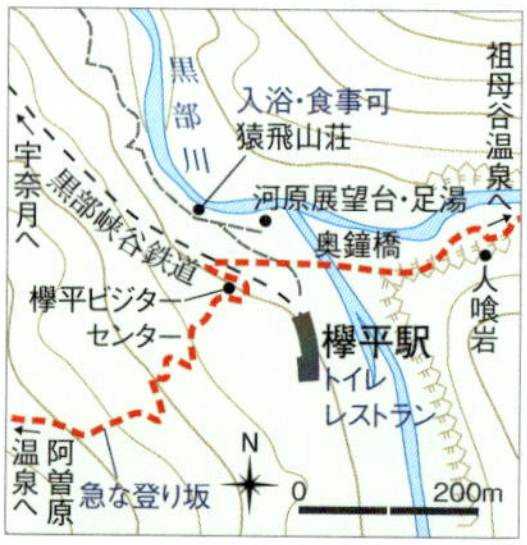

公共交通
富山地方鉄道 **新黒部駅**
↓ 富山地方鉄道 約25分 630円
宇奈月温泉駅
↓ 徒歩 約2分
黒部峡谷鉄道 **宇奈月駅** Ⓟ
↓ 黒部峡谷鉄道 約1時間20分 1980円
欅平駅

マイカー
北陸道 **黒部IC**
↓ 約13km（14・13）
黒部峡谷鉄道 **宇奈月駅** Ⓟ

●新黒部駅はJR北陸新幹線の黒部宇奈月温泉駅に隣接。乗り換え時間は5〜10分程度。黒部峡谷鉄道はゴールデンウイークごろ〜11月30日、1時間に1〜3本の運行。欅平からの終発は17時すぎなので、乗り遅れないように下山時間に注意

→黒部峡谷鉄道宇奈月駅。富山地方鉄道の宇奈月温泉駅への乗り継ぎには、15〜20分は要するため、時間に注意したい

←欅平ビジターセンターの内部。欅平周辺の見どころや自然情報、黒部峡谷の自然や景観を写真等により紹介する施設。入山前に立ち寄ろう

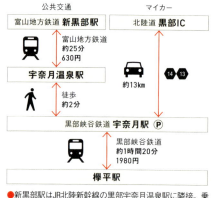

折立《おりたて》　標高約1355m　薬師岳・雲ノ平・高天原方面

Map 3-3B

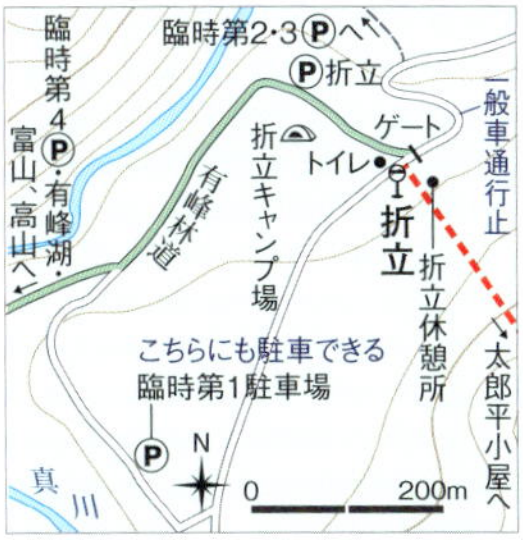

折立は、富山県側から薬師岳・雲ノ平方面をめざすための登山基地。シーズン中は富山駅や富山地方鉄道の有峰口駅から路線バスが運行される。マイカーの場合は有料の有峰林道を利用するが、通行時間、開設期間などの規制があるので要注意。

●富山駅～折立間の直行バスは夏期のみ運行。それ以外は富山地方鉄道有峰口駅から乗り換える。バスの運行期間などは富山地方鉄道のホームページを参照のこと。

→折立休憩所は無料で利用でき、水場と清涼飲料水の自動販売機がある。周辺には約50張設営可能なキャンプ場もある

←バス停手前の駐車場が満車時は数百m先の第1臨時駐車場へ。ほかに第2～4臨時駐車場があるが、登山口まで1時間半歩く

新穂高温泉《しんほたかおんせん》　標高約1090m　双六岳・三俣蓮華岳・黒部五郎岳・雲ノ平方面

Map 1-4A

新穂高温泉は、双六岳、黒部五郎岳、雲ノ平方面への登山口。岐阜県側の槍・穂高方面への登山口でもあるため、夏山シーズンは多くの登山者と観光客で混雑する。マイカー利用の場合は深山荘の先に登山者用無料駐車場があり、利用できる。

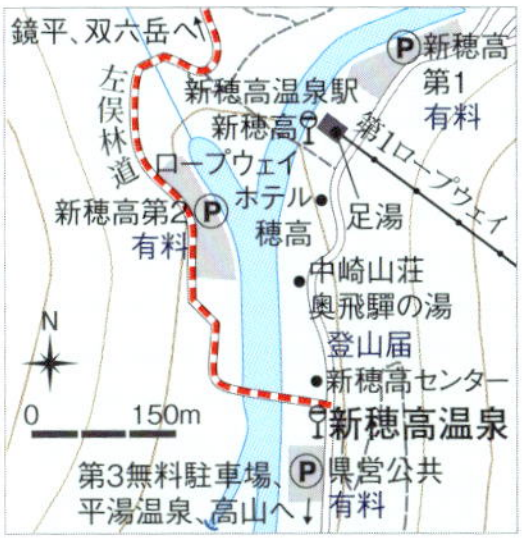

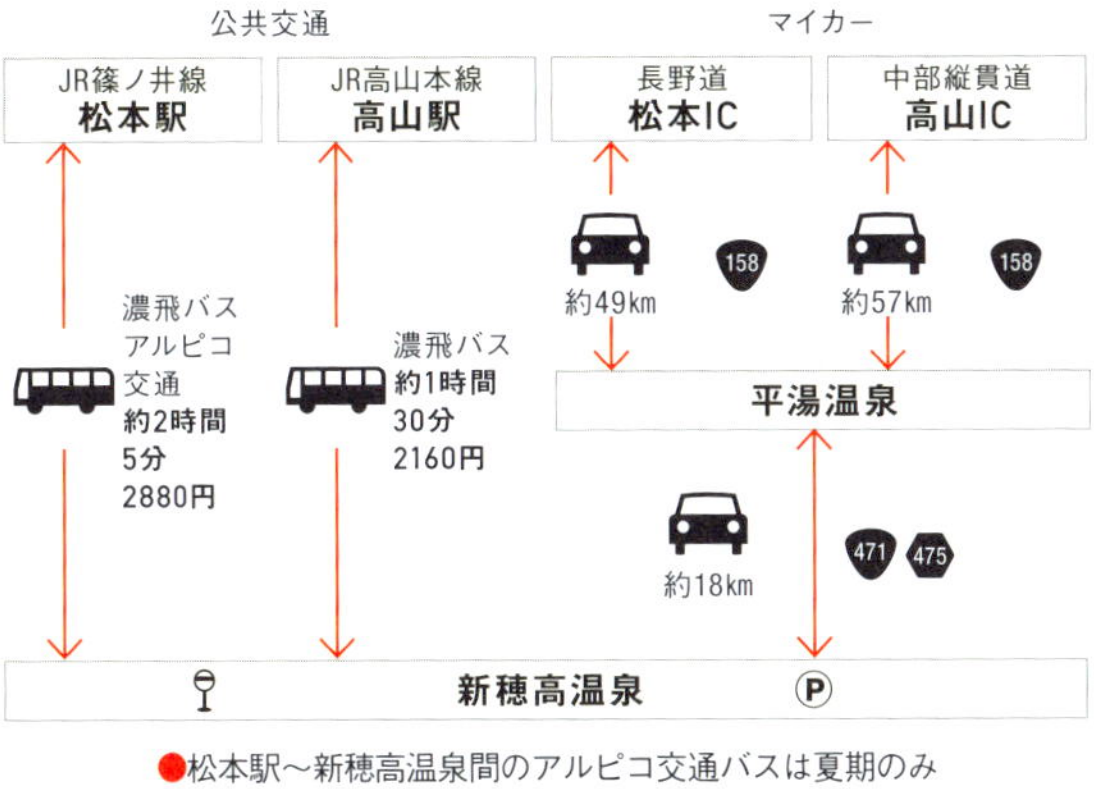

●松本駅～新穂高温泉間のアルピコ交通バスは夏期のみ運行。運行日以外は平湯温泉で濃飛バスに乗り換える

↑登山者専用の新穂高第3駐車場（無料・約200台・トイレあり）。新穂高センターへは徒歩約10分。満車時は鍋平高原登山者用駐車場に誘導される。新穂高センターまでは徒歩約30分

剱・立山連峰の山小屋ガイド

＊山小屋の宿泊は基本的に予約が必要です。
＊掲載の営業期間や宿泊料金などの情報は、本書の発行日時点のものです。発行後に変更になることがあります。予約時に各山小屋・宿泊施設へご確認ください。
＊宿泊料金等の消費税表示（税込み・税別）は、山小屋・宿泊施設によって異なります。予約時に併せてご確認ください。
＊キャンプ指定地の飲料水については各山小屋へお問合せください。指定地以外でのキャンプは禁止されています。

立山室堂山荘《たてやまむろどうさんそう》

室堂平 Map 7-2A

連絡先 TEL076-463-1228

室堂ターミナルの東500m、標高2450mに建つ。立山・剱岳周辺登山の拠点となる　①〒930-1406富山県中新川郡立山町芦峅寺14　佐伯千尋　②130人　③4月中旬～11月下旬　④9720～12420円　素6480円（相部屋）　⑤なし　⑥あり　⑦要予約　個室あり　期間外閉鎖　入浴可（14～16時・変動あり、700円）　FAX076-463-1202

ホテル立山《たてやま》

室堂平 Map 7-2A

連絡先 TEL076-463-3345

室堂ターミナル標高2450mに位置し、立山・剱岳周辺登山の拠点となる　①〒930-1414富山県中新川郡立山町芦峅寺室堂　②260人　③4月中旬～11月下旬　④16200円～41040円　⑤なし　⑥あり　⑦要予約　期間外閉鎖　FAX076-463-3348

みくりが池温泉《いけおんせん》

室堂平 Map 7-2A

連絡先 TEL076-463-1441

ミクリガ池畔標高2410mに建ち、立山・剱岳周辺登山の拠点となる　①〒930-1414富山県中新川郡立山室堂平　②120人　③4月中旬～11月下旬　④9300円～　⑤なし　⑥あり　⑦予約希望　入湯税150円　入浴可（9～16時、700円）　期間外閉鎖　FAX076-463-1404

ロッジ立山連峰《たてやまれんぽう》

室堂平 Map 7-2A

連絡先 TEL076-482-1617（FAX兼）　**現地** TEL076-463-6004（FAX兼）

室堂駅から徒歩40分、標高2330mに位置し、立山・剱岳周辺登山の拠点となる　①〒930-1406富山県中新川郡立山町芦峅寺74　佐伯満寿男　②150人　③2019年は前年の台風による修繕のため営業期間未定　④素6000円～　⑤なし　⑥あり　⑦予約希望　期間外閉鎖　予約希望　個室は要予約　期間外閉鎖

らいちょう温泉《おんせん》 雷鳥荘《らいちょうそう》

室堂平 Map 7-2A

連絡先 TEL 076-482-1238　現地 TEL 076-463-1664

室堂駅から徒歩30分、標高2400mに位置し、立山・剱岳周辺登山の拠点となる　①〒930-1406富山県中新川郡立山町芦峅寺125　志鷹定義　②270人　③4月中旬～11月下旬　④9450円～　素6450円　⑤なし　⑥あり　⑦予約希望　期間外閉鎖　入浴可（10時30分～20時、700円）　現地 FAX 076-463-1591

雷鳥沢《らいちょうざわ》ヒュッテ

室堂平 Map 7-2A

連絡先 TEL 076-482-1617（FAX兼）　現地 TEL 076-463-1835（FAX兼）

室堂駅から徒歩40分、雷鳥沢標高2350mに建つ。立山・剱岳周辺登山の拠点となる　①〒930-1406富山県中新川郡立山町芦峅寺74　佐伯満寿男　②250人　③4月中旬～10月中旬　④9200円～　素6000円　⑤なし　⑥あり　⑦予約希望　個室は要予約　期間外閉鎖　入浴可（10～19時、700円）

一《いち》の越山荘《こしさんそう》

一ノ越 Map 7-3A

連絡先 TEL 076-421-1446　現地 TEL 090-1632-4629

室堂駅から徒歩1時間、標高2700mに位置し、立山・剱岳縦走の中継地となる　①〒930-0055富山市梅沢町3-3　円隆寺内　佐伯光昭　②150人　③4月下旬～10月中旬　④9500円　素5500円　⑤なし　⑥あり　⑦予約希望　期間外閉鎖　FAX 076-421-1841

大汝休憩所《おおなんじきゅうけいじょ》

大汝山 Map 7-2B

連絡先 TEL 076-482-1238

大汝山山頂の北西下標高3000mに位置し、立山・剱岳縦走の中継地となる　①〒930-1406富山県中新川郡立山町芦峅寺125　志鷹定義　②20人　③7月上旬～9月下旬　④9450円　⑤なし　⑥あり　⑦避難時のみ宿泊可　期間外閉鎖　FAX 076-482-1248

内蔵助山荘《くらのすけさんそう》

真砂岳 Map 7-2B

連絡先 TEL 076-482-1518（FAX兼）　現地 TEL 090-5686-1250

真砂岳北東下、真砂尾根の標高2800mに位置し、立山・剱岳縦走の中継地となる　①〒930-1406富山県中新川郡立山町芦峅寺32　佐伯常行　②60人　③7月上旬～10月上旬　④10000円　素7000円　⑤なし　⑥あり　⑦予約希望　期間外閉鎖

凡例＝①連絡先住所　②収容人数　③営業期間　④宿泊料金（1泊2食、素は素泊まり料金）　⑤キャンプ指定地　⑥ホームページ　⑦備考

剱御前小舎《つるぎごぜんごや》

別山乗越 Map 7-1A

連絡先 TEL 080-8694-5076

別山乗越、標高2760mに位置し、立山・剱岳登山の中継地となる ①〒930-1406 富山県中新川郡立山町芦峅寺46 志鷹正博 ②120人 ③4月下旬〜10月中旬 ④10500円 素7500円 ⑤なし ⑥あり ⑦予約希望 団体は要予約 期間外閉鎖 FAX 050-3153-3497

天狗平山荘《てんぐだいらさんそう》

天狗平 Map 7-2A

連絡先 TEL 076-463-1139　現地 TEL 076-411-4380

ケーブル美女平駅からバス40分、天狗平下車（標高2300m）。立山登山の基地になるほか、弥陀ヶ原、称名滝への拠点となる ①〒930-1406 富山県中新川郡立山町芦峅寺80 佐伯賢輔 ②80人 ③4月中旬〜11月中旬 ④12000円〜16500円 ⑤なし ⑥あり ⑦予約希望 期間外閉鎖 FAX 076-463-1194

立山高原《たてやまこうげん》ホテル

天狗平 Map 7-2A

連絡先 TEL 076-463-1014

ケーブル美女平駅からバス40分、天狗平下車（標高2300m）。立山登山の基地のほか、弥陀ヶ原、称名滝への拠点となる ①〒930-0018 富山県富山市千歳町1-3-1 立山高原ホテル連絡事務所 ②78人 ③4月下旬〜11月上旬 ④15120円〜28080円 ⑤なし ⑥あり ⑦要予約 期間外閉鎖 入浴可（12〜17時、600円） FAX 076-463-1029

弥陀ヶ原《みだがはら》ホテル

弥陀ヶ原 Map 6-3D

連絡先 TEL 076-442-2222　予約 TEL 076-481-1180

ケーブル美女平駅からバス30分、弥陀ヶ原下車。標高1930m。立山登山や弥陀ヶ原散策、称名滝への拠点となる ①〒930-1412 富山県中新川郡立山町弥陀ヶ原 ②175人 ③4月中旬〜11月上旬 ④16200円〜33480円 ⑤なし ⑥あり ⑦要予約 期間外閉鎖 FAX 076-442-2242

国民宿舎天望立山荘《こくみんしゅくしゃてんぼうたてやまそう》

弥陀ヶ原 Map 6-3D

連絡先 TEL 076-442-3535

ケーブル美女平駅からバス30分、弥陀ヶ原下車（標高1940m）。立山登山や弥陀ヶ原散策、称名滝への拠点となる ①〒930-1412 富山県中新川郡立山町弥陀ヶ原 ②89人 ③4月中旬〜11月上旬 ④9800円〜14900円 ⑤なし ⑥あり ⑦要予約 FAX 076-405-6828

大日小屋《だいにちごや》

大日岳　Map 6-1D

連絡先 TEL 090-3291-1579

大日岳と中大日岳の鞍部、標高2450mに建ち、大日岳登山の中継点となる　①〒939-8055富山県富山市下堀40-1　杉田健司　②36人　③7月上旬～10月体育の日　④10000円　素6000円　⑤なし　⑥あり　⑦予約希望　FAX 076-493-9327

大日平山荘《だいにちだいらさんそう》

大日平　Map 6-2D

連絡先 TEL 090-3295-1281

大日岳南側山腹の大日平、標高1800mに建ち、大日岳登山の中継点となる　①〒930-1406富山県中新川郡立山町芦峅寺3　佐伯直樹　②50人　③7月中旬～10月中旬　④9500円　素6200円　⑤なし　⑥あり　⑦予約希望　期間外閉鎖

劔澤小屋《つるぎさわごや》

劔沢　Map 7-1B

現地 TEL 080-1968-1620

劔沢三田平、標高2400mに建ち、劔岳登山のほか仙人峠を経て欅平への縦走の中継点となる　①〒930-1406富山県中新川郡立山町芦峅寺9　佐伯友邦　②64人　③7月上旬～10月上旬　④10800円　素7500円　⑤300張　利用料1人500円　⑥あり　⑦要予約　期間外閉鎖　FAX 076-482-1319

剣山荘《けんざんそう》

劔沢　Map 7-1A

連絡先 TEL 076-482-1564　**現地** TEL 090-2372-5799（営業期間中）

一服劔下の劔沢、標高2475mに建ち、劔岳登山のほか仙人峠を経て欅平への縦走の中継点となる　①〒930-1406富山県中新川郡立山町芦峅寺55　佐伯功麿　②160人　③6月下旬～10月上旬　④10500円　素7500円　⑤なし　⑥あり　⑦予約希望　期間外閉鎖　FAX 076-482-1565

馬場島荘《ばんばじまそう》

馬場島　Map 9-3A

連絡先 TEL 076-472-1111　**現地** TEL 076-472-3080

上市駅から車で40分、標高750m。早月尾根からの劔岳登山のほか、赤谷山、猫又山登山などの基地となる　①〒930-0393富山県中新川郡上市町法音寺　上市町役場産業課　②30人　③4月～11月　④8000円　素4500円　⑤30張　利用料無料　⑥あり　⑦予約希望　期間外閉鎖　入浴可（12～18時、500円）

凡例＝①連絡先住所　②収容人数　③営業期間　④宿泊料金（1泊2食、素は素泊まり料金）　⑤キャンプ指定地　⑥ホームページ　⑦備考

早月小屋《はやつきごや》

早月尾根

Map 9-4B

連絡先 TEL 090-7740-9233

早月尾根の標高2200m地点に建つ。早月尾根からの剱岳登山の重要な中継点　①〒930-1406富山県中新川郡立山町芦峅寺63-2　佐伯謙一　②50人　③ゴールデンウイーク　7月中旬～10月体育の日　④10000円　素7000円　⑤30張　利用料1人700円　⑥あり　⑦要予約　ゴールデンウイークはスタッフ在駐時のみ宿泊可

真砂沢《まさごさわ》ロッジ

真砂沢出合

Map 7-1B

連絡先 TEL 090-7783-8067　現地 TEL 090-5686-0100

剱沢・真砂沢出合、標高1780m地点に建ち、黒部湖からハシゴ谷乗越を経て、または阿曽原温泉から欅平へのコースの中継点となる　①〒930-1406富山県中新川郡立山町芦峅寺68　坂本心平　②20人　③7月中旬～10月上旬　④10500円　素7000円　⑤30張　利用料1人700円（学生500円）　⑦あり　⑦予約希望　FAX 050-3153-3534

池《いけ》の平小屋《たいらごや》

池ノ平

Map 9-3C

連絡先 TEL 0765-62-1159　現地 TEL 090-8967-9113

仙人峠西方約1km標高2100m地点にあり、剱沢から欅平へのコースの中継点となる　①〒938-0282富山県黒部市宇奈月温泉384　米沢直昭　②25人　③7月中旬～10月上旬　④10000円　素7000円　⑤20張　利用料1人600円（別途トイレ代100円）　⑥あり　⑦予約希望　現地電話は朝7～9時が確実

仙人池《せんにんいけ》ヒュッテ

仙人池

Map 9-3C

連絡先 TEL 090-7080-3218　現地 TEL 090-1632-9120

仙人峠東方、仙人池東北端標高2100m地点にあり、剱沢から欅平へのコースの中継点となる　①〒930-1406富山県中新川郡立山町芦峅寺6　志鷹正博　②80人　③7月中旬～10月中旬　④10500円　素7500円　⑤なし　⑥あり　⑦期間外閉鎖　現地電話は7～21時（自家発電のため）

仙人温泉小屋《せんにんおんせんごや》

仙人谷

Map 9-3C

連絡先 TEL 04-2922-9968（FAX兼）　現地 TEL 080-1965-7054

仙人谷左岸標高1450mにあり、剱沢から欅平へのコースの中継点となる　①〒359-1145埼玉県所沢市山口1575-22　高橋重夫　②30人　③8月上旬～9月中旬　④9500円　素6000円（2017年）　⑤なし　⑥あり　⑦予約希望　期間外閉鎖　2018年休業・2019年は営業再開の予定

阿曽原《あぞはら》温泉《おんせん》小屋《ごや》

黒部川阿曾原谷　Map 9-2D

連絡先 TEL 0765-62-1148

黒部川・阿曾原谷右岸標高860m地点にあり、剱沢から欅平へのコースや下ノ廊下の中継点となる　①〒938-0862富山県黒部市宇奈月町浦山1402-2　佐々木泉　②50人　③7月中旬～10月末　④10000円　素7000円　⑤30張　利用料1人800円　⑥あり　⑦予約希望　9月下旬～10月は要確認　入浴可（700円）

山小屋《やまごや》祖母谷《ばばだに》温泉《おんせん》

祖母谷　Map 11-4D

連絡先 TEL 04-7198-4528（FAX 兼）　現地 TEL 0765-62-1038

宇奈月駅から黒部峡谷鉄道1時間15分、欅平駅下車。徒歩40分。祖母谷・祖父谷出合標高780m　①〒270-0222千葉県野田市木間ヶ瀬2550-11　峰村保利　②50人　③6月上旬～11月上旬　④10000円　素6500円　⑤30張　利用料1人700円　⑥なし　⑦要予約　期間外閉鎖　入浴可（10～16時、600円）

太郎平《たろうだいら》小屋《ごや》

太郎兵衛平　Map 4-4C

連絡先 TEL 076-482-1917
現地 TEL 080-1951-3030（6月中旬～10月下旬）

太郎山北東下、太郎兵衛平標高2330mにあり、薬師岳、雲ノ平、高天原などへの中継点となる　①〒930-1405富山県中新川郡立山町千寿ヶ原　五十嶋博文　②150人　③4月下旬～5月上旬　6月上旬～10月下旬　④9500円　素6000円　⑤100張　利用料1人1000円（水・トイレ代含む）　⑥あり　⑦予約希望　団体は要予約　FAX 076-482-1139

薬師岳山荘《やくしだけさんそう》

薬師岳　Map 4-4C

連絡先 TEL 076-451-9222（FAX 兼）
現地 TEL 090-8263-2523　TEL 090-6271-6852

薬師岳山頂南西下標高2701mに建ち、折立からの薬師岳登山や室堂から薬師岳縦走の中継点となる　①〒930-0827富山県富山市上飯野43-10　堀井よし子　②60人　③6月中旬～10月中旬　6月の薬師岳開山祭に合わせて営業　④10000円　素6800円　⑤なし　⑥あり　⑦予約希望　携帯電話の電波が届きにくいことあり

スゴ乗越《のっこし》小屋《ごや》

スゴ乗越　Map 4-2D

連絡先 TEL 076-482-1917

スゴ乗越から間山より上部1km、標高2300mに建ち、室堂から薬師岳縦走の中継点となる　①〒930-1405富山県中新川郡立山町千寿ヶ原　五十嶋博文　②50人　③7月中旬～9月下旬　④9700円　素6000円　⑤20張　利用料1人1000円　⑥あり　⑦予約希望　団体は要予約　太郎平小屋と無線連絡　期間外閉鎖　FAX 076-482-1139

凡例＝①連絡先住所　②収容人数　③営業期間　④宿泊料金（1泊2食、素は素泊まり料金）　⑤キャンプ指定地　⑥ホームページ　⑦備考

五色《ごしき》ヶ《が》原《はら》山荘《さんそう》

五色ヶ原 Map 7-4A

連絡先 TEL076-482-1940（FAX兼）　現地 TEL090-2128-1857

五色ヶ原中央、標高2500mにあり、室堂から薬師岳、黒部湖へ縦走の中継点となる　①〒930-1406富山県中新川郡立山町芦峅寺20-1　志鷹央元　②118人　③7月上旬〜10月上旬　④10000円　素7000円　⑤30張　利用料1人700円　⑥あり　⑦予約希望　期間外閉鎖

平《たいら》乃《の》小屋《こや》

平ノ渡 Map 7-4B

連絡先 TEL090-2039-8051

黒部湖左岸ヌクイ谷出合、平ノ渡（標高1470m）に建つ。五色平から黒部ダム、読売新道などの中継点となる　①〒930-0241富山県中新川郡立山町道源寺183-8　佐伯覚憲　②60人　③6月下旬〜10月末　④9500円　素6500円　⑤なし　⑥なし　⑦予約希望　期間外閉鎖

ロッジくろよん

黒部ダム Map 7-3B

連絡先 TEL076-482-1516　現地 TEL076-463-6350

黒部湖畔標高1480mに位置し、五色平から黒部ダム、読売新道などの中継点となる　①〒930-1406富山県中新川郡立山町芦峅寺14-2　佐伯久雄　②100人　③4月下旬〜10月末　④10500円　素6500円　⑤40張　利用料1人800円　⑥あり　⑦予約希望　期間外閉鎖　FAX076-481-1357

薬師沢小屋《やくしざわごや》

薬師沢 Map 2-1D

連絡先 TEL076-482-1917

黒部川本流・薬師沢出合標高1900m地点に建ち、雲ノ平や高天原などへの中継点となる　①〒930-1405富山県中新川郡立山町千寿ヶ原　五十嶋博文　②60人　③7月上旬〜10月中旬　④9700円　素6000円　⑤なし　⑥あり　⑦予約希望　団体は要予約　太郎平小屋と無線連絡　期間外閉鎖　FAX076-482-1139

雲《くも》ノ《の》平《だいら》山荘《さんそう》

雲ノ平 Map 3-2A

連絡先 TEL046-876-6001　現地 TEL070-3937-3980

雲ノ平ギリシャ庭園標高2500mにあり、北アルプス中央部縦走の中継点となる　①〒399-8301長野県安曇野市穂高有明5718-116　雲ノ平山荘事務所　②70人　③7月上旬〜10月上旬　④10000円　素6000円　⑤50張　利用料1人1000円　⑥あり　⑦予約希望　7月16日〜8月末の団体は1日1組（要予約・25人まで）　FAX046-876-6323

三俣山荘《みつまたさんそう》

三俣蓮華岳　Map 3-3A

連絡先 TEL0263-83-5735　**現地** TEL090-4672-8108（6～20時）

鷲羽岳・三俣蓮華岳鞍部標高2550mにあり、北アルプス中央部縦走の中継点となる　①〒399-8301長野県安曇野市穂高有明5718-116　三俣山荘事務所　②80人　③7月上旬～10月中旬　④10000円　素6000円　⑤70張　利用料1人1000円　⑥あり　⑦予約希望　7月16日～8月末の団体は1日1組、要予約（25人まで）　FAX0263-83-8339

双六小屋《すごろくごや》

双六岳　Map 3-4A

連絡先 TEL0577-34-6268　**現地** TEL090-3480-0434

縦沢岳・双六岳鞍部、双六池畔標高2600mにあり、北アルプス中央部縦走の中継点となる　①〒506-0052岐阜県高山市下岡本町2911-20　双六小屋事務所　②200人　③6月上旬～10月中旬　④10300円　素7300円　⑤60張　利用料1人1000円　⑥あり　⑦予約希望　5人以上は要予約　期間外は冬期小屋を開放（1000円）　FAX0577-32-1712

鏡平山荘《かがみだいらさんそう》

鏡平　Map 1-1B

連絡先 TEL0577-34-6268　**現地** TEL090-1566-7559

弓折岳南東下、標高2300m地点にあり、双六岳、雲ノ平方面への中継点となる　①〒506-0052岐阜県高山市下岡本町2911-20　双六小屋事務所　②120人　③7月上旬～10月中旬　④10300円　素7300円　⑤なし　⑥あり　⑦予約希望　5人以上は要予約　期間外閉鎖　FAX0577-32-1712

わさび平小屋《だいらごや》

わさび平　Map 1-3B

連絡先 TEL0577-34-6268　**現地** TEL090-8074-7778

蒲田川左保谷右岸、標高1400mにあり、双六岳、雲ノ平方面への中継点となる　①〒506-0052岐阜県高山市下岡本町2911-20　双六小屋事務所　②60人　③7月上旬～10月中旬　④9000円　素6000円　⑤30張　利用料1人1000円　⑥あり　⑦予約希望　3人以上は要予約　期間外閉鎖　2019年別館新築　FAX0577-32-1712

高天原山荘《たかまがはらさんそう》

高天原　Map 3-1A

連絡先 TEL076-482-1917

黒部川支流岩苔小谷右岸、標高2285mにあり、北アルプスでももっとも奥まった場所にある山小屋のひとつ　①〒930-1405富山県中新川郡立山町千寿ヶ原　五十嶋博文　②50人　③7月上旬～9月下旬　④9700円　素6000円　⑤なし　⑥あり　⑦予約希望　団体は要予約　太郎平小屋と無線連絡　期間外閉鎖　FAX076-482-1139

凡例＝①連絡先住所　②収容人数　③営業期間　④宿泊料金（1泊2食、素は素泊まり料金）　⑤キャンプ指定地　⑥ホームページ　⑦備考

水晶《すいしょう》小《ご》屋《や》

水晶岳

Map
3-2A

連絡先 TEL0263-83-5735
現地 TEL090-4672-8108（三俣山荘・6～20時）

裏銀座縦走路水晶分岐、標高2890mにあり、読売新道や裏銀座縦走の中継点となる　①〒399-8301長野県安曇野市穂高有明5718-116　三俣山荘事務所　②30人　③7月上旬～9月下旬　④10200円　素6200円　⑤なし　⑥あり　⑦予約希望　団体は1日1組、7～10人まで（8月25日以降は15人まで）　宿泊希望者は要連絡　FAX0263-83-8339

奥《おく》黒部《くろべ》ヒュッテ

黒部川東沢出合

Map
5-2B

連絡先 TEL076-465-1228

黒部湖上流、東沢谷出合400m入左岸、標高1500mにあり、読売新道の中継点となる　①〒930-1406富山県中新川郡立山町芦峅寺14　佐伯千尋　②60人　③7月中旬～10月中旬　④9500円　素6200円　⑤150張　利用料1人700円　⑥あり　⑦期間外閉鎖　FAX076-463-1202

黒部《くろべ》五郎《ごろう》小《ご》舎《や》

黒部五郎岳

Map
2-3D

連絡先 TEL0577-34-6268

三俣蓮華岳・黒部五郎岳鞍部、標高2350mにあり、黒部五郎岳をはじめ北アルプス中央部縦走の中継点となる　①〒506-0052岐阜県高山市下岡本町2911-20　双六小屋事務所　②60人　③7月上旬～9月下旬　④10300円　素7300円　⑤30張　利用料1人1000円　⑥あり　⑦予約希5人以上は要予約　期間外冬期小屋開放（1000円）　FAX0577-32-1712

北《きた》ノ《の》俣《また》岳《だけ》避難《ひなん》小《ご》屋《や》

寺地山・北ノ俣岳鞍部

Map
2-2B

連絡先 TEL0578-82-2253

標高2000m、北ノ俣岳と寺地山の鞍部に建つ避難小屋。縦走路から南へ2分ほど入ったところにある　①〒506-1195岐阜県飛騨市神岡町東町378　飛騨市役所神岡振興事務所商工観光係　②8人　③通年（無人）　④無料　⑤なし　⑥あり　⑦土台の老朽化著しく、2019年現在緊急時以外使用不可　FAX0578-82-0995

片貝《かたかい》山荘《さんそう》

片貝川

Map
11-3A

連絡先 TEL0765-23-1046

毛勝山や僧ヶ岳への登山口となる。片貝川東又谷にある無人小屋　①〒937-0066富山県魚津市北鬼江313-2　魚津市生涯学習・スポーツ課スポーツ係　②20人　③通年（無人）　④無料　⑤なし　⑥あり　⑦上記連絡先へ利用の7日前までに、利用申請書・山行計画書を提出すること　FAX0765-23-1052

凡例＝①連絡先住所　②収容人数　③営業期間　④宿泊料金（1泊2食、素は素泊まり料金）　⑤キャンプ指定地　⑥ホームページ　⑦備考

立ち寄り湯ガイド

湯めどころ宇奈月

℡0765-62-1126

宇奈月温泉駅近くの日帰り入浴施設。1階に観光案内所と足湯、2階と3階に浴槽がある。4階には宇奈月の街を見わたす展望テラスもある。入浴料：500円、営業時間：9時～22時、定休日：火曜日（5月～11月は第4火曜日のみ休）。宇奈月温泉駅すぐ。富山県黒部市宇奈月温泉256-11

ホテル森の風 立山

℡076-481-1126

富山市大山地区粟巣野温泉の宿泊施設で、立ち寄り入浴もできる。自家源泉のお湯はつるつる感たっぷりで、立山の山並みを望む露天風呂や大浴場など数種類の浴槽が楽しみ。入浴料：900円、営業時間：11時（平日13時～）～17時、定休日：無休。立山駅から車7分。富山県富山市原3-6

亀谷《かめがい》温泉 白樺ハイツ

℡076-481-1301

有峰林道料金所そばの宿泊施設。立ち寄り入浴ができ、温泉は単純硫黄泉の天然温泉。窓外に四季折々の自然を堪能できる展望が自慢の大浴場や、露天風呂、サウナなどの施設も充実。入浴料：610円、営業時間：10時～21時、定休日：無休。有峰口駅から車5分。富山県富山市亀谷1-10

中崎山荘 奥飛騨の湯

℡0578-89-2021

新穂高ロープウェイ第一乗り場付近にある、日帰り入浴と食事処を兼ね備えた施設。大浴場や露天風呂、ミストサウナなどがある。入浴料：800円、営業時間：9時～18時（夏期は～20時）、定休日：不定休。新穂高温泉バス停すぐ。岐阜県高山市奥飛騨温泉郷神坂720

上原《わっぱら》の湯

℡0261-22-2759

大町市の市民浴場で、100%かけ流しの天然温泉。露天風呂はないが、大浴場は、夏山シーズン中でも比較的空いていて、のんびり汗を流すことができる。入浴料：500円、営業時間：9時～20時、定休日：毎月第2・4火曜。信濃大町駅から車15分。長野県大町市平1955-446

＊入浴料、営業時間、定休日、交通などの情報は、抜粋して掲載しています。変更になることがありますので、利用の際は、各施設にご確認ください。

湯めどころ宇奈月

黒薙温泉の大露天風呂

みのわ温泉

℡076-474-1770

北陸道滑川ICと馬場島とのあいだにある日帰り入浴施設。大広間でゆっくり休憩もできるので、長時間の運転に備えて仮眠も可能。食事もできる。入浴料：530円、営業時間：9時～21時、定休日：火曜（祝日の場合は翌日）。滑川ICから車15分。富山県滑川市箕輪28

立山吉峰温泉 ゆ～ランド

℡076-483-2828

立山グリーンパーク吉峰にある日帰り入浴施設。マイカーなら立山駅からICに向かう際に立ち寄りやすい。豊富なメニューの食道も併設されている.入浴料：610円、営業時間：10時～21時、定休日：無休。立山ICから車15分。富山県立山町吉峰野開12

黒薙温泉旅館

℡0765-62-1802

黒部峡谷鉄道沿いの温泉のひとつ。宇奈月温泉の源泉だけあって、湯量が豊富。黒薙川のすぐそばにある露天風呂は野趣満点。入浴料：700円、営業時間：9時～15時15分、定休日：無休（11月下旬～4月中旬は休業）。黒薙駅より徒歩20分。富山県黒部市宇奈月町黒薙

行政区界・地形図

1:25,000地形図（メッシュコード）＝①宇奈月（553714）
②毛勝山（553704）③欅平（553705）④剱岳（543774）
⑤十字峡（543775）⑥小見（543763）⑦立山（543764）
⑧黒部湖（543765）⑨有峰湖（543753）⑩薬師岳（543754）
⑪烏帽子岳（543775）⑫下之本（543743）⑬三俣蓮華岳（543744）
⑭笠ヶ岳（543734）

登山計画書の提出

剱・立山連峰登山にあたっては、事前に登山計画書（登山届・登山者カード）を作成、提出することが基本。登山計画書を作成することで、歩くコースの特徴やグレードを知り、充分な準備を整えて未然に遭難事故を防ぐ。また、万が一、登山者にアクシデントが生じたとき、迅速な捜索・救助活動にもつながる。

主要登山口には、用紙とともに登山届ポスト（提出箱）が設けられ、その場で記入・提出することもできるが、準備段階で作成することが望ましい。登山者名と連絡先、緊急連絡先、登山日程とコースなどが一般的な記入要件だ。

なお剱・立山連峰では富山・長野・岐阜各県の登山条例に基づき、登山計画書の提出が義務または努力義務となっている（詳細は富山県・長野県・岐阜県のホームページ参照）。提出は登山口の提出箱のほか、日本山岳ガイド協会が運営するオンライン登山届システム「コンパス」など、インターネットからもできる。

問合せ先一覧

市町村役場

立山町役場	〒930-0292	富山県中新川郡立山町前沢2440	℡076-463-1121
上市町役場	〒930-0393	富山県中新川郡上市町法音寺1	℡076-472-1111
黒部市役所	〒938-8555	富山県黒部市三日市1301	℡0765-54-2111
富山市役所	〒930-8510	富山県富山市新桜町7-38	℡076-431-6111
富山市役所大山総合行政センター	〒930-1392	富山県富山市上滝525	℡076-483-1211
大町市役所	〒398-8601	長野県大町市大町3887	℡0261-22-0420
高山市役所	〒506-8555	岐阜県高山市花岡町2-18	℡0577-32-3333
飛騨市役所	〒509-4292	岐阜県飛騨市古川町本町2-22	℡0577-73-2111

県庁・県警察本部

富山県庁	〒930-8501	富山県富山市新総曲輪1-7	℡076-431-4111
長野県庁	〒380-8570	長野県長野市南長野幅下692-2	℡026-232-0111
岐阜県庁	〒500-8570	岐阜県岐阜市薮田南2-1-1	℡058-272-1111
富山県警察本部	〒930-8570	富山県富山市新総曲輪1-7	℡076-441-2211
長野県警察本部	〒380-8510	長野県長野市南長野幅下692-2	℡026-233-0110
岐阜県警察本部	〒500-8501	岐阜県岐阜市薮田南2-1-1	℡058-271-2424

主な観光協会

立山町観光協会……℡076-462-1001
上市町観光協会……℡076-472-1515
黒部・宇奈月温泉観光局……℡0765-57-2850
富山市観光協会……℡076-439-0800
大町市観光協会……℡0261-22-0190
奥飛騨温泉郷観光協会……℡0578-89-2614

交通機関（電車・バス・立山黒部アルペンルート）

アルピコ交通（長野駅～大町～扇沢）……℡026-254-6000
アルピコ交通（信濃大町駅～扇沢）……℡0261-72-3155
北アルプス交通バス（信濃大町駅～扇沢）……℡0261-22-0799
富山地方鉄道……℡076-432-3456
立山黒部貫光（アルペンルート）……℡076-432-2819
富山地鉄乗車券センター（折立行きバス）……℡076-442-8122
黒部峡谷鉄道……℡0765-62-1011
濃飛バス……℡0577-32-1688
アルピコ交通（松本駅～新穂高温泉）……℡0263-32-0910

交通機関（タクシー）

■信濃大町駅

アルプス第一交通……℡0261-22-2121
アルピコタクシー……℡0261-23-2323

■富山駅

富山地鉄タクシー……℡076-421-4200
大和交通……℡076-421-8181
富山交通……℡076-421-1122

■立山駅・有峰口駅・上市駅・魚津駅

協和タクシー（立山駅・有峰口駅）……℡076-463-3939
立山交通（立山駅・有峰口駅）……℡076-463-1188
GM交通（上市駅）……℡076-472-0151
魚津交通（魚津駅）……℡0765-22-0640

■宇奈月温泉駅

宇奈月交通……℡0765-62-1555

■高山駅

山都タクシー……℡0577-32-2323
新興タクシー……℡0577-32-1700
はとタクシー……℡0577-32-0246

僧ヶ岳　そうがたけ……150・151
僧ヶ岳登山口　そうがたけとざんぐち…143・147・151

た

大観台　だいかんだい……39
第三登山口　だいさんとざんぐち……149
大日小屋　だいにちごや……44
大日平山荘　だいにちだいらさんそう……44
大日岳登山口　だいにちだけとざんぐち……45
平乃小屋　たいらのこや……101・119
平ノ渡場　たいらのわたしば……119
高天原山荘　たかまがはらさんそう……112
高天原峠　たかまがはらとうげ……112
立山駅　たてやまえき……39
立山室堂　たてやまむろどう……14・16・32
太郎平小屋　たろうだいらごや……91・100・103・111・126
秩父沢　ちちぶさわ……108・122
長次郎のコル　ちょうじろうのこる……75・79
長次郎谷出合　ちょうじろうたんであい……64・76
剱澤小屋　つるぎさわごや……50・60・63・72・76
剱岳　つるぎだけ……53・60・75・79
寺地山　てらじやま……127
天狗平　てんぐだいら……35・37
戸倉谷出合　とくらだにであい……132

な

中俣乗越　なかまたのっこし……125
中山　なかやま……141
成谷山　なるたんやま……151
猫又山　ねこまたやま……136

は

ハシゴ谷乗越　はしごたんのっこし……69・79
八郎坂下山口　はちろうざかげざんぐち……38・39
祖母谷温泉　ばばだにおんせん……81
早月小屋　はやつきごや……58
馬場島　ばんばじま……57・131・135・139・141
飛越新道登山口　ひえつしんどうとざんぐち……127
東一ノ越　ひがしいちのこし……29
美女平駅　びじょだいらえき……39
富士ノ折立　ふじのおりたて……22
二股　ふたまた……64
ブナクラ峠　ぶなくらとうげ……132・135
平蔵のコル　へいぞうのこる……52・79
別山北峰　べっさんほっぽう……21
別山乗越　べっさんのっこし……21・50・61・63

ま

前僧ヶ岳　まえそうがたけ……150
前剱　まえつるぎ（ぜんけん）……52
真砂沢ロッジ　まさごさわろっじ……64・69・79
真砂岳　まさごだけ……22・29
松尾平　まつおだいら……57
松尾峠展望台　まつおとうげてんぼうだい……37
ミクリガ池展望台　みくりがいけてんぼうだい……33
弥陀ヶ原バス停　みだがはらばすてい……36・37・38・39
三俣山荘　みつまたさんそう……106・115
三俣蓮華岳　みつまたれんげだけ……106・115・122
室堂ターミナル　むろどうたーみなる……14・16・19・25・31・34・42・50・61・63・96
モモアセ池　ももあせいけ……145

や・ら・わ

薬師沢小屋　やくしざわごや……104・111
薬師岳　やくしだけ……93・99
薬師岳山荘　やくしだけさんそう……92・99
弓折岳分岐　ゆみおりだけぶんき……107・122
雷鳥沢キャンプ場　らいちょうざわきゃんぷじょう……19・25・33・42・50・61
竜晶池　りゅうしょういけ……112
ロッジくろよん　ろっじくろよん……29・101・119
わさび平小屋　わさびだいらごや……108・122
鷲羽岳　わしばだけ……116
ワリモ北分岐　わりもきたぶんき……109・116

主な山名・地名さくいん

あ

赤牛岳　あかうしだけ……117
赤谷山　あかたんやま……133
阿曽原温泉小屋　あぞはらおんせんごや……67・81
池の平小屋　いけのたいらごや……70・72
池ノ平山南峰　いけのたいらやまなんほう……70
池ノ谷乗越　いけのたんのっこし……74
一ノ越　いちのこし……14・17・23・29
一服剱　いっぷくつるぎ……51
牛ノ首　うしのくび……45
越中沢岳　えっちゅうさわだけ……97
エンマ台　えんまだい……32・42
追分　おいわけ……37・38
大汝山　おおなんじやま……23
大猫山　おおねこやま……137
大走りコース　おおばしりこーす……22・24
奥黒部ヒュッテ　おくくろべひゅって……118
奥大日岳　おくだいにちだけ……43
雄山　おやま……15・17・23
オリオ谷出合　おりおたんであい……68
折立　おりたて……90・100・103・111・126

か

鏡平山荘　かがみだいらさんそう……107・115・122
片貝第四発電所　かたかいだいよんはつでんしょ…147
刈安峠　かりやすとうげ……101
北ノ俣岳　きたのまただけ……126・127
北薬師岳　きたやくしだけ……99
クズバ山　くずばやま……140
熊ノ岩　くまのいわ……78
雲ノ平山荘　くものだいらさんそう……105・109・111
内蔵助山荘　くらのすけさんそう……29
内蔵助平　くらのすけだいら……28・69
内蔵助谷出合　くらのすけたんであい……28・85
黒部源流徒渉点　くろべげんりゅうとしょうてん…105・115
黒部五郎小舎　くろべごろうごや……123
黒部五郎岳　くろべごろうだけ……123
黒部平駅分岐　くろべだいらえきぶんき……29
黒部ダム駅　くろべだむえき……27・69・79・85・101・119
黒部別山沢　くろべべっさんざわ……84
毛勝山　けかちやま……146・147
欅平駅　けやきだいらえき……68・81
剣山荘　けんざんそう……51
小池新道入口　こいけしんどういりぐち……108・122
弘法　こうぼう……38・39
五色ヶ原山荘　ごしきがはらさんそう……97・101
駒ヶ岳　こまがたけ……150
小窓　こまど……73

さ

ザラ峠　ざらとうげ……96
三角点広場　さんかくてんひろば……90・100・126
三ノ窓　さんのまど……74
祖父岳　じいだけ……109
シシウドが原　ししうどがはら……108・122
獅子ヶ鼻岩　ししがはないわ……36
七福園　しちふくえん……44
十字峡　じゅうじきょう……83
取水堰堤　しゅすいえんてい……132・135
浄土山北峰　じょうどさんほっぽう……17・23・96
浄土山南峰　じょうどさんなんほう……17・23・96
称名滝展望台　しょうみょうだきてんぼうだい……38
称名滝バス停　しょうみょうだきばすてい……38・45
新穂高温泉　しんほたかおんせん……108・115・121
新室堂乗越　しんむろどうのっこし……42・54
水晶小屋　すいしょうごや……116
水晶岳　すいしょうだけ……116
スゴ乗越小屋　すごのっこしごや……98
双六小屋　すごろくごや……107・115・122
双六岳　すごろくだけ……107・115・122
仙人池ヒュッテ　せんにんいけひゅって……65
仙人温泉　せんにんおんせん……65
仙人谷ダム　せんにんだにだむ……67・82
仙人峠　せんにんとうげ……64・70

Alpine Guide
劔・立山連峰
北アルプス

ヤマケイ アルペンガイド
劔・立山連峰 北アルプス

2019年6月1日　初版第1刷発行

著者／星野秀樹
発行人／川崎深雪
発行所／株式会社 山と溪谷社
〒101-0051
東京都千代田区神田神保町1丁目105番地
http://www.yamakei.co.jp/

■乱丁・落丁のお問合せ先
山と溪谷社自動応答サービス
TEL03-6837-5018
受付時間／10:00〜12:00、
13:00〜17:30（土日、祝日を除く）
■内容に関するお問合せ先
山と溪谷社　TEL03-6744-1900（代表）
■書店・取次様からのお問合せ先
山と溪谷社受注センター
TEL03-6744-1919　FAX03-6744-1927

印刷・製本／大日本印刷株式会社

装丁・ブックデザイン／吉田直人
編集／吉田祐介
DTP・地図制作／千秋社

ISBN 978-4-635-01293-5

＊本書に掲載した地図の作成に当たっては、国土地理院長の承認を得て、同院発行の数値地図（国土基本情報）電子国土基本図（地図情報）、数値地図（国土基本情報）電子国土基本図（地名情報）、数値地図（国土基本情報）基盤地図情報（数値標高モデル）及び数値地図（国土基本情報20万）を使用しました。（承認番号 平31情使、第69号）

＊本書の取材・執筆にあたりましては、劔・立山連峰の山小屋・宿泊施設、市町村、交通機関、ならびに登山者のみなさんにご協力いただきました。お礼申し上げます。＊本書に掲載したコース断面図の作成とGPSデータの編集にあたりましては、DAN杉本さん作成のフリーウェア「カシミール3D」を利用しました。お礼申し上げます。

星野秀樹《ほしのひでき》 写真・文

1968年福島県生まれ。映像製作プロダクションを経て、1999年よりフリーランス。山岳・アウトドア雑誌などを中心に活動中。同志社山岳同好会OB。ヒマラヤ、天山山脈などで高所登山を経験したのち、2001年からアメリカン・バックパッキングの魅力にひかれ、北米への取材を重ねている。また、2014年、北信州の豪雪の山村に移住。信越、上越の山に足繁く通う一方、里山に残る山村文化などをテーマに撮影を続けている。

立山・劔岳周辺は学生時代から通い続けたなじみのフィールド。野性的な雰囲気がいまだに色濃く残っているのが、いちばんの魅力だと思っている。とくに劔岳へは、鍛錬、試練、あこがれの山として、撮影の対象としてのみならず、純粋な登山の楽しみを求めて通っている。著書に『雪山放浪記』『劔人 劔に魅せられた男たち』（いずれも山と溪谷社）がある。

「アルペンガイド登山地図帳」の取り外し方

本を左右に大きく開く

＊「アルペンガイド登山地図帳」は背の部分が接着剤で本に留められています。無理に引きはがさず、本を大きく開くようにすると簡単に取り外せます。
＊接着剤がはがれる際に見返しの一部が破れることがあります。あらかじめご了承ください。

問合せ先一覧

山小屋

立山室堂山荘	TEL076-463-1228
ホテル立山	TEL076-463-3345
みくりが池温泉	TEL076-463-1441
ロッジ立山連峰	TEL076-463-6004
らいちょう温泉 雷鳥荘	TEL076-463-1664
雷鳥沢ヒュッテ	TEL076-463-1835
一の越山荘	TEL090-1632-4629
大汝休憩所	TEL076-482-1238
内蔵助山荘	TEL090-5686-1250
剱御前小舎	TEL080-8694-5076
天狗平山荘	TEL076-411-4380
立山高原ホテル	TEL076-463-1014
弥陀ヶ原ホテル	TEL076-481-1180
国民宿舎天望立山荘	TEL076-442-3535
大日小屋	TEL090-3291-1579
大日平山荘	TEL090-3295-1281
剱澤小屋	TEL080-1968-1620
剣山荘	TEL090-2372-5799
馬場島荘	TEL076-472-3080
早月小屋	TEL090-7740-9233
真砂沢ロッジ	TEL090-5686-0100
池の平小屋	TEL090-8967-9113
仙人池ヒュッテ	TEL090-1632-9120
仙人温泉小屋	TEL080-1965-7054
阿曽原温泉小屋	TEL0765-62-1148
山小屋祖母谷温泉	TEL0765-62-1038
太郎平小屋	TEL080-1951-3030
薬師岳山荘	TEL090-8263-2523
スゴ乗越小屋	TEL076-482-1917
五色ヶ原山荘	TEL090-2128-1857
平乃小屋	TEL090-2039-8051
ロッジくろよん	TEL076-463-6350
薬師沢小屋	TEL076-482-1917
雲ノ平山荘	TEL070-3937-3980
三俣山荘	TEL090-4672-8108
双六小屋	TEL090-3480-0434
鏡平山荘	TEL090-1566-7559
わさび平小屋	TEL090-8074-7778
高天原山荘	TEL076-482-1917
水晶小屋（三俣山荘）	TEL090-4672-8108
奥黒部ヒュッテ	TEL076-465-1228
黒部五郎小舎	TEL0577-34-6268
北ノ俣岳避難小屋	TEL0578-82-2253
片貝山荘	TEL0765-23-1046

県庁・県警本部・市町村役場

富山県庁	TEL076-431-4111
長野県庁	TEL026-232-0111
岐阜県庁	TEL058-272-1111
富山県警察本部	TEL076-441-2211
長野県警察本部	TEL026-233-0110
岐阜県警察本部	TEL058-271-2424
立山町役場	TEL076-463-1121
上市町役場	TEL076-472-1111
黒部市役所	TEL0765-54-2111
富山市役所	TEL076-431-6111
富山市役所大山総合行政センター	TEL076-483-1211
大町市役所	TEL0261-22-0420
高山市役所	TEL0577-32-3333
飛騨市役所	TEL0577-73-2111

主な交通機関

アルピコ交通（長野駅～大町～扇沢）	TEL026-254-6000
アルピコ交通（信濃大町駅～扇沢）	TEL0261-72-3155
富山地方鉄道	TEL076-432-3456
立山黒部貫光（アルペンルート）	TEL076-432-2819
富山地鉄乗車券センター（折立行きバス）	TEL076-442-8122
黒部峡谷鉄道	TEL0765-62-1011
濃飛バス	TEL0577-32-1688
アルピコ交通（松本駅～新穂高温泉）	TEL0263-32-0910
アルプス第一交通（信濃大町駅）	TEL0261-22-2121
アルピコタクシー（信濃大町駅）	TEL0261-23-2323
富山地鉄タクシー（富山駅）	TEL076-421-4200
大和交通（富山駅）	TEL076-421-8181
富山交通（富山駅）	TEL076-421-1122
協和タクシー（立山駅・有峰口駅）	TEL076-463-3939
立山交通（立山駅・有峰口駅）	TEL076-463-1188
GM交通（上市駅）	TEL076-472-0151
魚津交通（魚津駅）	TEL0765-22-0640
宇奈月交通（宇奈月温泉駅）	TEL0765-62-1555
山都タクシー（高山駅）	TEL0577-32-2323
新興タクシー（高山駅）	TEL0577-32-1700

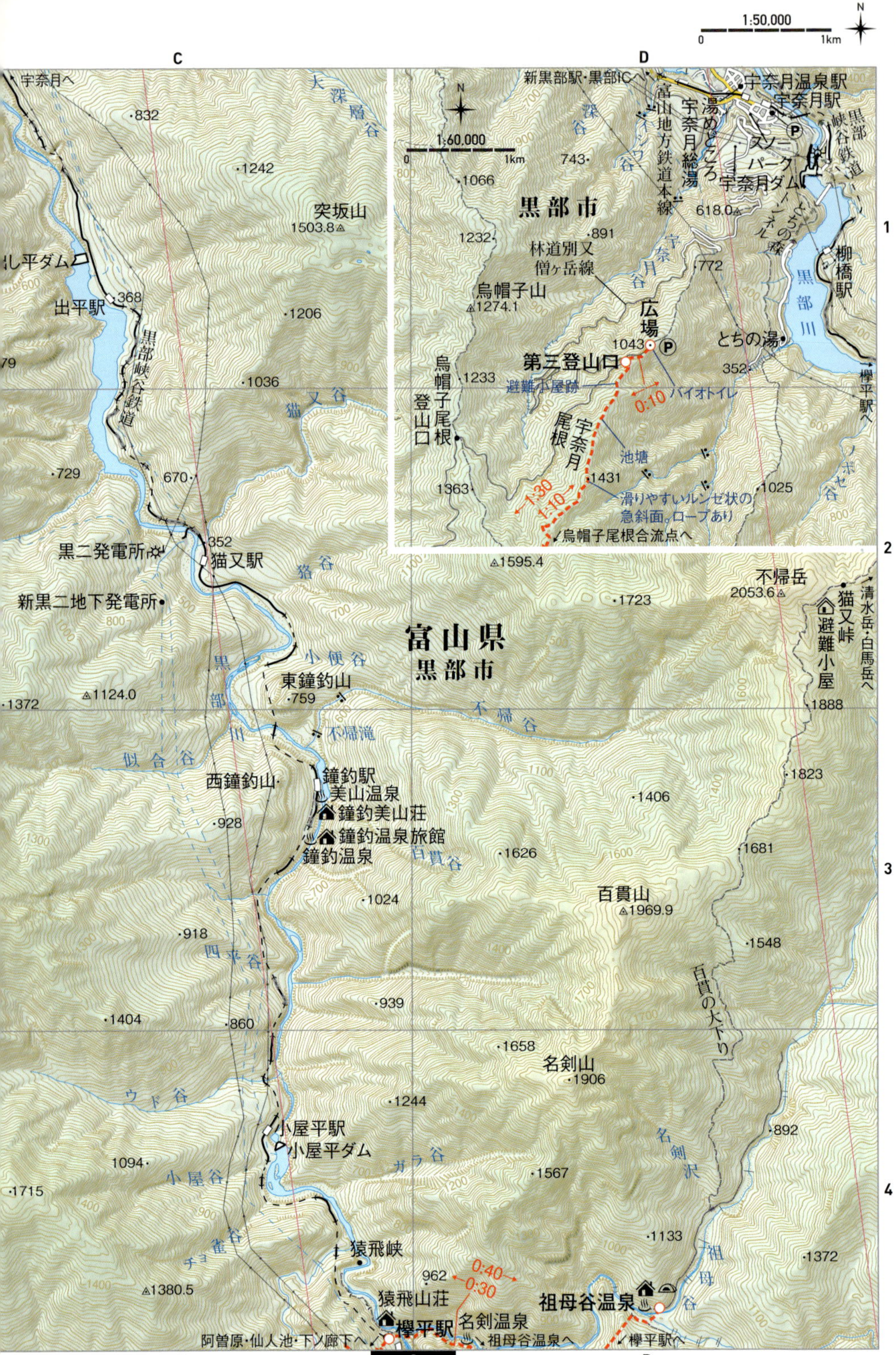
1:50,000
0
1km
N
C
D
宇奈月へ
832
1242
突坂山
1503.8
出平ダム
出平駅
368
1206
黒部峡谷鉄道
1036
猫又谷
729
670
352
黒二発電所
猫又駅
新黒二地下発電所
猪谷
富山県
黒部市
小便谷
東鐘釣山
759
1124.0
1372
黒部川
不帰滝
不帰谷
似合谷
西鐘釣山
鐘釣駅
美山温泉
鐘釣美山荘
鐘釣温泉旅館
鐘釣温泉
928
百貫谷
1024
918
四十八谷
939
1404
860
ウド谷
1244
小屋平駅
小屋平ダム
ガラ谷
1094
小屋谷
1715
チョ雀谷
猿飛峡
962
猿飛山荘
1380.5
欅平駅
名剣温泉
祖母谷温泉へ
阿曽原・仙人池・下ノ廊下へ
1595.4
1723
不帰岳
2053.6
猫又峠
避難小屋
清水岳・白馬岳へ
1888
1823
1406
1626
1681
百貫山
1969.9
1548
百貫の大下り
1658
名剣山
1906
892
名剣沢
1567
1133
祖母谷
1372
0:40
0:30
祖母谷温泉
欅平駅へ
N
1:60,000
0
1km
新黒部駅・黒部ICへ
宇奈月温泉駅
宇奈月駅
湯めどころ宇奈月総湯
富山地方鉄道本線
スノーパーク
宇奈月ダム
黒部峡谷鉄道
深谷
イヅラ谷
743
1066
黒部市
618.0
とちの森トンネル
柳橋駅
891
林道別又僧ヶ岳線
宇奈月谷
772
1232
烏帽子山
1274.1
黒部川
広場
1043
とちの湯
第三登山口
352
欅平駅へ
烏帽子尾根登山口
1233
避難小屋跡
0:10
バイオトイレ
宇奈月尾根
池塘
1431
ノボセ谷
1363
1:30
1:10
1025
滑りやすいルンゼ状の急斜面。ロープあり
烏帽子尾根合流点へ
1
2
3
4

11 毛勝山・僧ヶ岳・宇奈月温泉

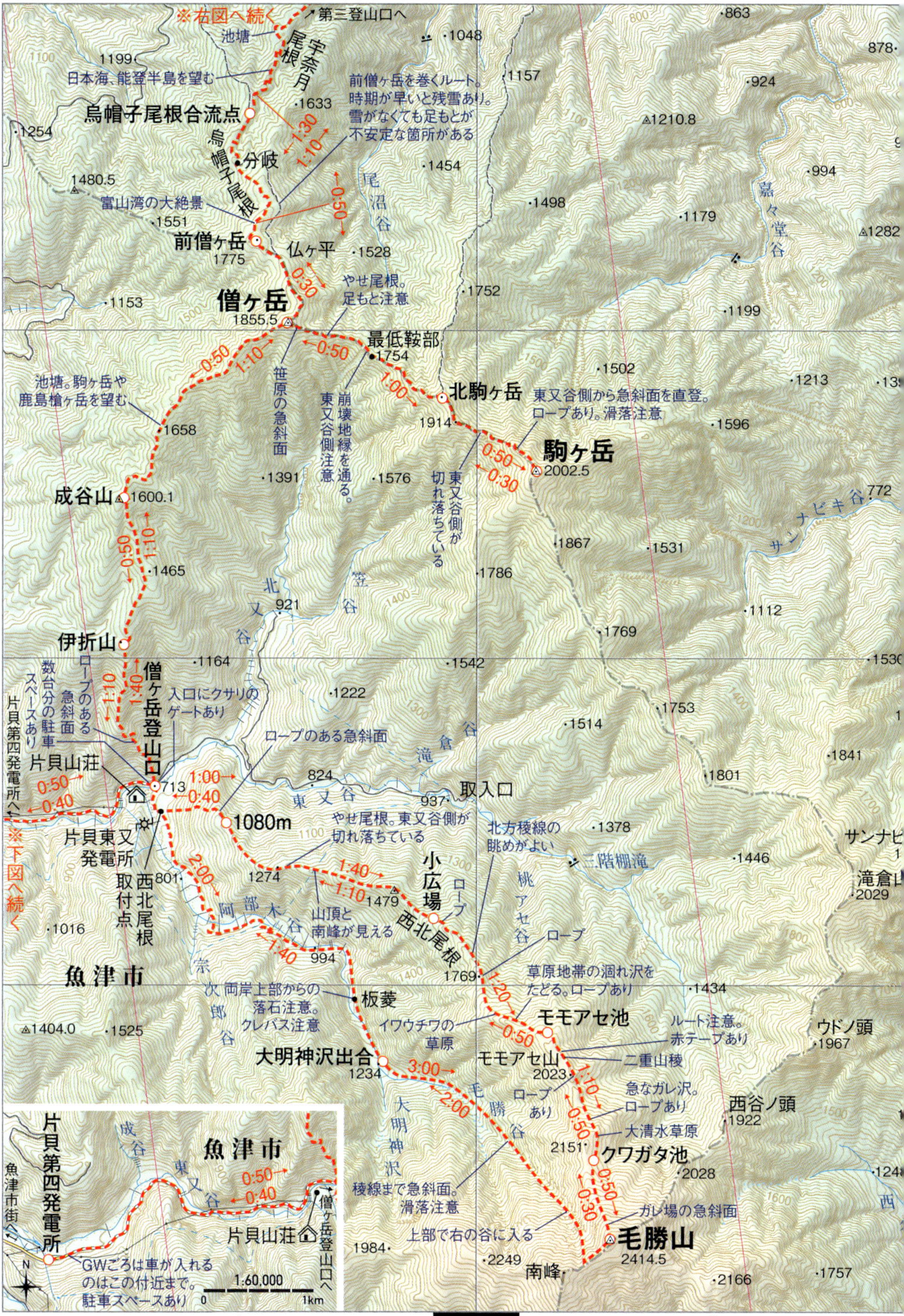

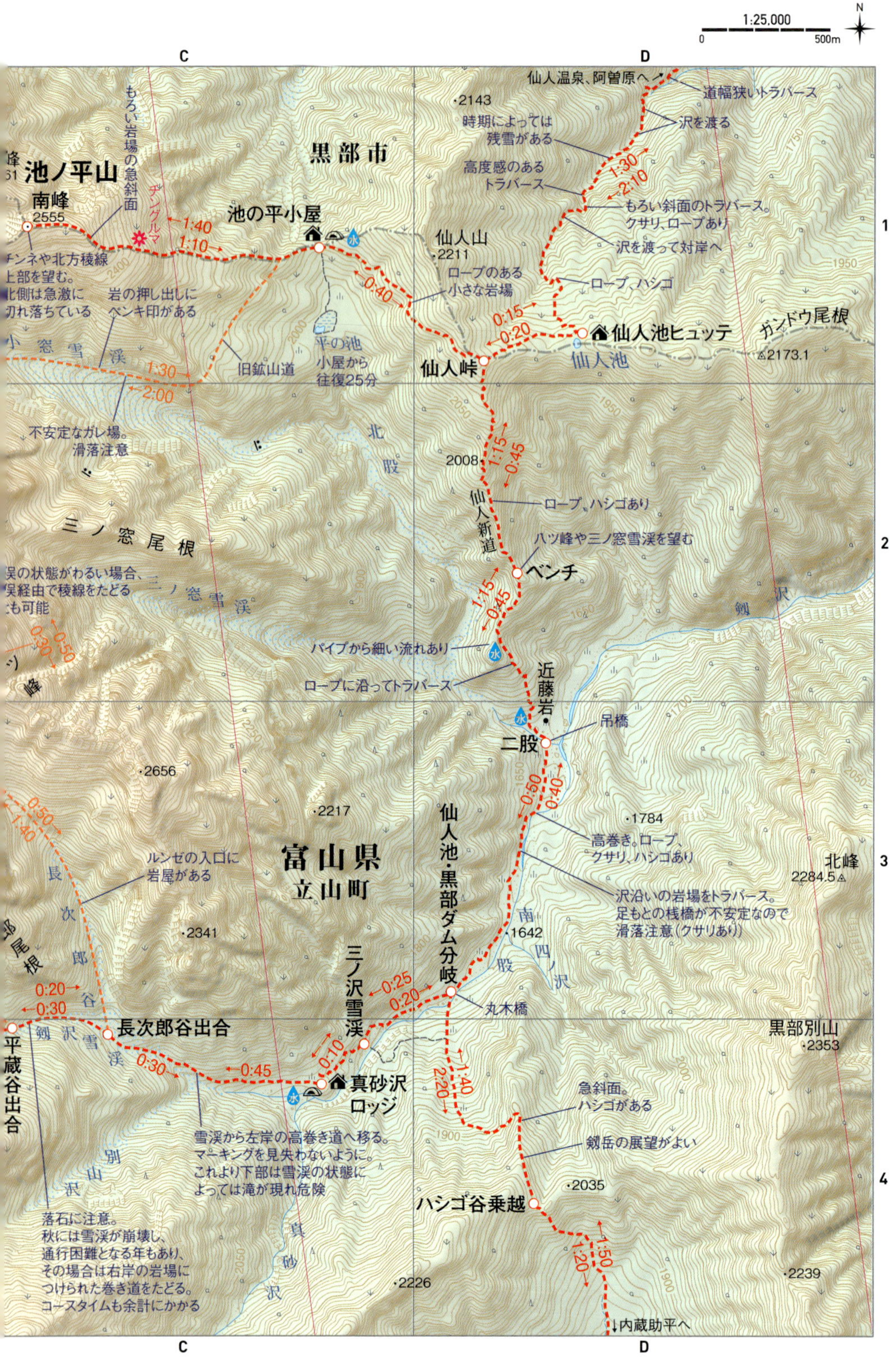
1:25,000
0
500m
N
C
D
仙人温泉、阿曽原へ
道幅狭いトラバース
沢を渡る
・2143
時期によっては
残雪がある
黒部市
池ノ平山
南峰
2555
もろい岩場の急斜面
チングルマ
1:40
1:10
池の平小屋
高度感のある
トラバース
1:30
2:10
もろい斜面のトラバース。
クサリ、ロープあり
沢を渡って対岸へ
仙人山
2211
チンネや北方稜線
上部を望む。
北側は急激に
切れ落ちている
岩の押し出しに
ペンキ印がある
0:40
ロープのある
小さな岩場
1950
ロープ、ハシゴ
0:15
0:20
仙人池ヒュッテ
ガンドウ尾根
2173.1
小窓雪渓
1:30
2:00
旧鉱山道
平の池
小屋から
往復25分
仙人峠
仙人池
不安定なガレ場。
滑落注意
北股
2008
1:15
0:45
仙人新道
ロープ、ハシゴあり
三ノ窓尾根
八ツ峰や三ノ窓雪渓を望む
ベンチ
渓の状態がわるい場合、
渓経由で稜線をたどる
とも可能
三ノ窓雪渓
0:30
0:50
八ツ峰
1:15
0:45
剱沢
パイプから細い流れあり
ロープに沿ってトラバース
近藤岩
吊橋
二股
・2656
0:50
0:40
0:50
1:40
・2217
仙人池・黒部ダム分岐
・1784
高巻き。ロープ、
クサリ、ハシゴあり
ルンゼの入口に
岩屋がある
富山県
立山町
北峰
2284.5
長次郎谷
沢沿いの岩場をトラバース。
足もとの桟橋が不安定なので
滑落注意(クサリあり)
・2341
・1642
南股
四ノ沢
三ノ沢雪渓
0:25
0:20
丸木橋
0:20
0:30
長次郎谷出合
黒部別山
・2353
平蔵谷出合
剱沢雪渓
0:30
0:45
0:10
1:40
2:20
真砂沢ロッジ
急斜面。
ハシゴがある
剱岳の展望がよい
雪渓から左岸の高巻き道へ移る。
マーキングを見失わないように。
これより下部は雪渓の状態に
よっては滝が現れ危険
別山沢
・2035
ハシゴ谷乗越
落石に注意。
秋には雪渓が崩壊し、
通行困難となる年もあり、
その場合は右岸の岩場に
つけられた巻き道をたどる。
コースタイムも余計にかかる
真砂沢
1:50
1:20
・2226
・2239
↓内蔵助平へ
1
2
3
4

10 剱岳・剱沢詳細図

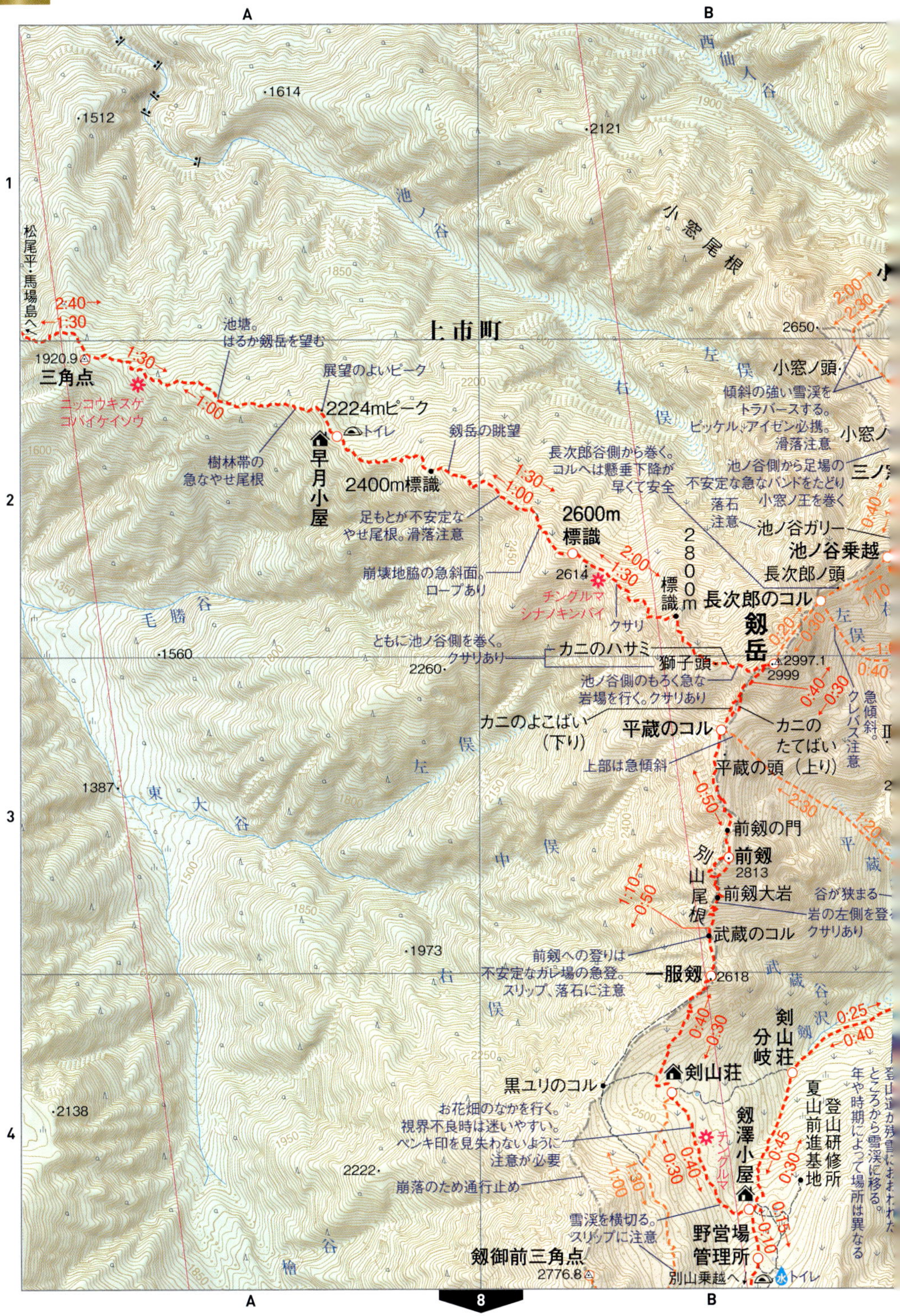

A
B
1
2
3
4
西仙人谷
池ノ谷
小窓尾根
松尾平・馬場島へ
2:40
1:30
上市町
池塘。
はるか剱岳を望む
1920.9
三角点
1:30
1:00
ニッコウキスゲ
コバイケイソウ
展望のよいピーク
2224mピーク
トイレ
早月小屋
樹林帯の
急なやせ尾根
剱岳の眺望
2400m標識
足もとが不安定な
やせ尾根。滑落注意
崩壊地脇の急斜面。
ロープあり
1:30
1:00
2600m
標識
2614
チングルマ
シナノキンバイ
2:00
1:30
クサリ
2800m
標識
長次郎のコル
剱岳
2997.1
2999
長次郎谷側から巻く。
コルへは懸垂下降が
早くて安全
2650
小窓ノ頭
傾斜の強い雪渓を
トラバースする。
ピッケル、アイゼン必携。
滑落注意
小窓ノ
三ノ
池ノ谷側から足場の
不安定な急なバンドをたどり
小窓ノ王を巻く
落石
注意
池ノ谷ガリー
池ノ谷乗越
長次郎ノ頭
2:00
2:30
0:40
1:10
左俣
右俣
毛勝谷
1560
2260
ともに池ノ谷側を巻く。
クサリあり
カニのハサミ
獅子頭
池ノ谷側のもろく急な
岩場を行く。クサリあり
カニのよこばい
（下り）
平蔵のコル
上部は急傾斜
カニの
たてばい
（上り）
平蔵の頭
急傾斜。
クレバス注意
0:20
0:30
0:40
0:30
2:30
1:20
平蔵
1387
東大谷
0:50
前剱の門
前剱
2813
別山尾根
前剱大岩
谷が狭まる
岩の左側を登る
クサリあり
武蔵のコル
1:10
0:50
1973
前剱への登りは
不安定なガレ場の急登。
スリップ、落石に注意
一服剱
2618
武蔵谷
剱沢
0:40
0:30
0:25
0:40
中俣
剣山荘
剣山荘分岐
黒ユリのコル
2138
お花畑のなかを行く。
視界不良時は迷いやすい。
ペンキ印を見失わないように
注意が必要
チングルマ
剱澤小屋
夏山前進基地
登山研修所
登山道が残雪におおわれたところから雪渓に移る。年や時期によって場所は異なる
2222
崩落のため通行止め
1:00
1:30
0:40
0:30
0:45
0:30
0:15
0:10
雪渓を横切る。
スリップに注意
野営場
管理所
剱御前三角点
2776.8
別山乗越へ
トイレ
檜谷

8

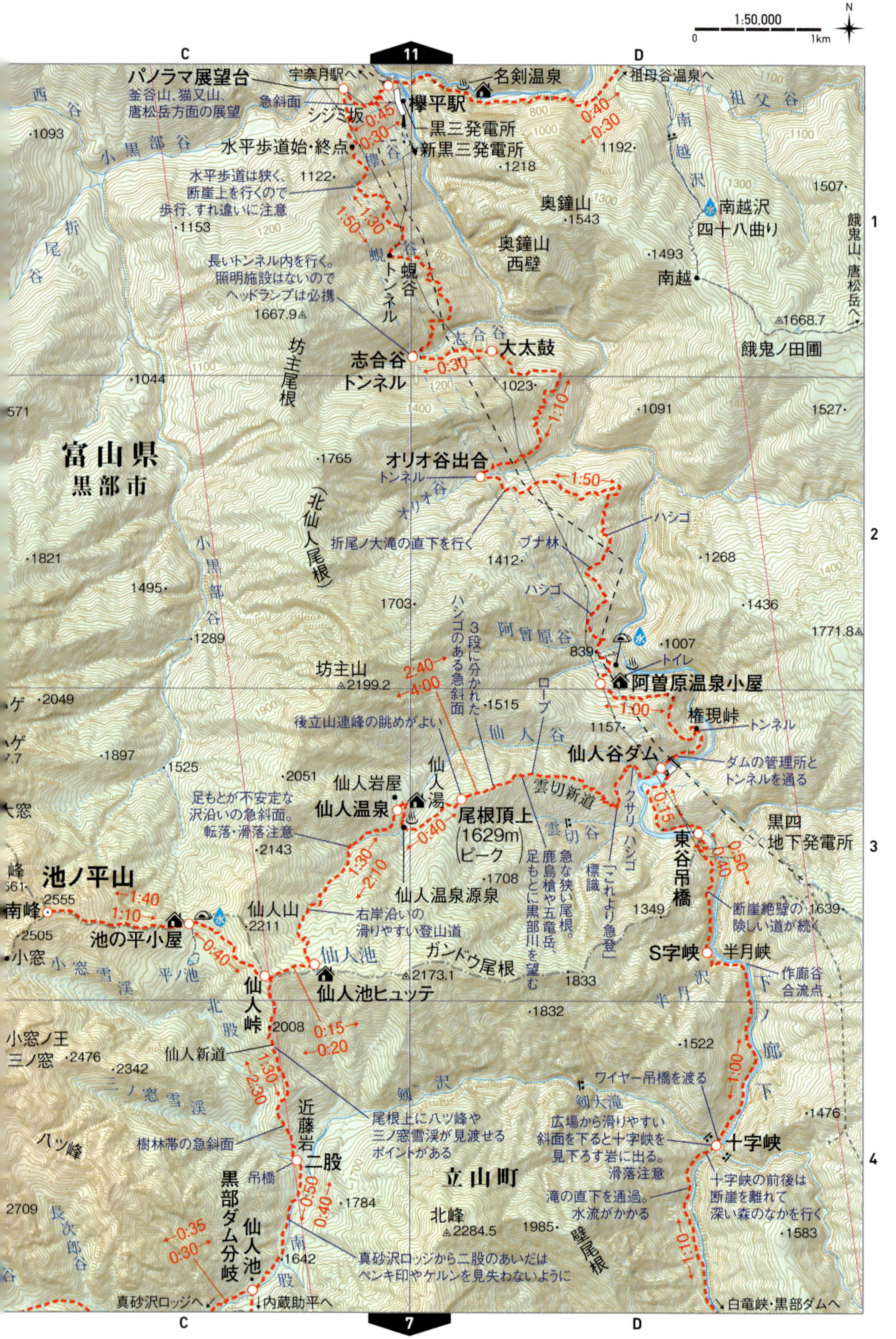
1:50,000
0
1km
N
11
7
C
D
1
2
3
4
パノラマ展望台
釜谷山、猫又山、唐松岳方面の展望
宇奈月駅へ
急斜面
欅平駅
名剣温泉
祖母谷温泉へ
シジミ坂
黒三発電所
新黒三発電所
水平歩道始・終点
水平歩道は狭く、断崖上を行くので歩行、すれ違いに注意
0:45
0:30
1:30
1:50
0:40
0:30
西谷
小黒部谷
折尾谷
祖父谷
南越沢
南越沢四十八曲り
南越
餓鬼山、唐松岳へ
餓鬼ノ田圃
奥鐘山
奥鐘山西壁
長いトンネル内を行く。照明施設はないのでヘッドランプは必携
蜆谷トンネル
志合谷
志合谷トンネル
大太鼓
坊主尾根
富山県
黒部市
オリオ谷出合
トンネル
オリオ谷
(北仙人尾根)
折尾ノ大滝の直下を行く
ブナ林
ハシゴ
1:10
1:50
3段に分かれたハシゴのある急斜面
阿曽原谷
阿曽原温泉小屋
トイレ
坊主山
2:40
4:00
ロープ
後立山連峰の眺めがよい
仙人谷
権現峠
トンネル
仙人谷ダム
ダムの管理所とトンネルを通る
1:00
仙人岩屋
仙人湯
仙人温泉
尾根頂上(1629mピーク)
雲切新道
雲切谷
足もとが不安定な沢沿いの急斜面。転落・滑落注意
急な狭い尾根。鹿島槍や五竜岳、足もとに黒部川を望む
クサリ、ハシゴ
「これより急登」標識
0:40
1:30
2:10
0:15
東谷吊橋
黒四地下発電所
0:50
0:40
断崖絶壁の険しい道が続く
仙人温泉源泉
池ノ平山
南峰
1:40
1:10
池の平小屋
小窓
小窓雪渓
平ノ池
仙人山
右岸沿いの滑りやすい登山道
仙人池
ガンドウ尾根
仙人池ヒュッテ
S字峡
半月峡
作廊谷合流点
半月沢
下ノ廊下
0:40
仙人峠
北股
0:15
0:20
小窓ノ王
三ノ窓
仙人新道
1:30
2:30
三ノ窓雪渓
剱沢
ワイヤー吊橋を渡る
剱大滝
1:00
八ツ峰
樹林帯の急斜面
近藤岩
尾根上に八ツ峰や三ノ窓雪渓が見渡せるポイントがある
広場から滑りやすい斜面を下ると十字峡を見下ろす岩に出る。滑落注意
十字峡
二股
吊橋
立山町
十字峡の前後は断崖を離れて深い森のなかを行く
黒部ダム分岐
仙人池・
0:50
0:40
長次郎谷
北峰
滝の直下を通過。水流がかかる
0:35
0:30
南股
壁尾根
1:10
真砂沢ロッジから二股のあいだはペンキ印やケルンを見失わないように
真砂沢ロッジへ
内蔵助平へ
白竜峡・黒部ダムへ

9 剱岳・下ノ廊下・赤谷山・猫又山

立山三山詳細図

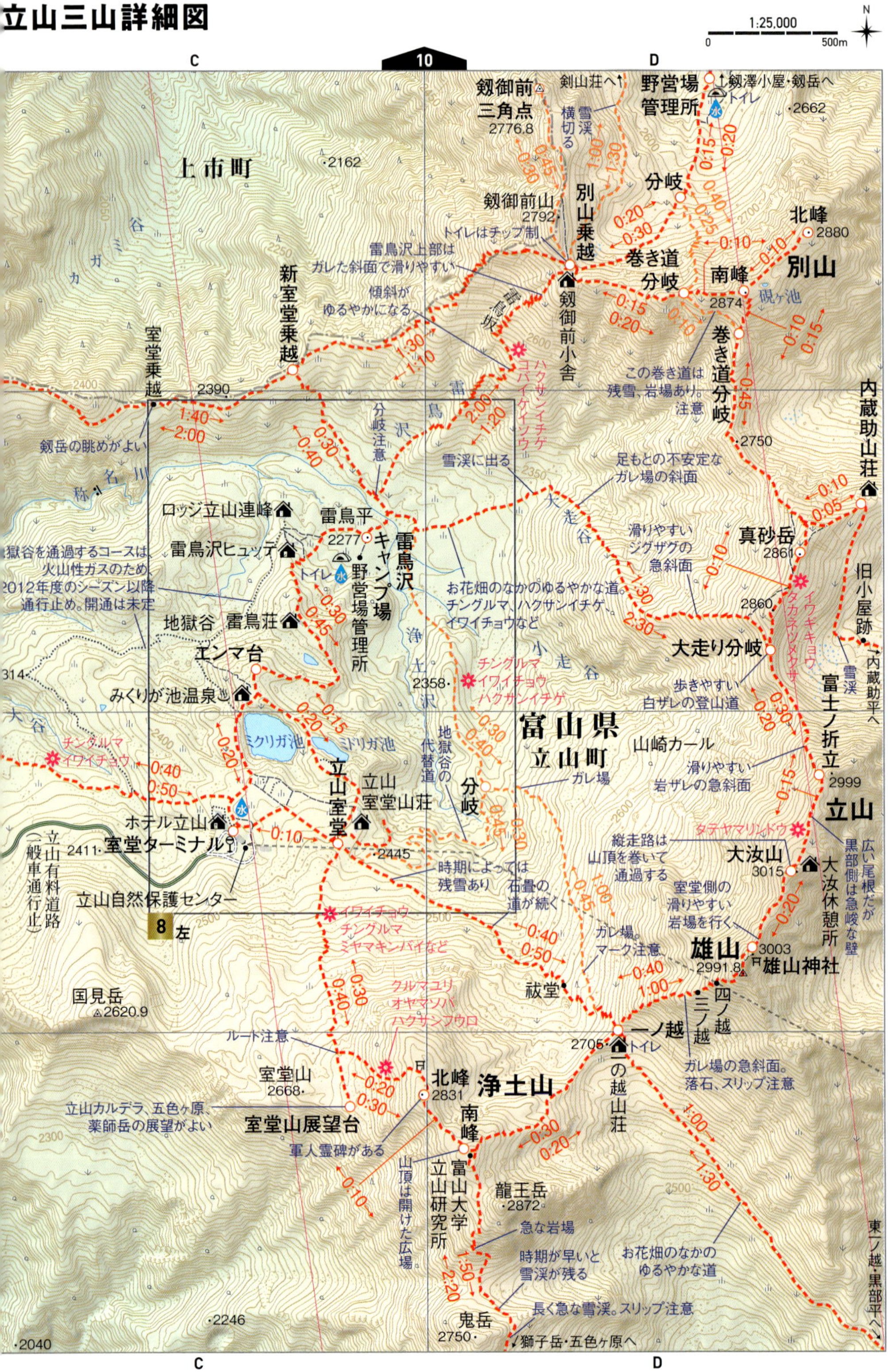

1:25,000
0
500m
N
C
10
D
1
2
3
4
剱御前三角点
2776.8
剣山荘へ
雪渓横切る
野営場管理所
剱澤小屋・剱岳へ
トイレ
水
2662
上市町
2162
剱御前山
2792
別山乗越
分岐
北峰
2880
トイレはチップ制
雷鳥沢上部は
ガレた斜面で滑りやすい
巻き道分岐
南峰
2874
別山
硯ヶ池
新室堂乗越
傾斜が
ゆるやかになる
雷鳥坂
剱御前小舎
この巻き道は
残雪、岩場あり。
注意
巻き道分岐
室堂乗越
2390
2400
ハクサンイチゲ
コバイケイソウ
雷鳥沢
内蔵助山荘
剱岳の眺めがよい
分岐注意
雪渓に出る
足もとの不安定な
ガレ場の斜面
2750
称名川
ロッジ立山連峰
雷鳥平
2277
キャンプ場
雷鳥沢
大走谷
滑りやすい
ジグザグの
急斜面
真砂岳
2861
雷鳥沢ヒュッテ
トイレ
野営場管理所
旧小屋跡
地獄谷を通過するコースは、
火山性ガスのため、
2012年度のシーズン以降
通行止め。開通は未定
お花畑のなかのゆるやかな道。
チングルマ、ハクサンイチゲ、
イワイチョウなど
2860
イワギキョウ
タカネツメクサ
地獄谷
雷鳥荘
大走り分岐
エンマ台
浄土沢
小走谷
内蔵助平へ
雪渓
2314
チングルマ
イワイチョウ
ハクサンイチゲ
2358
歩きやすい
白ザレの登山道
みくりが池温泉
富士ノ折立
大谷
ミクリガ池
ミドリガ池
地獄谷の代替道
富山県
立山町
山崎カール
チングルマ
イワイチョウ
2400
滑りやすい
岩ザレの急斜面
2999
立山室堂
立山室堂山荘
分岐
ガレ場
立山
ホテル立山
タテヤマリンドウ
広い尾根だが
黒部側は急峻な壁
立山有料道路
(一般車通行止)
2411
室堂ターミナル
2445
縦走路は
山頂を巻いて
通過する
大汝山
3015
大汝休憩所
時期によっては
残雪あり
石畳の
道が続く
室堂側の
滑りやすい
岩場を行く
立山自然保護センター
8 左
イワイチョウ
チングルマ
ミヤマキンバイなど
ガレ場、
マーク注意
雄山
3003
2991.8
雄山神社
国見岳
2620.9
クルマユリ
オヤマソバ
ハクサンフウロ
祓堂
四ノ越
三ノ越
ルート注意
2705
一ノ越
トイレ
室堂山
2668
北峰
2831
浄土山
ガレ場の急斜面。
落石、スリップ注意
一の越山荘
立山カルデラ、五色ヶ原、
薬師岳の展望がよい
室堂山展望台
南峰
2300
軍人霊碑がある
山頂は開けた広場
富山大学立山研究所
龍王岳
2872
2500
急な岩場
時期が早いと
雪渓が残る
お花畑のなかの
ゆるやかな道
東一ノ越・黒部平へ
2246
長く急な雪渓。スリップ注意
鬼岳
2750
2040
獅子岳・五色ヶ原へ
C
D

8 室堂詳細図

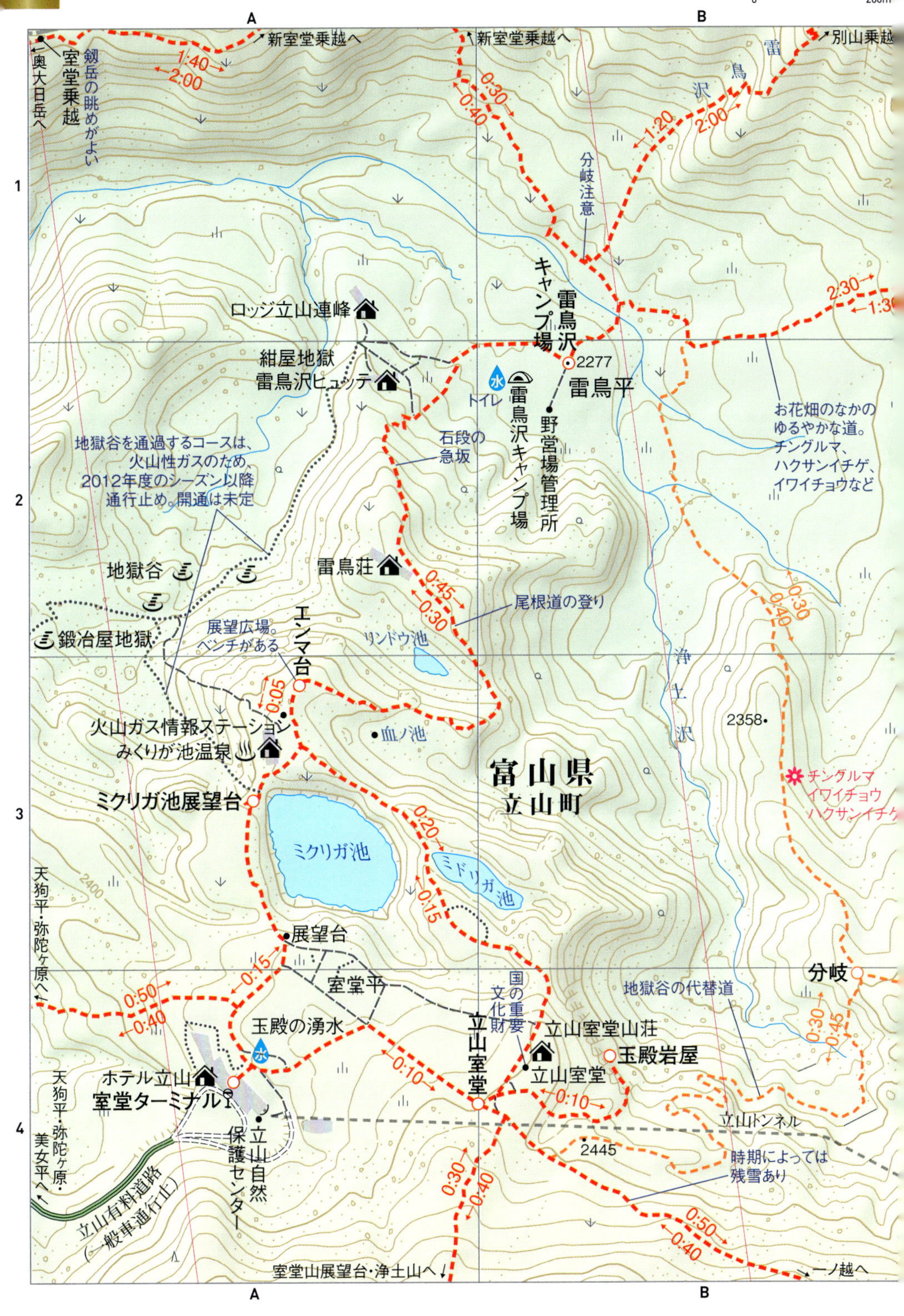

1:10,000
0
200m
A
B
新室堂乗越へ
新室堂乗越へ
別山乗越へ
奥大日岳へ
室堂乗越
剱岳の眺めがよい
1:40
2:00
0:30
0:40
1:20
2:00
雷鳥沢
分岐注意
ロッジ立山連峰
雷鳥沢キャンプ場
2277
雷鳥平
2:30
紺屋地獄
雷鳥沢ヒュッテ
水
トイレ
雷鳥沢キャンプ場
野営場管理所
石段の急坂
お花畑のなかのゆるやかな道。チングルマ、ハクサンイチゲ、イワイチョウなど
地獄谷を通過するコースは、火山性ガスのため、2012年度のシーズン以降通行止め。開通は未定
地獄谷
雷鳥荘
0:45
0:30
尾根道の登り
0:30
0:40
鍛冶屋地獄
展望広場。ベンチがある
エンマ台
リンドウ池
浄土沢
0:05
2358
火山ガス情報ステーション
血ノ池
みくりが池温泉
富山県
立山町
チングルマ
イワイチョウ
ハクサンイチゲ
ミクリガ池展望台
0:20
ミクリガ池
ミドリガ池
0:15
2400
天狗平・弥陀ヶ原へ
展望台
0:15
室堂平
分岐
0:50
0:40
国の重要文化財
地獄谷の代替道
0:30
0:45
玉殿の湧水
立山室堂
立山室堂山荘
玉殿岩屋
水
0:10
ホテル立山
立山室堂
室堂ターミナル
0:10
立山トンネル
天狗平・弥陀ヶ原・美女平へ
立山自然保護センター
2445
時期によっては残雪あり
0:30
0:40
立山有料道路（一般車通行止）
0:50
0:40
室堂山展望台・浄土山へ
一ノ越へ
1
2
3
4

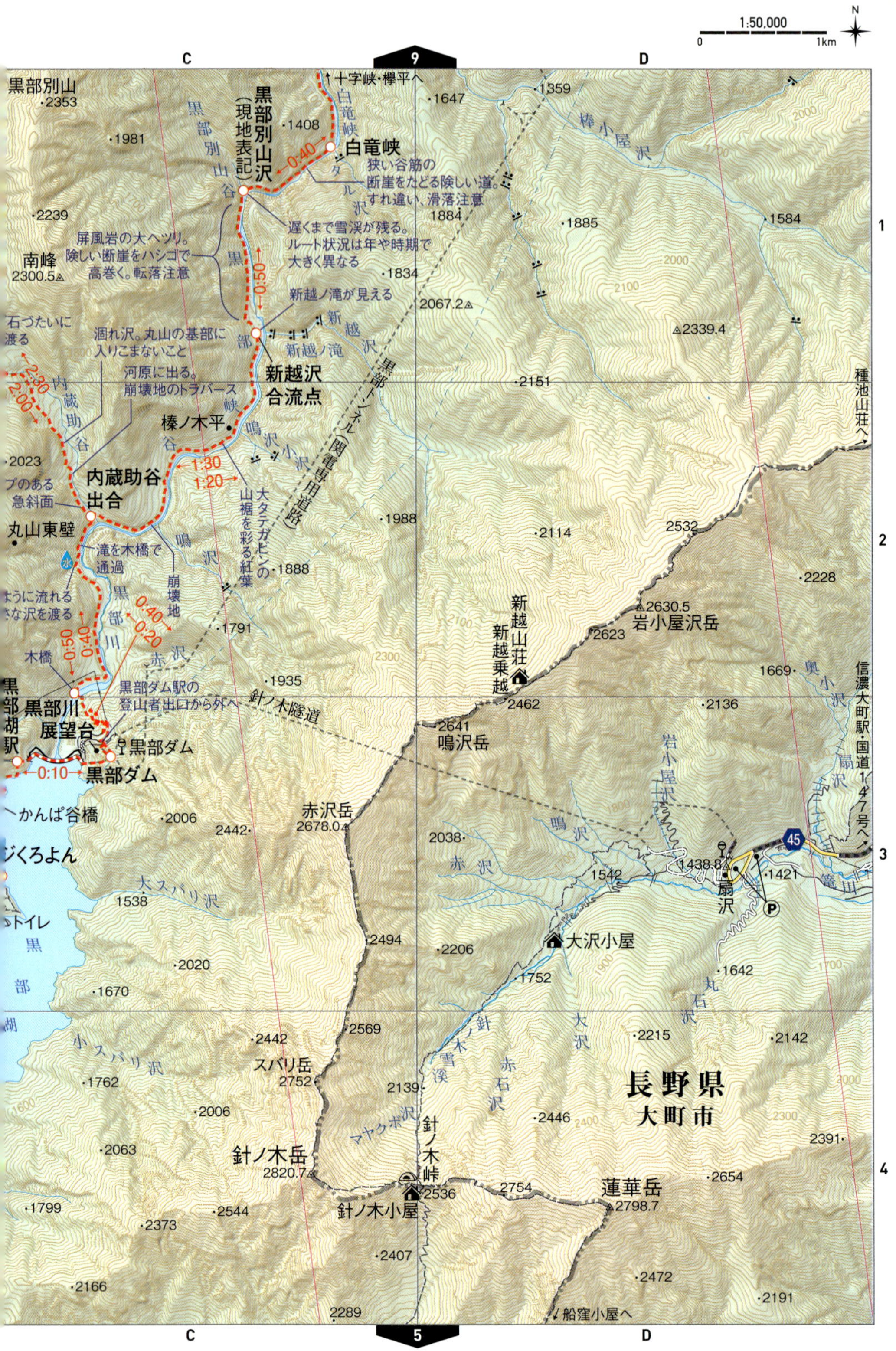

1:50,000
0
1km
N
9
5
C
D
1
2
3
4
十字峡・欅平へ
黒部別山
2353
1981
1408
黒部別山沢（現地表記）
0:40
白竜峡
白竜峡
狭い谷筋の断崖をたどる険しい道。すれ違い、滑落注意
タル沢
1647
1359
棒小屋沢
1884
1885
1584
2239
屏風岩の大ヘツリ。険しい断崖をハシゴで高巻く。転落注意
遅くまで雪渓が残る。ルート状況は年や時期で大きく異なる
南峰
2300.5
0:50
黒部別山谷
1834
2067.2
新越ノ滝が見える
2339.4
石づたいに渡る
涸れ沢。丸山の基部に入りこまないこと
新越沢
新越ノ滝
黒部トンネル（関電専用道路）
2:30
2:00
河原に出る。崩壊地のトラバース
新越沢合流点
2151
種池山荘へ
内蔵助谷
峡
棒ノ木平
鳴沢小沢
2023
1:30
1:20
プのある急斜面
内蔵助谷出合
大タテガビンの山裾を彩る紅葉
1988
2114
2532
丸山東壁
滝を木橋で通過
鳴沢
崩壊地
1888
2228
ように流れる
きな沢を渡る
黒部川
0:40
0:20
新越山荘
新越乗越
2630.5
岩小屋沢岳
0:50
0:40
1791
2623
木橋
赤沢
1935
1669
奥小沢
信濃大町駅・国道147号へ
黒部湖駅
黒部川展望台
黒部ダム駅の登山者出口から外へ
針ノ木隧道
2462
2136
2641
鳴沢岳
岩小屋沢
黒部ダム
0:10
黒部ダム
扇沢
かんぱ谷橋
2006
2442
赤沢岳
2678.0
鳴沢
2038
赤沢
45
1438.8
1421
籠川
扇沢
P
ジくろよん
大スバリ沢
1538
1542
トイレ
黒部湖
2494
2206
大沢小屋
1642
2020
1752
丸石沢
1670
針ノ木雪渓
大沢
2569
2215
2142
小スバリ沢
2442
スバリ岳
2752
赤石沢
1762
2139
長野県
大町市
2006
マヤクボ沢
針ノ木峠
2446
2063
2391
針ノ木岳
2820.7
2654
2754
蓮華岳
2798.7
1799
2544
2536
針ノ木小屋
2373
2407
2472
2166
2289
船窪小屋へ
2191

武蔵のコル
剱岳へ
一服剱
剣山荘
黒ユリのコル
登山研修所夏山前進基地
剱澤小屋
野営場管理所
剱御前三角点
上市町
真砂沢ロッジ
ハシゴ谷乗越
二股
仙人
奥大日岳
奥大日岳最高点
大日小屋へ
池塘
カガミ谷乗越
称名川側を巻く
シナノキンバイ
ハクサンフウロ
獅子ヶ鼻岩へ
新室堂乗越
室堂乗越
別山乗越
剱御前小舎
別山
剱ヶ池
真砂沢カール
岩がゴロゴロした涸れ沢をたどる
開けた河原。休憩によい
剱岳の眺めがよい
ロッジ立山連峰
雷鳥沢ヒュッテ
雷鳥沢キャンプ場
雷鳥荘
地獄谷
通行止め
真砂岳
内蔵助山荘
ガレ場の急斜面
内蔵助カール
内蔵助カール下部
ロープの岩場
急なやせ尾根
雪渓の上を横切る。シュルンドに注意
内蔵
岩舎
立山高原ホテル
天狗平山荘
鏡石
天狗平
チングルマ
イワイチョウ
みくりが池温泉
ホテル立山
室堂ターミナル
立山室堂山荘
立山自然保護センター
大走り分岐
富士ノ折立
大汝山
大汝休憩所
雄山神社
雄山
立山
富山県
立山町
弥陀ヶ原へ
車道を横断する
天狗山
国見岳
浄土山
北峰
室堂山
展望台
一ノ越
一の越山荘
雷殿
大観峰駅
立山ロープウェイ
背丈を越えるやぶ
黒部平駅
分岐
タンボ平
ハシゴ
頭上でロープウェイがすれ違う
涸れ沢に出る。沢を下りすぎないように注意
南峰
龍王岳
富山大学立山研究所
龍王岳の西側を巻く
鬼岳
岩場をハシゴで通過
鬼岳は東側を巻く。長く、急な雪渓。注意
東一ノ越
ガラ場の急斜面
岩まじりの急斜面
獅子岳
ミヤマキンポウゲ
ハクサンチドリ
クロユリ
イワギキョウ
クサリ
佐々成政の「さらさら越え」で知られる
キャンプ指定地分岐
カルデラの縁を行く
ザラ峠
ハシゴが2段続く
木道をたどる
一帯は高山植物が豊富
鷲岳
五色ヶ原山荘
トイレ
キャンプ指定地
クロユリ
ハクサンコザクラ
アオノツガザクラ
ハクサンフウロ
五色ヶ原
富山市
鳶山
細い岩稜
越中沢岳・薬師岳へ
刈安峠
ここからは昔の道を行く
御山谷
小滝を橋で渡る
大高巻き。ハシゴあり
木橋を渡る
ロープ
中ノ谷
平乃小屋
乗船約10分（無
渡船の時間を事前に確認し余裕をもって行動すること
平ノ渡場・読売新道へ

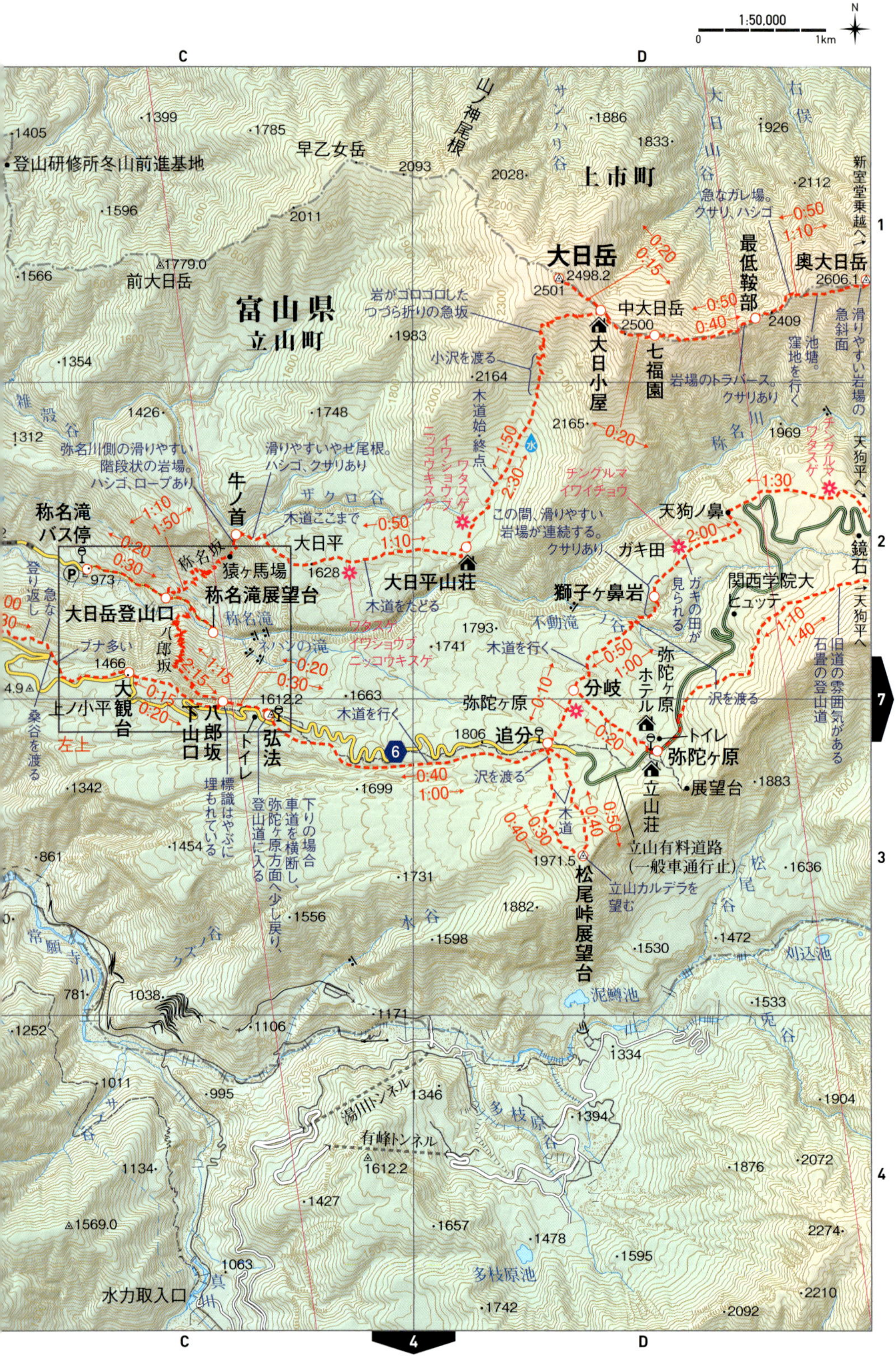
1:50,000
0
1km
N
C
D
C
D
1
2
3
4
7
4
富山県
立山町
上市町
早乙女岳
山ノ神尾根
サンハリ谷
大日山谷
右俣
新室堂乗越へ
大日岳
2498.2
2501
中大日岳
2500
最低鞍部
奥大日岳
2606.1
2409
急なガレ場。クサリ、ハシゴ
滑りやすい岩場の急斜面
池塘。窪地を行く
岩場のトラバース。クサリあり
七福園
大日小屋
岩がゴロゴロしたつづら折りの急坂
小沢を渡る
木道始・終点
イワショウブ
ワタスゲ
ニッコウキスゲ
チングルマ
イワイチョウ
チングルマ
ワタスゲ
天狗平へ
天狗ノ鼻
鏡石
天狗平へ
称名川
前大日岳
1779.0
登山研修所冬山前進基地
雑穀谷
弥名川側の滑りやすい階段状の岩場。ハシゴ、ロープあり
滑りやすいやせ尾根。ハシゴ、クサリあり
牛ノ首
ザクロ谷
木道ここまで
大日平
大日平山荘
1628
この間、滑りやすい岩場が連続する。クサリあり
ガキ田
ガキの田が見られる
獅子ヶ鼻岩
関西学院大ヒュッテ
旧道の雰囲気がある石畳の登山道
称名滝バス停
973
称名坂
猿ヶ馬場
称名滝展望台
称名滝
ハンノキ滝
大日岳登山口
八郎坂
ブナ多い
1466
登り返し
急な
大観台
上ノ小平
桑谷を渡る
左上
下山口
八郎坂
弘法
トイレ
1612.2
木道をたどる
ワタスゲ
イワショウブ
ニッコウキスゲ
1793
1741
不動滝
木道を行く
分岐
弥陀ヶ原ホテル
沢を渡る
1663
木道を行く
弥陀ヶ原
1806
追分
トイレ
弥陀ヶ原
立山荘
展望台
1883
沢を渡る
木道
6
1699
1342
1454
標識はやぶに埋もれている
登山道に入る
下りの場合車道を横断し、弥陀ヶ原方面へ少し戻り、
1731
立山有料道路（一般車通行止）
1971.5
松尾峠展望台
立山カルデラを望む
松尾谷
1636
861
常願寺川
クズノ谷
1556
水谷
1598
1882
1530
1472
刈込池
泥鰌池
781
1038
1106
1171
1533
1252
八兎谷
1334
1011
995
湯川トンネル
1346
多枝原谷
1394
1904
有峰トンネル
1612.2
1134
1876
2072
1427
1569.0
1657
1478
2274
1595
1063
真川
多枝原池
水力取入口
1742
2092
2210
1405
1399
1785
2093
2028
1886
1833
1926
2112
2011
1596
1566
1983
1354
2164
2165
1426
1748
1312
1969
1:10
1:50
0:20
0:30
0:50
1:10
1:50
2:30
0:20
0:15
0:50
0:40
0:50
1:10
0:20
1:30
2:00
0:50
1:00
1:10
1:40
2:15
1:15
0:20
0:30
0:15
0:20
0:10
0:20
0:40
1:00
0:40
0:30
0:40
0:50

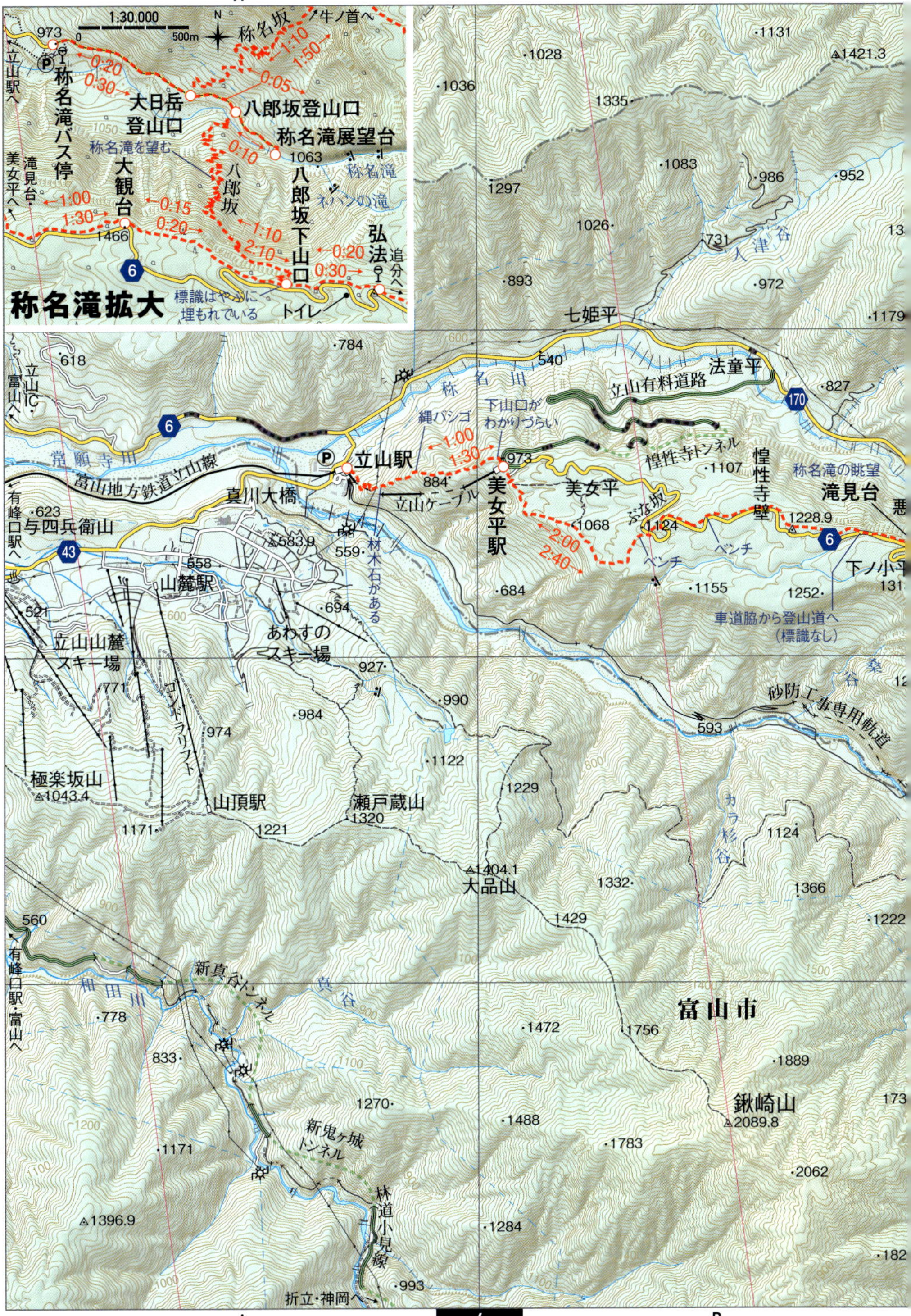

A
B
1
2
3
4
1:30,000
500m
N
称名滝拡大
973
立山駅へ
称名滝バス停
大日岳登山口
八郎坂登山口
称名滝展望台
1063
称名滝
称名滝を望む
大観台
1466
八郎坂
八郎坂下山口
ネハンの滝
弘法
追分へ
滝見台・美女平へ
称名坂
牛ノ首へ
0:20
0:30
0:05
0:10
1:00
1:30
0:15
0:20
1:10
2:10
1:10
1:50
標識はヤブに埋もれている
トイレ
6
立山駅
P
真川大橋
富山地方鉄道立山線
常願寺川
称名川
縄バシゴ
下山口がわかりづらい
1:00
1:30
884
973
立山ケーブル
美女平駅
美女平
ぶな坂
2:00
2:40
ベンチ
立山有料道路
悟性寺トンネル
悟性寺壁
1107
称名滝の眺望
滝見台
1228.9
七姫平
法童平
170
540
車道脇から登山道へ（標識なし）
材木石がある
与四兵衛山
有峰口駅へ
43
山麓駅
立山山麓スキー場
あわすのスキー場
ゴンドラリフト
極楽坂山
1043.4
山頂駅
瀬戸蔵山
1320
大品山
1404.1
立山IC・富山へ
砂防工事専用軌道
大津谷
カラ杉谷
相田川
真谷
新真谷トンネル
新鬼ヶ城トンネル
林道小見線
有峰口駅・富山へ
折立・神岡へ
富山市
鍬崎山
2089.8
1396.9
1131
1421.3
1028
1036
1335
1083
986
952
1297
1026
731
893
972
1179
784
618
827
623
583.9
559
558
694
684
1068
1124
1155
1252
521
771
927
990
984
974
1122
1229
1171
1221
1124
1332
1366
1429
1222
560
778
833
1472
1756
1889
1270
1488
1783
1171
2062
1284
993

1:50,000
0 1km
N

C 7 D

C 3 D

5 読売新道・高天原・越中沢岳

1:50,000
0
1km
N
C
6
D
富山県
富山市
丸山
1962.8
岩井谷橋
ラオトシ谷
スゴ谷
スゴ一の谷
スゴ二ノ谷
鳶谷
岩井谷
1488
1742
2092
1912.5
1091
1230
2249
1715
1751
1184
1645
1597
1541
2008
1661
1704
1964
2007
1311
1866
1801
スゴ乗越
2091
滑りやすいザレ場。
ロープあり
0:50
0:40
スゴの頭・五色ヶ原へ
2016
スゴ乗越小屋
水
1938
1624
2308
1615
池塘のある二重山稜
1:20
0:50
1836
間山
岩ザレの急斜面
2585.4
北薬師岳を望む。
池塘あり
2137
2462
2157
1749
ペンキ印を
見失わないこと
1:40
1:10
上ノ黒ビンガ
5
2032
2832
二重山稜の内側を行く
2494
北薬師岳
2900
2063
薬師岳の圏谷群は
国の特別天然記念物
1:10
0:50
金作谷
金作谷カール
2108
2489.6
岩稜帯のアップダウンが続く
明るい草原に続く
石畳の道
1:30
1:00
ベンチ
五光岩
2233
東南稜との分岐に
大ケルンがある。
東南稜へ迷いこまない
ように注意
薬師岳
2926.0
2358
北アルプスの山々を一望
中央カール
黒部川
1692
2058
避難小屋
1:00
0:40
五光岩ベンチ
2196
滑りやすい急斜面。
転倒注意
薬師岳山荘
2701
避難小屋は
風よけシェルターとして
使える程度のもの
東南稜
2855
南稜カール
0:50
0:40
ニッコウキスゲ
1953
ベンチ
雪渓注意
薬師峠
薬師平
0:50
0:40
2786
立石
太郎平小屋
木道
2294
水
0:50
0:30
ハクサンイチゲ
ミヤマキンポウゲ
木道をたどる
トイレ
トイレ
0:20
ケルンがある
2448
1757
立石奇岩
1:20
1:40
太郎山
水
2373.0
太郎兵衛平
雲ノ平や黒部源流部の
山々の眺めがよい
右俣
北ノ俣岳分岐・
黒部五郎岳へ
0:45
1:00
第一徒渉点・雲ノ平へ
2123
2650.7
2173
1
2
3
4
C
2
D

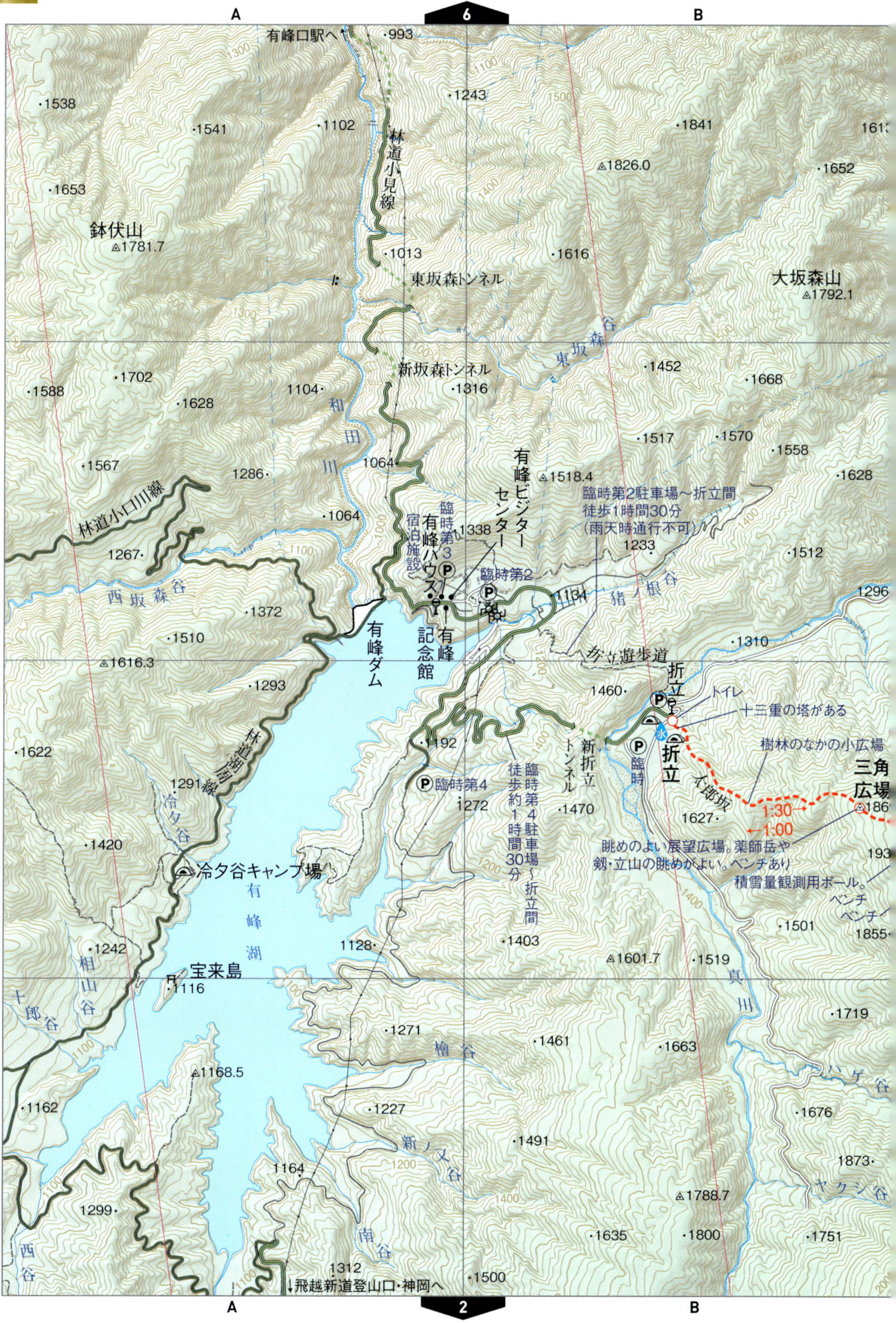
A
6
B
有峰口駅へ
林道小見線
東坂森トンネル
新坂森トンネル
鉢伏山
1781.7
大坂森山
1792.1
1826.0
東坂森谷
和田川
林道小口川線
西坂森谷
有峰ビジターセンター
臨時第3
有峰ハウス
宿泊施設
臨時第2
有峰記念館
有峰ダム
臨時第2駐車場～折立間
徒歩1時間30分
(雨天時通行不可)
猪ノ根谷
折立遊歩道
折立
トイレ
十三重の塔がある
樹林のなかの小広場
三角広場
1:30
1:00
太郎坂
新折立トンネル
臨時
臨時第4
臨時第4駐車場～折立間
徒歩約1時間30分
眺めのよい展望広場。薬師岳や
剱・立山の眺めがよい。ベンチあり
積雪量観測用ポール。
ベンチ
ベンチ
林道有峰湖線
冷夕谷
冷夕谷キャンプ場
有峰湖
宝来島
相山谷
十郎谷
檜谷
真川
ハゲ谷
新ノ又谷
南谷
西谷
ヤクシ谷
1616.3
1601.7
1168.5
1788.7
1518.4
↓飛越新道登山口・神岡へ
A
2
B
1
2
3
4

1:50,000
0
1km
N
C
5
D
高瀬ダムへ
餓鬼岳へ
西沢
1820
2055.2
1865
1505
二ノ沢
2644
ケンズリ
(中沢岳)
2236
1942
高嵐山
2152.4
高嵐沢
1286
ワサビ沢
1696
1950
2322
2155
2508
1
1599
2137
484
2403
東沢乗越
2497
東沢岳
2050
1621
名無沢
1540
名無避難小屋
2253
五郎沢
2682.8
2723
2145
長野県
大町市
1372
北燕岳
2434
1828
2
湯俣岳
2378.8
コジ沢
2455
1813
1372
セバ沢
1826
燕岳
2763.0
1740
高瀬川
2017
2437
2027
一ノ沢
休業中
川
九里沢
2033
2021
2704
湯俣温泉
晴嵐荘
湯俣山荘
燕山荘
2499
地獄噴湯丘
1753
湯俣川
1660
2399
合戦尾根
2488.2
カラ谷
1798
2682
合戦小屋
売店のみ
3
蛙岩
2227
2031
2267.3
中房・燕岳登山口へ
1484
1748
2678
1975
中東沢
水俣川
2546
大下り
1766
2246
北中川谷
2013
為右衛門吊岩
安曇野市
1763
2015
1993
千天出合
2511
2392
千丈沢
1856
2108
2699
1705
2546
切通岩
1654
1699
小林喜作レリーフ
1864
4
ガレ沢
2337
牛首山
大天井岳
天上沢
2526.6
2553
2922.1
2484
大天井ヒュッテ
大天荘
2383
貧乏沢
2766
2316
1774
2540
松本市
槍ヶ岳へ
常念岳へ
1

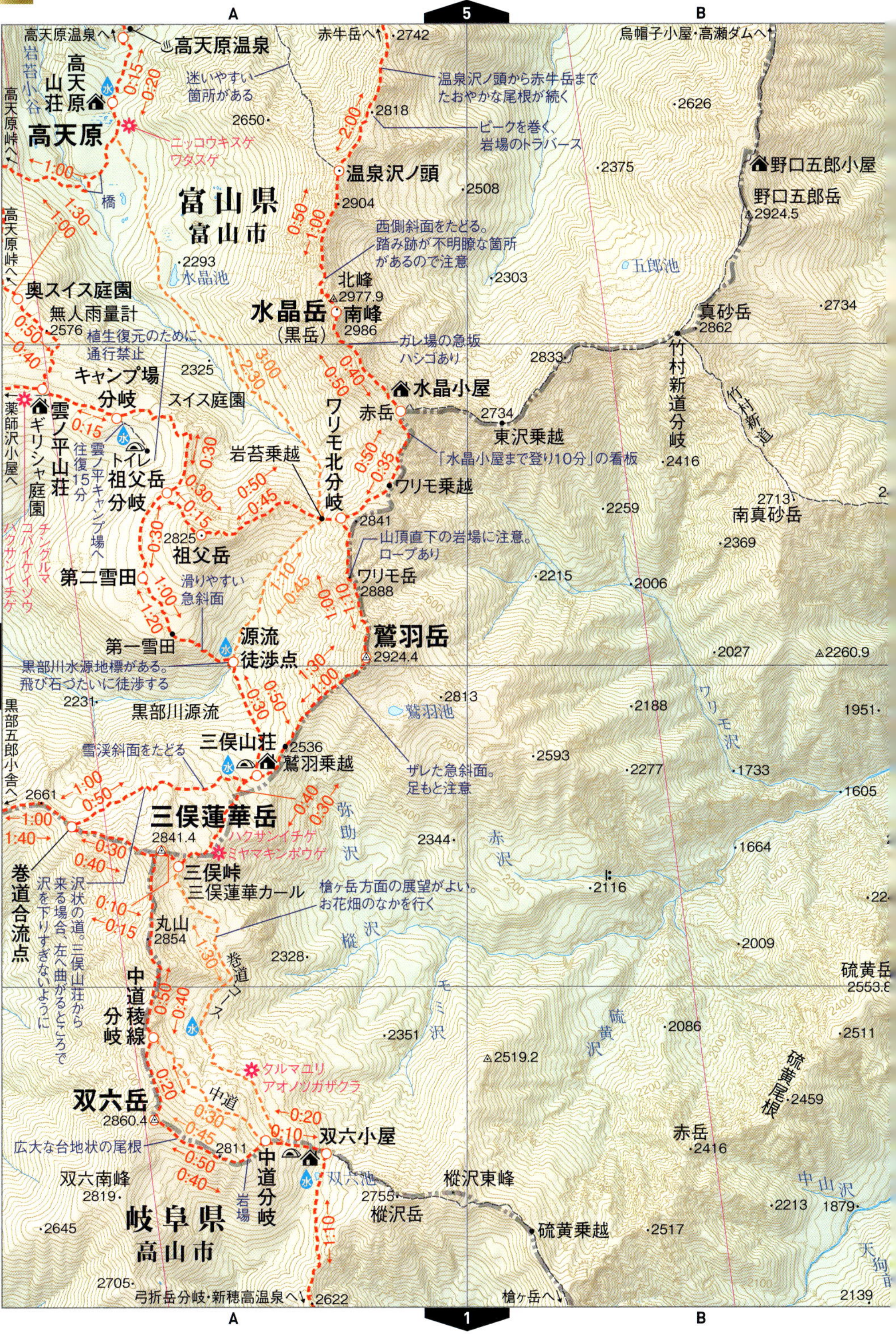
高天原温泉
高天原山荘
高天原
温泉沢ノ頭から赤牛岳までたおやかな尾根が続く
ピークを巻く、岩場のトラバース
迷いやすい箇所がある
ニッコウキスゲ
ワタスゲ
温泉沢ノ頭
野口五郎小屋
野口五郎岳
富山県
富山市
水晶池
五郎池
西側斜面をたどる。踏み跡が不明瞭な箇所があるので注意
北峰
水晶岳（黒岳）
南峰
奥スイス庭園
無人雨量計
植生復元のために、通行禁止
真砂岳
ガレ場の急坂 ハシゴあり
水晶小屋
赤岳
東沢乗越
竹村新道分岐
竹村新道
キャンプ場分岐
スイス庭園
雲ノ平山荘
ギリシャ庭園
トイレ
祖父岳分岐
岩苔乗越
ワリモ北分岐
「水晶小屋まで登り10分」の看板
ワリモ乗越
南真砂岳
祖父岳
山頂直下の岩場に注意。ロープあり
ワリモ岳
第二雪田
滑りやすい急斜面
チングルマ
コバイケイソウ
ハクサンイチゲ
第一雪田
源流徒渉点
鷲羽岳
黒部川水源地標がある。飛び石づたいに徒渉する
黒部川源流
鷲羽池
三俣山荘
鷲羽乗越
雪渓斜面をたどる
ザレた急斜面。足もと注意
三俣蓮華岳
ハクサンイチゲ
ミヤマキンポウゲ
三俣峠
三俣蓮華カール
槍ヶ岳方面の展望がよい。お花畑のなかを行く
巻道合流点
沢状の道。三俣山荘から来る場合、左へ曲がるところで沢を下りすぎないように
丸山
巻道コース
中道稜線分岐
クルマユリ
アオノツガザクラ
双六岳
中道
双六小屋
広大な台地状の尾根
中道分岐
双六池
双六南峰
樅沢東峰
樅沢岳
硫黄乗越
岐阜県
高山市
弓折岳分岐・新穂高温泉へ
槍ヶ岳へ
硫黄岳
硫黄尾根
赤牛岳へ
烏帽子小屋・高瀬ダムへ

1:50,000
0
1km
N
C
D
4
太郎平小屋へ
太郎平小屋へ
第一徒渉点
第二徒渉点
急なハシゴ
第三徒渉点（左俣出合）
2576mから太郎平小屋まで一部を除いて木道をたどる
涸れ沢の窪地
ガレ場
吊橋を渡る。増水時はハシゴで高巻き、平水時は河原歩き
薬師沢小屋
カベッケが原
ニッコウキスゲ
この間トラバースや急斜面、ハシゴなど難路が続く
B沢～B沢出合間沢をたどる（ルート注意）
岩場をへつる。クサリ、ハシゴあり
高天原峠
高天原山荘へ
3段のハシゴ
大東新道
高巻き
滑りやすい急坂
B沢出合
B沢に出る
樹林帯の木道を行く
木道末端
奥日本庭園
分岐
ぬかるみ
アラスカ庭園
アルプス庭園
雲ノ平
祖母岳
雲ノ平山荘へ
分岐
ハクサンイチゲ
チングルマ
北ノ俣岳（上ノ岳）
2661.3
赤木平
富山県
富山市
赤木沢
山頂の東側を通過
赤木岳
2622
堆積した岩場を通る。踏み跡を見失わないように
中俣乗越
池塘が点在
たおやかな稜線歩き
黒部川
祖母沢
祖母平
祖父平
五郎沢
スリップ、転倒注意
岩ザレの斜面。
黒部五郎岳の肩
ハクサンイチゲ
ミヤマキンポウゲ
カール内を沢が流れる
黒部五郎岳から黒部五郎小舎へ向かう場合、右股に下らないよう注意
黒部五郎カール
雷岩
黒部五郎岳（中ノ俣岳）
2839.7
360度の大展望
急な岩場
岩場が点在するやせ尾根。足もと注意
黒部五郎小舎
五郎平
沢筋を行く。ルート見失わないこと
涸れ沢状の急斜面
九郎右衛門谷
巻道合流点・三俣蓮華岳へ
高山市
金木戸川
板戸岳
2232.8
2291.6
2145.8
1
2
3
4

A
4
B
折立へ
西谷
林道東谷線
東谷
料金所
ゲート
飛越トンネル
トイレ
飛越新道（北ノ俣岳）登山口
登山届ポスト
大規模林道高山大山線
和佐府バス停・神岡へ
滑りやすい
道が続く
1:40
1:20
1683mピーク
飛越新道
水ノ平
神岡新道
お花見平
打保との分岐
ぬかるみ多い
0:40
鏡池平
鏡池
0:20
0:15
寺地山
1996.0
2018年の台風21号により
倒木多く通行困難
神岡新道
0:50
0:45
池塘のある草原
分岐
避難小屋
北ノ俣岳
避難小屋
分岐から往復5分。
損壊著しく2019年3月現在
使用中止
シンノ谷
打保谷
484
打保橋バス停・神岡へ
南俣山
1467.5
岐阜県
飛驒市
北ノ俣川
中ノ俣川
池ノ尾山
1530.9
金木戸川
1739.0
1793.7
1915.5
1730.9
1456.5

1:50,000
0
1km
N
C
3
D
1
2
3
4
双六小屋へ
大天井岳・燕岳へ
左俣岳
2674.3
2139
2132
天狗沢
2540
2024
2749
北鎌沢右俣
北鎌沢左俣
独標
2899
北鎌尾根
2326
2549
喜作新道
2643
2648
2422
2873
1900
西鎌尾根
2402
大町市
間ノ沢
赤岩岳
2768.9
2310
2305
2734
千丈沢乗越
槍ヶ岳
3180
槍ヶ岳山荘
殺生ヒュッテ
2884
2558
二ノ俣谷
1948
飛騨乗越
大喰岳
3101
ヒュッテ大槍
東鎌尾根 2595
水俣乗越
西岳
2758
ヒュッテ西岳
2686
2268
388
飛騨沢
大喰沢
中の沢
2610
播隆窟
2348
中岳
3084
2094
赤沢山
2670.5
天狗池
2524
天狗原
2986
2393
1991
39.6
槍平小屋
右俣谷
南沢
2631
2729
ババ平
1987
赤沢岩小屋
カブト岩
槍沢
1908
南岳
3032.9
槍沢ロッヂ
2294
南岳小屋
横尾尾根
1773
2636
2520
2652
右俣
横尾へ
2323
2216
長野県
松本市
滝谷出合
藤木レリーフ
雌滝
滝谷
大キレット
2748
1663
滝谷避難小屋
雄滝
2217
チビ谷
ブドウ谷
ナメリ滝
2841
2479
北穂池
横尾本谷
1994
横尾谷
北穂高小屋
北穂高岳
3106
2814
屏風岩
2198
蒲田富士
2742
2658
涸沢
屏風ノ頭
1695
涸沢岳
3103.3
3110
ザイテングラード
2553
涸沢小屋
2149
2565.6
屏風ノ耳
1944
白出沢
白出のコル
2326
2983
穂高岳山荘
2309
涸沢ヒュッテ
1925
白出大滝
2631
1895
奥穂高岳
3190
穂高岳
横尾へ
西穂沢
ジャンダルム
3163
3071
北尾根
2794
梓川
1602
2494
吊尾根
2154
天狗ノ頭
2909
扇沢
コブ沢
2626
前穂高沢
前穂高岳
3090.5
中畠新道
2337
奥又白谷
1798
間ノ岳
2907
西穂高岳
2908.8
重太郎新道
奥又白池
中又白谷
岳沢小屋
2216
間ノ沢
奥明神沢
茶臼ノ頭
2535
1588
西穂独標・西穂山荘へ
上高地へ
上高地へ

1 新穂高温泉・鏡平

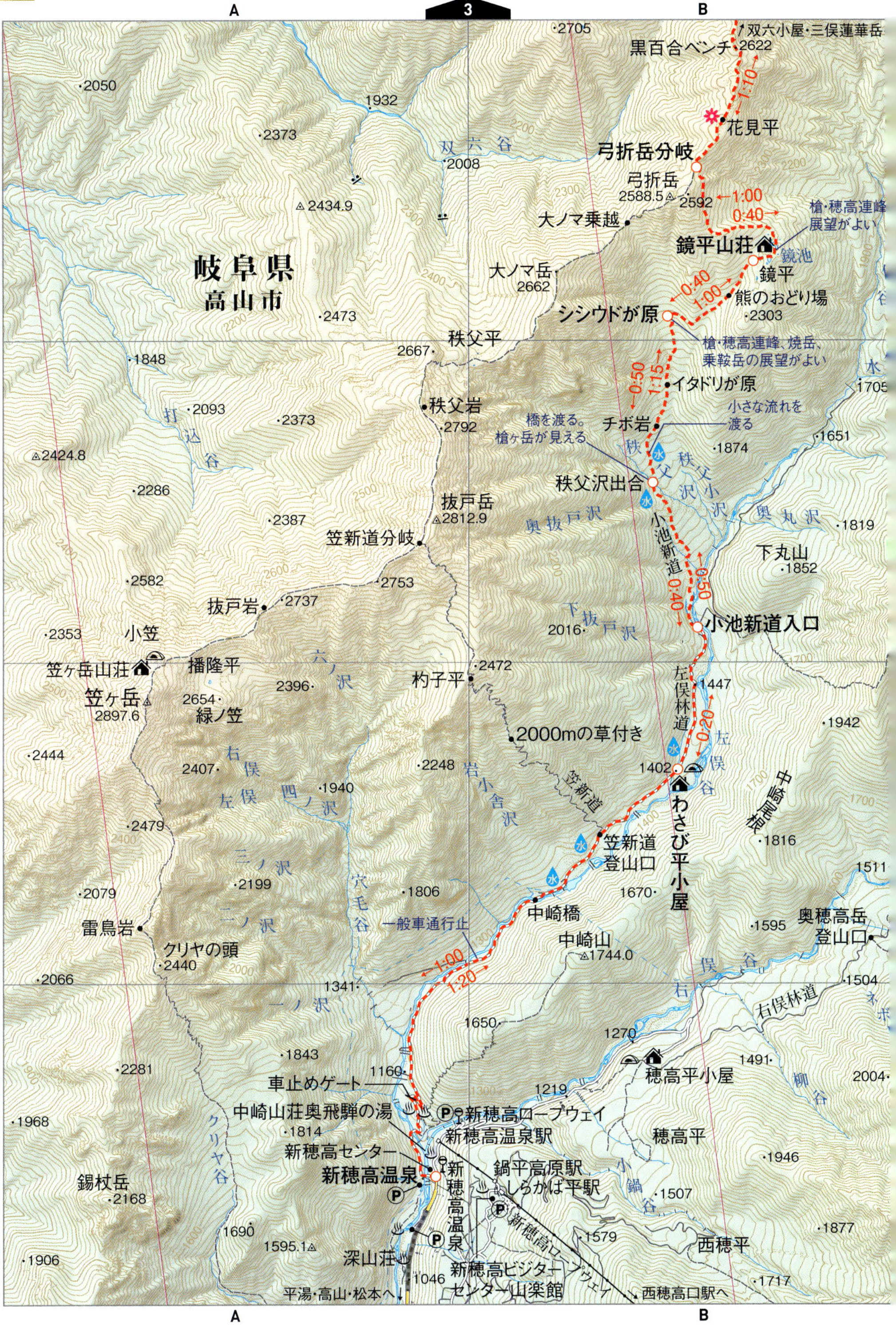
A
3
B
双六小屋・三俣蓮華岳
黒百合ベンチ
2622
2705
1:10
花見平
弓折岳分岐
弓折岳
2588.5
2592
1:00
0:40
槍・穂高連峰
展望がよい
大ノマ乗越
鏡平山荘
鏡池
鏡平
0:40
1:00
熊のおどり場
2303
大ノマ岳
2662
シシウドが原
槍・穂高連峰、焼岳、
乗鞍岳の展望がよい
岐阜県
高山市
2050
1932
2373
双六谷
2008
2434.9
2473
秩父平
2667
1848
0:50
1:15
イタドリが原
1705
2093
2373
秩父岩
2792
小さな流れを
渡る
橋を渡る。
槍ヶ岳が見える
チボ岩
1874
1651
打込谷
2424.8
秩父沢
秩父小沢
秩父沢出合
2286
抜戸岳
2812.9
奥抜戸沢
奥丸沢
1819
2387
笠新道分岐
小池新道
0:40
0:50
下丸山
1852
2582
2753
抜戸岩
2737
下抜戸沢
2016
小池新道入口
2353
小笠
笠ヶ岳山荘
播隆平
六ノ沢
2472
杓子平
1447
笠ヶ岳
2897.6
2654
2396
左俣林道
0:20
1942
緑ノ笠
2000mの草付き
2444
右俣
2407
2248
岩小舎沢
笠新道
1402
左俣谷
中崎尾根
左俣
1940
四ノ沢
わさび平小屋
2479
三ノ沢
笠新道
登山口
1816
穴毛谷
1511
2079
2199
1806
1670
雷鳥岩
二ノ沢
中崎橋
1595
奥穂高岳
登山口
一般車通行止
クリヤの頭
2440
中崎山
1744.0
1:00
1:20
2066
1341
右俣谷
1504
一ノ沢
右俣林道
1650
1270
1843
2281
穂高平小屋
1491
2004
1160
車止めゲート
1219
柳谷
中崎山荘奥飛騨の湯
新穂高ロープウェイ
1968
1814
新穂高温泉駅
穂高平
新穂高センター
1946
クリヤ谷
新穂高温泉
新穂高温泉
鍋平高原駅
しらかば平駅
錫杖岳
2168
小鍋谷
1507
新穂高ロープウェイ
1877
1690
1579
1595.1
西穂平
深山荘
1906
新穂高ビジターセンター山楽館
1046
1717
平湯・高山・松本へ
西穂高口駅へ
A
B

主な地図記号

※そのほかの地図記号は、国土地理院発行2万5000分ノ１地形図に準拠しています

- 一般登山コース
- 参考コース（登攀ルート等）
- ←1:30 コースタイム（時間：分）
- コースタイムを区切る地点
- 4車線以上
- 2車線道路
- 1車線道路
- 軽車道
- 徒歩道
- 庭園路
- 高速・有料道路
- 299 国道・番号
- 192 都道府県道・番号
- 鉄道・駅
- JR線・駅
- 索道（リフト等）
- 送電線
- 都道府県界
- 市町村界

- 特定地区界
- 植生界
- △2899.4 三角点
- 1159.4 電子基準点
- ▫720.9 水準点
- ・1651 標高点
- 等高線（主曲線）標高10mごと
- 等高線（計曲線）主曲線5本目ごと
- 等高線（補助曲線）
- 1500 等高線標高
- 市役所
- 町村役場
- 警察署
- 消防署
- 交　番
- 病　院
- 神　社
- 寺　院
- 記念碑

- 営業山小屋
- 避難小屋・無人山小屋
- キャンプ指定地
- 水場（主に湧水）
- 主な高山植物群落
- バス停
- 駐車場
- 温泉
- 噴火口・噴気孔
- 採鉱地
- 発電所
- 電波塔
- 史跡・名勝・天然記念物
- 岩がけ
- 岩
- 土がけ
- 雨　裂
- 砂れき地
- おう地（窪地）

- 湖・池等
- 河川・せき（堰）
- 河川・滝
- 広葉樹林
- 針葉樹林
- ハイマツ地
- 笹　地
- 荒　地
- 竹　林
- 畑・牧草地
- 果樹園
- 田

標高　高 ↕ 低

コースマップ

国土地理院発行の2万5000分ノ1地形図に相当する数値地図（国土基本情報）をもとに調製したコースマップです。

赤破線で示したコースのうち、地形図に記載のない部分、あるいは変動が生じている部分については、GPSで測位した情報を利用しています。ただし10〜20m程度の誤差が生じている場合があります。

また、登山コースは自然災害などにより、今後も変動する可能性があります。登山にあたっては本書のコースマップと最新の地形図（電子国土Web・地理院地図、電子地形図25000など）の併用を推奨します。

コースマップには、コンパス（方位磁石）を活用する際に手助けとなる磁北線を記入しています。本書のコースマップは、上を北（真北）にして製作していますが、コンパスのさす北（磁北）は、真北に対して西へ7度前後（剱・立山連峰周辺）のズレが生じています。真北と磁北のズレのことを磁針偏差（西偏）といい、登山でコンパスを活用する際は、磁針偏差に留意する必要があります。

磁針偏差は、国土地理院・地磁気測量の2015.0年値（2015年1月1日0時[UT]における磁場の値）を参照しています。

剱・立山連峰登山にあたっては、コースマップとともにコンパスを携行し、方角や進路の確認に役立ててください。

Contents

コースマップ目次

コースさくいん

剱・立山連峰全図

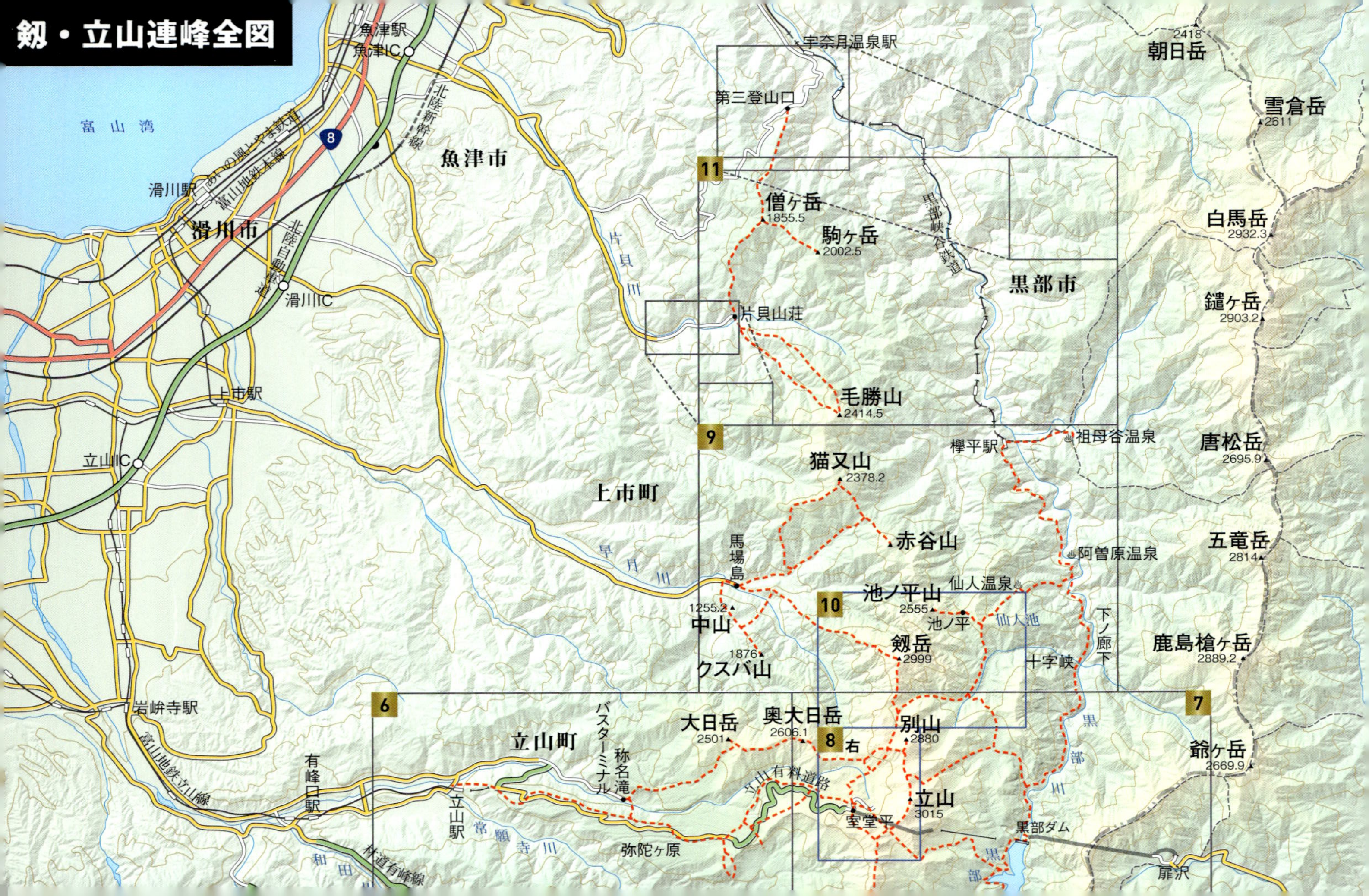

富山湾
魚津駅
魚津IC
北陸新幹線
魚津市
滑川駅
あいの風とやま鉄道
富山地鉄本線
滑川市
北陸自動車道
滑川IC
上市駅
立山IC
上市町
岩峅寺駅
富山地鉄立山線
有峰口駅
林道有峰線
和田川
立山駅
常願寺川
立山町
バスターミナル
称名滝
弥陀ヶ原
立山有料道路
室堂平
立山
3015
黒部ダム
扇沢
黒部川
宇奈月温泉駅
第三登山口
僧ヶ岳
1855.5
駒ヶ岳
2002.5
黒部峡谷鉄道
黒部市
片貝川
片貝山荘
毛勝山
2414.5
欅平駅
祖母谷温泉
猫又山
2378.2
赤谷山
阿曽原温泉
馬場島
早月川
仙人温泉
池ノ平山
2555
池ノ平
仙人池
1255.2
中山
剱岳
2999
十字峡
下ノ廊下
1876
クスバ山
大日岳
2501
奥大日岳
2606.1
別山
2880
右
朝日岳
2418
雪倉岳
2611
白馬岳
2932.3
鑓ヶ岳
2903.2
唐松岳
2695.9
五竜岳
2814
鹿島槍ヶ岳
2889.2
爺ヶ岳
2669.9
6
7
8
9
10
11

富山県
富山市
折立
有峰湖
大多和峠
薬師岳
2926.0
太郎兵衛平
赤牛岳
2864.4
烏帽子岳
2628
2591.6
2459
葛温泉
高瀬ダム
大町市
長野県
餓鬼岳
2647.3
高天原
水晶岳
2986
野口五郎岳
2924.5
寺地山
1996.0
北ノ俣岳
2661.3
雲ノ平
飛越トンネル
鷲羽岳
2924.4
燕岳
2763.0
中房温泉
黒部五郎岳
2839.7
三俣蓮華岳
2841.4
双六岳
2860.4
大天井岳
2922.1
岐阜県
飛騨市
神岡
双六川
槍ヶ岳
3180
抜戸岳
2812.9
笠ヶ岳
2897.6
常念岳
2857
高山市
北穂高岳
3106
奥穂高岳
3190
蝶ヶ岳
2677
新穂高温泉
高原川
蒲田川
奥飛騨温泉郷
上高地
梓川
高瀬川
真川
和田川
41
471
1
2
3
N
0 1 5km
1:222,000

取り外せる！ 持ち歩ける！

アルペンガイド

登山地図帳

北アルプス

剱・立山連峰

Alpine Guide